U0139927

石头上的历史事件与人物

王 强 著

上海书画出版社

老树绘《王强访碑图》

自　序

近来对石刻书法中的文献价值之钩沉甚感兴趣，石刻书法中的文献问题，在文史研究中已有较高的关注度，但在书法研究中，似觉其与书法艺术大抵无干，故仍是在考校辨识上偶有关注，并不做太多的与书法艺术和书法史论的会勘，这或许是在碑志书法研究中的一点缺憾。古所谓"书法"，大多就是一种实用的书写，其功能也多在记录与传通。我们在这种实用的书写中看到了古人书法造型之美观，进而窥知古人在某一时段的书写习惯与审美趣尚，我们也发现古之碑志因其志主的身份、家族、地域等背景，也有书法精粗优劣之区别，所以碑志的"文献"之考察，亦关乎书法史与书法美的论述与辨识，由造型之表而探文献之里，庶几能较深入地理解和感悟书法之深层意义。

所以，我的访碑在关注书法意义的同时，亦欲在当下能看到的碑志原石中钩沉其史料价值与文化价值。所访碑志之年代约略在中古，不以地域为限，随遇而访，记录当时感受。考辨尚存舛误，都是一时之感、一己之见，辑录出这些散论，一以保存寻访之迹，一以求教方家门下。此虽欲效先贤访碑之雅趣，恒不敢望先贤学问之项背也。

我们去访看那些古代的碑志，去抚摸那些已有千百岁年龄的石刻，总有一种把自己置身于过去、置身于历史之中的感觉。

法国哲学家柏格森（Henri Bergson 1859—1941）尝云：

如果我们不坦诚地让自己置身于过去，就永远不可能到达过去。从本质上说，过去是虚拟的；我们不跟随和接受由过去延伸出来的当前形象的运动，让过去从晦暗状态里逐步显现在光明中，就不能知道过去的那些东西。①

我们在那些知名和不知名的碑志中要看到什么？看到了什么？我们原来心中的历史——不管是老师教的还是书上看的——是不是我们的想当然？或者是后人赋予的？前人做过的事被后人选择、演绎、归纳、命名的东西是真实的吗？抑或是我们当下虚拟的古代？

无论是书刻的内容还是书刻本身，古人的那一份书写与镌刻，它可能有意又或许无意地告诉我们一些东西，我们注意到了吗？我们是否想谛视，是否想倾听？

我们面对的是一块石头，那上面有文字的书写与镌刻，它已经不是纯然一"物"的石头，它是古人"打造"的一块石头，一块具有"有用性"的石头，它类如一件古人制作的"器具"，它具有纯然一物的质料与形式综合的特性，又有人造器具之"有用性"的特征，这都是"物"的特性，我们访碑，是要看它的有用性，看它书写的那个人和那些事；也还要看那刀刻痕中的间架与用笔，那是"有用性"之外，让人心动的另一个天地，即是一个审美的世界。"有用性"和"审美性"都在那块石头上，我们在这里看到了古人如何记录与传通，又如何在不经意处告诉我们，在那个时代、那个地方、那么些人的审美情趣和创造美的能力。

多么完整的东西，让我们完整地看该多好？但是我们往往设置了一些壁垒把它肢解了，一通碑志，有从文字角度看的，有从文献角度看的，有从书法角度看的……特别是站在书法的立场，只从点画线条

---

① ［法］亨利·柏格森《材料与记忆》，华夏出版社，1999年，第118—119页。

上看，你也就只能看个"什么"而看不到"为什么"，你就最终弄不明白那个"什么"何以是那个样子。

记得康有为在《广艺舟双楫》中曾提出"师右军之所师"的问题，此语是非常有见地的。也就是"师右军"者（学习王羲之的人）只师右军不如去"师右军之所师"，因为只师右军，还不能追本溯源，还不是师法"本体的书法"①。这一点柏格森亦有一段话可以做"注解"：

在任何实际的、已经实现了的东西里去寻找过去的轨迹，这是徒劳的：我们倒是应当在光明底下的黑暗处去寻找它们。②

《广艺舟双楫》中有《传卫》篇，正是在"二王""南帖"具有中心话语权势的背景下，于不为人注意的"边缘"（"光明底下的黑暗处"）让人们由北碑（亦包括南碑）向上溯至曹魏时的卫氏，再溯至汉，至文字书写的"自发"状态而非"自觉"状态之时，去寻找书法最本源的"轨迹"。我们说汉魏时期是"书法的"本初状态，并非说是"书写的"本初状态，是因为这时的文字之书写已经不只有记录与传通的功能，已有了欣赏之功能（康有为所谓"汉人极讲书法，……前汉风尚已笃好之"③），是"实用—艺术"的二重性格融为一体，这是书法之为书法的本初状态。王羲之不是本初状态，南海甚至认为，王右军的师承本身即是此种汉家之特质，他在《本汉》中引右军之言曰："予少学卫夫人书，将谓大能。及渡江，北游名山，见李斯、曹喜等书，又之许下，见锺繇、梁鹄书，又之洛下，见蔡邕《石经》三体，又于从兄处见张

① 关于"本体的法"可参见拙文《论"法"》，《当代书法论文选·理论卷》，荣宝斋出版社，2010年，第352—355页。
② ［法］亨利·柏格森《材料与记忆》，华夏出版社，1999年，第119页。
③ 康有为《广艺舟双楫》，上海书画出版社，2006年，第83页。

昶《华岳碑》，遂改本师，于众碑学习焉。"尽管这个王羲之的自述在史实上受到后世研究者的质疑，但康南海到此是为了表达他的一个启人的观点。南海因而评之曰："右军所采之博，所师之古如此。今人未尝师右军之所师，岂能步趋右军也？"这是以卫氏为代表的"汉魏"对右军为代表的"南帖"的追问与消解。

"右军之所师"的是什么？是先贤对汉字以及汉字书写的理解，那绝不是点画线条，而是完整的汉字与汉文章的学问，不是"专业"，更不是"碎片"。

现在做学问，不时兴完整与深入，"碎片化"和"表面化"甚嚣尘上，美其名曰"专业性""实践性"。专业性没问题，过火了就是化整为零的碎片化；实践性也没问题，走偏了就是随波逐流的表层化。这种碎片化和表层化唯一的"好处"就是出"成果"快；不好处是"成果"烂得快。我还是愿意慢慢来，尽量地做到完整些、深入些，固然可能要坐冷板凳，但该坐也得坐，人家都说要"耐得住寂寞"，我倒是没太觉得"寂寞"，因为我还有一个不大合群的"治学习惯"，那就是把治学当游戏。小时候总有的可玩，长大了也要有个玩的东西，做学问就当玩吧，游戏其间，有趣，不累，玩儿上瘾了还真说不定能玩出点道道儿。既然是玩，就用不着装蒜，就周身通泰，怎么会"寂寞"呢？说"游戏"，当然不是说把做学问当"儿戏"，游戏也是可以很认真的，也是可以很有创意的。游戏就像艺术，是有意味的形式，守规矩而不必教条，有志趣而不奢求名利。当然做学问最主要的还是要有问题意识，不是为了做学问而做学问，那就了无意趣了，那就成了一个做学问的机器，此吾所不取也。最近三四年想着到处访碑，也是因为过去在一些石刻文献中有些不得解的问题，也有些石刻文献与史传文献常相抵牾的记载，让人搞不清楚怎么回事，就想去看看那碑志原石，一开始总认为石头不会骗人，但后来看得多了，发觉有时候石头上的书刻也有不少的问题。问题一多，就总想把它搞清楚，就有了所谓的"研究"，把一些问题弄清楚了就有一种讲出来的冲动，所以就写了好多笔记，在讲堂上和学生说，也有时候带着研究生出去一起访碑，边走边看边说，感觉这种田野调查式的"教研"方式还真能使自己在"教学相长"中不断进步。除了和学生有这种近距离学术上的互动，我也向博物馆、文物保护部门的研究员求学问道，相互切磋，求问有益，所获匪浅。这些年，走了不少地方，在博物馆、文保所认识了很多朋友，多是些良师益友，他们为我析难解惑，帮我搜集资料，为我的"访碑录"提供了大量的帮助。此外，在各地的朋友、同学、校友、学生为我提供交通、公关、食宿等工作和生活上的支持。如果说我这也算做学问的话，这还真不是翻翻书、写写字的事，那种万里奔波、翻山越岭、屡挫屡禁，那种经寒历暑……还有明知碑志所在而不得见的沮丧，抚摸着千年古碑的激动，对文物保护不力的忧心忡忡，对那些视守护古碑为文化使命的普通工作者的敬佩……这一切的一切才构成了我这部《碑志春秋》的完整书写，这才是我所喜欢的做学问。

2020 年 6 月 14 日序于散净居

目　录

山东访碑录

智勇兼达刘道真

——谒刘宝墓观《刘宝墓志》札记

晋故安北将军，

谁是永康乱臣？

忠佞一时难料，

都随政治风云。

　　晋朝初年有刘宝者，字道真，是个智勇兼备的人物，他应该是卒于公元 300 年，次年葬归故里（即今山东邹城），随葬有墓志一方。《刘宝墓志》的发现，是在 20 世纪 70 年代初，尚处在"文革"中，人们也没太注意它的意义，也没把它和历史上的事情做一种会勘。只是最近偶然听到消息说这块志石现存邹城博物馆，而我曾数次带学生去那里，却未曾访得此石，只是看了《莱子侯刻石》和后人复制的《峄山碑》。

　　《刘宝墓志》引起我注意的是他的葬年在永康二年（301），正是"八王之乱"开始的前后。幼时读史，就知道"八王之乱"，自晋武帝死后，诸王之乱绵延不绝，直至把西晋王朝乱完了。此时乱天下的是赵王司马伦，他打着诛贾后、为太子报仇的旗号杀入京城，尽管贾后该杀，但司马伦也不是什么好东西，史称他是个"素庸下无智策"之人，受制于孙秀，惑于巫鬼①。司马伦诛贾后，不是为了正朝纲、安社稷，而

①〔唐〕房玄龄《晋书·赵王伦传》，中华书局，1996 年。

是要废了晋惠帝自己坐龙廷。尽管惠帝不是一个合格的皇帝——谁都知道他不堪政事，说他是个白痴皇帝一点也不为过——可赵王司马伦也非帝王之才，他只是想夺权以获取屠割天下的权力，所以他倒是一时夺了权，改年号为"建始"，但也就是一年的工夫，司马伦就让另外的王爷（齐王囧、河间王颙、成都王颖）给灭了。

　　那这个司马伦跟刘宝是如何扯上关系的呢？这就要从张华说起，就是《博物志》的作者。说张华之前还得先说说贾南风这位貌丑且心

《刘宝墓志》原石（山东邹城博物馆藏）

《刘宝墓志》拓本

术不正的皇后。司马伦之叛乱，是因为有贾后，贾后是始筑乱阶之人。

贾南风（257—300）是贾充和郭槐的女儿。原本她与皇室也没什么关系，只是因为朝廷派贾充去长安，贾充不想去，荀勖出主意让他把女儿嫁给太子，这样就可以拖着不去上任。晋武帝司马炎原本想为儿子娶卫瓘的女儿，卫家人史称长得好，女儿也应该算得上美人，可架不住荀勖的撺掇，再加上杨皇后亦极力劝娶贾氏，所以武帝恩准了，其实他是恩准了一个后患。后来武帝也曾因为贾南风嫉妒太子其他妃嫔，从而重创有孕的妃嫔，惹怒了武帝，要废她这个太子妃，可是杨皇后一帮人却来求情，遂寝其事。

武帝驾崩后，惠帝即位，贾南风就被册立为皇后，她专权跋扈，先是除了杨太后及杨氏一族，这本就是忘恩负义之举；她把汝南王司马亮弄来和卫瓘一同辅政，旋即又让楚王司马玮把司马亮和卫瓘两位辅政大臣杀掉，又听张华的建议杀了司马玮。这样她就得以专权，张华就成了她的红人，其实张华也不满意贾后的为人，可是也没办法。

贾后最不该做的是废了太子司马遹，也就是后来史上称作"愍怀太子"的那位。司马遹还有些人缘，贾后废他，自然朝野震动，人们因此想要废除这个恶后。朝廷内也没有什么能人，想废后的人就去找赵王司马伦的亲信孙秀。孙秀和司马伦设计让贾南风害死废太子司马遹，这样司马伦就有了废贾后的借口，于是便起兵讨伐，一时还颇得民心。司马伦入宫后杀了贾家的贾谧，捕了贾后幽于金墉城，又收捕了贾氏同党若干人，其中也有那个偷香私通韩寿的贾午（贾南风之妹、贾谧之母）。这也就罢了，然而司马伦是要进一步废帝的，所以为了方便以后专权，他便把一些有声望的大臣如张华、裴頠、杜斌（杜预从兄）也杀了，这一年正是永康元年（300），刘宝也应该是死在这年。

刘宝的死与赵王之乱有何关系呢？这就要说他和张华的关系，因为张华很赏识刘宝，他在当时是个文有名望、武有职权的人，所以刘宝之死，就有可能是在司马伦清洗贾后的政治集团时，一并杀掉的人。

《世说新语·简傲》载：

二陆（陆机、陆云）初入洛，咨张公所宜诣，刘道真是其一，陆既往，刘尚在哀制中。性嗜酒，礼毕，初无他言，唯问："东吴有长柄壶卢，卿得种来不？"陆兄弟殊失望，乃悔往。

这个刘道真就是刘宝，张华让从吴国归晋的陆氏兄弟去见刘宝，其私心或许是让刘宝压一压二陆的声望，二陆当时不仅是吴国的名人，更是天下的名人，今之所称晋朝文学家还是"三张""二陆"，"两潘""一左"呢，"二陆"即是陆机、陆云兄弟。张华不只是让刘宝埋汰了一下二陆，在另一处，也让"二陆"中的陆云略逊于北方的荀隐。荀隐字鸣鹤，《世说新语·排调》载着一则故事云：

荀鸣鹤、陆士龙二人未相识，俱会张茂先（华）坐。张令共语，以其并有大才，可勿作常语。陆举手曰："云间陆士龙。"荀答曰："日下荀鸣鹤。"

陆士龙就是陆云，人家陆云说"云间"陆士龙，"云间"即华亭（徐震堮《世说新语校笺》"华亭古名云间"），属今之上海松江，是陆氏的原籍，陆机、陆云兄弟的祖父陆逊就生在华亭。[①] 荀隐就说是"日下"荀鸣鹤，"日下"就是天子脚下，即首都洛阳，这就盖了人家一头。西晋一统后，"归顺"的文人在洛阳常遭奚落，这也是北人以势压人。表面上显得比人家有才，其实骨子里还是自卑，要不怎能那么夸张人

---

① 《舆地纪胜》："吴王猎场，在华亭谷东，吴陆逊生于此。"〔宋〕王象之《舆地纪胜》，中华书局，1992年。

家孙吴才子"二陆"的囧态呢？

探究刘宝和张华的关系，也可从刘宝的仕宦履历上做一点考证。刘宝的仕履在颜师古《汉书序例》中写得较全："刘宝字道真，高平人。晋中书郎、河内太守、御史中丞、太子中庶子、吏部郎、安北将军。侍皇太子讲《汉书》，别有《驳议》。"我们可以从"太子中庶子"和"安北将军"这两个职任上看，刘宝任该职应与张华的举荐有关。

"太子中庶子"。今人杜志强先生《西晋名士刘宝生平发微》一文推论刘宝任太子中庶子与张华之推荐有关，所以将其任期隶于太熙元年（290），[1] 那是在张华因与贾氏集团的关系迁为右光禄大夫、开府仪同三司、侍中、中书监之后，若果如此，则刘宝所辅者应是"愍怀太子"司马遹（278—300）。〔按，太熙元年也即是永熙元年（290）晋惠帝司马衷即位，立司马遹为皇太子，时张华为少傅。[2] 太子中庶子为少傅之属官，则杜志强所谓刘宝为太子中庶子与张华举荐有关，是有一定道理的。〕

再说刘宝之任安北将军（志云：安北大将军、都督幽并州诸军事）。万斯同《晋方镇年表》载，太康至永宁间（280—301）任此职人员依次为：张华、唐彬、杨济、许猛、刘弘、王浚。先说张华，他太康三年（282）出镇，六年还为太常，这有其《太康六年三月三日后园会诗》可证。《晋书·惠帝纪》云："六年春正月……以中书监张华为司空。"则万斯同《晋方镇年表》列于五年张华返朝或有道理。吴廷燮《晋方镇年表》列于七年、秦锡圭《补晋方镇表》以唐彬出镇在元年，张华迁太常在三年，均误。杨济是杨骏之弟，杨皇后家的，为贾南风所害（291）。许猛是

---

① 杜志强《中国典籍与文化》，2015 年 2 期。

② 〔唐〕房玄龄《晋书》卷五十三，中华书局，1996 年。

贾谧"二十四友"之一，当为贾氏所派。刘弘为张华称道，亦为张华所举荐安排，《晋书》有传。这个刘弘任此职值得一说，这关乎刘宝哪年都督幽州并州诸军事。杜志强考证刘弘镇幽州之后就是刘宝，但是在哪一年呢？查万斯同《晋方镇年表》，惠帝元康元年（291）杀杨骏后即以许猛为幽州刺史，至三年仍书猛。四年未书幽州，五年书刘弘，以宁朔将军监幽州诸军事、乌丸校尉。永康元年（300），书刘弘入为尚书，王浚以宁朔将军都督幽州诸军事。这样，若以刘弘永宁元年（301）入为尚书之后，刘宝才都督幽州，显然是不对的，因为那年刘宝就被害了。所以，有可能刘弘在幽州任期没那么长时间。再查秦锡圭《补晋方镇表》，元康元年幽州书许猛（刺史），二年书李阳（刺史），三年不书，四年书刘弘，五年不书，直至永宁元年（301）书王浚。这就比较接近实情了，但吴廷燮《晋方镇年表》则自元康五年直至永康元年均书刘弘，当然就更离谱了。那么秦锡圭为什么列表更接近实情呢？查《晋书斠补》卷六十六《刘弘传》引《水经注》："《刘靖（刘弘父）碑》词云：'晋元康四年，君（指刘靖）少子骁骑将军、平乡侯宏（应是"弘"）受命使持节、监幽州诸军事，领护乌丸校尉。'"是则万斯同《晋方镇年表》未书元康四年幽州长官，当是未见《水经注》所引之《刘靖碑》也。

秦锡圭是看过《刘靖碑》的，所以他把刘弘督幽州隶于元康四年，按《刘弘传》载，刘弘出任幽州，也是张华的保荐。又，查《惠帝纪》与《刘弘传》均不见万斯同所说刘弘永康元年入为尚书事。则或许刘弘元康四年督幽州，五年十月立碑纪念父亲，之后即解任了。那么元康五年之后至永康元年这五年间，大概刘宝又由张华之荐出为都督幽州诸军事。

　　揆之《世说新语》张华为二陆（陆机、陆云）引见刘宝事，让陆云、荀隐斗嘴这些事，一方面是要"以势压人"，一方面则知刘宝和荀家与张华关系不一般，再加上刘宝之任官也多与张华之保举有关，这当然也就会让司马伦将刘宝归为张华一党。因此其政变时清洗贾氏一派，连带着杀了张华，亦因张华而杀了刘宝。还有一种可能，就是刘宝在司马伦篡逆时也有反对的动向，就像贾谧二十四友中的石崇、欧阳健、潘安一样因有异动而被害。

　　张华被杀自然冤，而刘宝之死，亦属非正常也！罗新、叶炜《新出魏晋南北朝墓志疏证》认为刘宝志中所书永康二年是刘宝下葬日期，且罗、叶二氏又谓"赵王伦篡位之后改元建始，所以永康二年只在年初行用了九天。但《刘宝墓志》仍称永康二年，……可能是刘宝家故意延用永康年号，对赵王伦的篡位不予认可"云云。[①]

　　还有一个问题，就是有人把当时两个刘宝弄混了，如《晋书·石勒传》记有石勒起事时有号为"十八骑"者，其中有一人名刘宝，今人有以为即刘道真，考其年份，道真已殁，这应该就是一个同名同姓的人！

　　今在邹城博物馆看到《刘宝墓志》，志石在这里保存良好，只是发掘出来时既已磨泐若干字，看到真石头，真的和看拓片不一样，那种质感，以及刻写之功，在拓片中是看不出来的。从文献的角度看，见了真石头，自然在做文章征引时，内心会平添无限自信。设若此志未能面世，刘宝刘道真的卒年就不能确知，则或许后人张冠李戴地将那个石勒制下的刘宝与晋安北将军的刘宝混谈了也不思辨别，将不知会惹出多少对那一段史实的无端猜测呢！

---

①　见罗新、叶炜《新出魏晋南北朝墓志疏证》，中华书局，2005年。

《刘宝墓志》原石（局部）

　　再有一点可说，就是刘宝家与当时世族间的姻亲关系。刘宝属高平郡刘氏一脉，据说是鲁恭王刘余之后。晋泰始元年（265），改山阳郡为高平郡，治所昌邑（今山东省巨野），辖七县，统辖范围包括今山东巨野、金乡、嘉祥、兖州、鱼台、邹县等地。他们这一系在汉末有个名人，就是荆州牧刘表——刘景升。西晋初期，刘宝和他的侄子刘绥也算是知名人士。《世说新语·赏誉》载："刘万安，即道真从子，庾公（琮）所谓'灼然玉举'。"刘孝标注引《刘氏谱》云："（刘）绥字万安，高平人。祖奥，太祝令。父斌，著作郎。绥历骠骑长史。"从这里看，刘宝上下几辈的关系是：刘奥，生刘宝、刘斌；刘斌生刘绥。从相关的文献看，刘宝之侄刘绥娶陈留阮蕃女幼娥，生女名刘女静，嫁给了颍川庾翼。庾翼女适袁勖子袁劭，生女名袁婉，适陈郡谢琰。谢琰即谢玄的侄子，《晋书·谢玄传》写作"兄子玩"，"玩"实为"琰"之误也，可参见《谢琰墓志》。谢琰弟谢玚，娶河东卫氏，生谢温，娶琅琊王氏。则高平刘氏因刘绥一脉，与陈留阮氏、颍川袁氏、颍川庾氏、陈郡谢氏、河东卫氏、琅琊王氏等世族大家均有或直接或间接的姻亲关系。这些世族人家中还都有些书法史上著名的人物，如庾家有庾翼、庾冰等；谢家有谢尚、谢安、谢奕等；卫家有卫夫人，王家更多。我们的志主人刘宝，未闻其书法之名，但他是个文学家，古文献中多有记载。今存作品《孙为祖持重议》，作于泰始十年（274），保存在《通典》卷八十八。《刘宝墓志》虽记载简略，但把它与古代文献会勘一下，也能把刘宝这个人物丰满起来。

　　做文史的学问，文献的掌握与利用是非常重要的，石刻文献更不容忽视。都问我为什么非要看到真石头，我只想说真石头是不会说假话的。石刻文献的利用，还是真石头为首选，拓片有时会失真。经过鉴定的馆藏石刻，它是不会骗人的。今见此志石至少让我们有这样几点认识可以理直气壮地说了：第一，这个安北将军的刘宝，字道真，绝非石勒手下的那个刘宝；第二，从志文上所刻他的葬期及未用司马伦的"建始"年号而仍用惠帝"永康"年号看，他的死应该与司马伦之乱有关，他或许就是在司马伦的政治清洗中罹难的；第三，证之其他文献，志石上的"安北大将军"的"大"字和"都督幽并诸军事"的"并"字，应是撰写墓志者加上的，有谀墓之嫌。

十九日晨往邹城市郭里镇独山村去看刘宝墓，村支书接待我们并道出刘墓之开掘，时在1974年许，他那时尚幼，闻有墓发来此看热闹，看到掘出来许多宝贝，并指点给我们看在哪里发现的墓口。墓今已非原来模样，就像一个大丘前面切了一块，有一个大空场倒伏着一片旧年茅草。我坐在那上面，心甚朦胧，总觉得这位当年的安北将军死得不明不白；总觉得政治斗争牺牲了太多无辜的人。在这荒冢之下，思接千载，发古幽思，当年刘宝族人安葬他时是一种什么心情？想想昨天在博物馆看刘宝那方像一个大砚台一样的墓志，"晋故侍中……安北大将军……"那几行似由水浸剥蚀的文字，真是不禁兴叹，往事虽越千年，当模糊的记忆渐渐清晰起来的时候，我们好像越发不敢面对了。

我一直想在碑志文献中领略书法之变化，亦想在碑志书法中寻绎历史之真相，可是当真相渐渐因考勘而浮出水面的时候，我真的有些犹疑，因为往往是考勘出的东西让我们把原来不曾在意的人物浮泛起来，特别是那人物与重大的历史事件构成了某种关系，也就越来越觉得吾人有些"毋庸置疑"的东西也并不都是无须质疑的。

2017年3月19日撰于邹城市郭里镇

思接曹子建

——东阿县谒曹子建墓观《曹植碑》

鱼山梵乐细如丝，

八斗才华十卷诗。

触手丰碑追往事，

至今幽冢忆陈思。

2016 年 11 月在台湾买到一本黄守成写的《曹子建新探》（云龙出版社，1998 年版），又因有对子建的欣赏，就一口气把这书读完了，回来又翻出旧存赵幼文先生的《曹植集校注》（人民文学出版社，1984 年版），互勘了一些疑问。正巧给研究生上课也讲到三曹诗，就与学生一同把曹植"梳理"了一通，愈觉得这人活得真是艰难，他真是又让那个时代造就，又让那个时代毁灭！于是我就想去看看子建的墓，拜会一下他"本人"。

世传曹植墓至少有三座，但一般还是认为在今山东东阿县鱼山西麓，那个坐东朝西、依山营穴、封土为冢的大墓，应该就是陈思王的安息处。而且 1977 年 3 月，文物考古工作者又在该墓室前门道高约 3 米处的墓壁发现一刻铭砖，砖为墓砖，三面刻有铭文曰："太和七年三月一日壬戌朔十五日丙午兖州刺史侯昶遣士朱周等二百人作毕陈王陵各赐休二百日别督郎中王纳主者司徒从掾位张顺。"这就更能证明这是陈王曹植葬处了。这个大墓建在曹魏太和七年（233），据说早间

"兆茔崩沦，茂响英声，远而不绝"，颇觉有灵异之气。墓有隋朝时曹植后人为他立的《曹植墓神道碑铭》，但为他立碑的申请应该早在北齐皇建年间（560），而碑文上写的立碑时间是隋文帝开皇十三年（593），其间竟时隔三十余年，而皇朝三嬗矣。

曹魏时不主立碑，故曹植碑也只能由后人立。碑当隋初，其字散乱，诸体相兼，人或谓在书法史上有由南北朝而入唐的过渡意义，又兼有康南海之嘉评，于是享有令名。虽然康南海说过"快刀斩阵，雄快峻劲者，莫若《曹子建碑》"的话，但平心而论，这碑的书法，实在也乏善可陈。

《孔羡碑》拓本（局部）

《曹植碑》原碑

在书法史上与曹植相关的有《孔羡碑》和王献之所书《洛神赋》，都是子建的文辞，但《孔羡碑》是否确为子建撰文，也还一时难以定谳。

史言魏明帝曹叡太和三年（229）子建自雍丘（今河南杞县）"徙封东阿"。子建有《转封东阿王谢表》，说是因为太皇太后亦即他的母亲眷怀所至。当时魏明帝——子建的侄子——在诏书里这样写："太皇太后念雍丘下湿少桑，欲转东阿，当合王意！可遣人按行，知可居不？"子建在谢表中说他在雍丘度日苦辛，能徙居东阿，也是原来不敢想的事，形容他的境况竟是：饥者易食，寒者易衣，臣之谓也！这不就是说自己已经处在一种饥寒交迫的日子里了吗？一个亲王，生活若此，自然是由政治原因所致，否则谁能把一个著名的诗人、尊贵的王爷弄成一个难民的样子呢？

所谓《曹植碑》即是隋开皇十三年（593）所立的神道碑。该碑高 2.57 米，宽 1.03 米，厚 0.21 米。碑顶呈半圆形，石料较粗，为灰白色岩石质，有额无题字，但龛中粗镂造像，因年代久远，造像面容已毁，只剩残迹。碑额浅雕盘龙，尚清晰可辨。碑文 22 行，每行 42 字、43 字不等，共 931 字，漫漶脱落 57 字，现存 874 字。据报道，此碑早年曾湮没在大清河（今黄河）中，到清代始捞出，还置于墓前，并建碑楼保护。

现在我们看到的《曹植碑》碑文的第一行有一些字磨泐不清了，应该叙述了他们曹家的祖先是在先秦上古的邾国，就是现在邹城的境内。《左传·文十三年》记载着邾国统治时间最长（51 年）的一位国君邾文公，他后来把都城迁至邹城峄山之南。这是公元前 614 年的事情。邹城峄山下邾国旧址仍在焉。为访《曹植碑》，我们在邹城访《刘宝墓志》时，借道峄山往寻邾国故址，现已一片农田，竟无遗痕可寻。

田地边，石井上，见一些石头错落倚侧，就想问："你可是邾国旧藏？"不管怎样，那一片应是曹家的祖先居住地。

再往后看，碑文上就记到了汉代相国曹参了，所谓："逮丞相参，乃成王室，道勋隆重，位登上宰，受国平阳。"曹参是被封为平阳侯的。再就叙及子建的祖嵩、父操、兄丕，自都是优辞评价，但读着也并觉不出有那种对君父一样的崇敬。述曹植事迹，大体与《三国志·陈思王传》相类，唯云"四年改封东阿"，与史传"三年徙封东阿"不同。碑云："十一年里，频三徙都，汲汲无欢，遂发愤而薨，时年卅有一。"现在拓片上看"卅"若"卅"字，王壮弘《增补校碑随笔》云："旧拓十四行'年卅'之'卅'仅右下稍有石花，稍晚即半泐。"今所见石宜非旧拓之貌。观此石查得"卅"字仅剩"廿"，亦应会勘史传及旧碑著录，明其为四十（卌）也。

曹子建才高八斗，从《三国志》里看，他爸曹孟德，他哥曹子桓，他侄子曹叡，其实对他都不错，都知道他是个有才有志向的人，但也都知道他不是个干政治的材料，曹子建前期受杨修、二丁等幕僚的裹挟去争政治之宠，后来那三个人都让他爸和他哥干掉了，他再写《求通亲亲》《求自试》之类的表白，不过都是些书生之言，乃兄乃侄也都做做样子，优诏答之而已。其实曹子建就是为文学而生的，可他偏想试试政治的"水"，不让他试，他就总觉得没有给他机会。曹操给他救曹仁的机会了，可他一喝酒就误了事，后来人编出来是曹丕故意让他喝醉误事以使他爸对子建失望，这不一定。子建饮酒误事我是觉得可能的，就像后来的孟浩然，正好有个谋官的机会，有个叫韩朝宗的大佬与他相约，把他推荐给官场，可他一喝酒就不去了，别人还提醒他，可他喝高兴了，什么官不官的，一概不管了。用现在的话说是

《曹植碑》拓本（局部）

个"性情中人"，醒了以后自然后悔，也能在诗里写"不才明主弃，多病故人疏"，你自己"性情"，赖得着"明主"弃你吗？所以有一则笔记上说唐玄宗就曾对孟浩然说：朕何时弃的你？想想曹子建也不过就是这样的人！

2017 年 3 月 19 日，余与研究生刘君高锋自梁山县出发，途经程咬金之故里斑鸠店，过黄河，于堤上即可望见鱼山，车行二里许，即到曹植墓。这是一个幽静的院子，迎面是子建大墓，依山聚土，虽是高可丈余，然仍显荒败。这里除了我们几个人竟如许久没人来过，想想这里长眠着的竟是那个被谢灵运所说天下之才一石而独占八斗的曹子建吗？

　　曹子建的当年风流何在？似都归入齐、隋后人为他立的碑中。那曹植碑今被锁在一座小亭状的砖质碑楼中，喊得人来，把锁开启，一方两米高的碑石孤独地在那里立着，也不知多长时间没人来此"问津"。楼台高锁，帘幕低垂，谁人悦己，落寞无依，是不是就是这种感觉？我抚摸着碑上文字，心中长问：子建安否？

　　这碑上的字基本保存完好，边上磨损严重，而中间亦间有若干处已漫漶不清，但大体可以读下来。原在拓片上看到子建殁时年"卅"一，现在看连"卅"也只剩下"廿"了。王壮弘先生说的可看清"卅"的已是旧拓，现在再出拓片，只可见"廿"矣。其实子建卒年是四十一，看来"卅"字后已残半。又，史传上说子建在"三年徙封东阿"，而此碑云"四年"，且"东"字只存上半，而"阿"已毁，今只能意推为"东阿"也。

　　自碑亭向北拾级而上，就到了羊茂台子建的读书处。碑中云，"即营墓鱼山，傍羊茂台，平生游西，有终焉之所"，传说羊茂台是曹植读书处，未知所本。台上东山壁间有一洞，上题"梵音洞"，传为子建闻梵音而修心处，洞中有井一方，有石台高出地面四五寸，可有两三平方米，想当年子建或席地而坐，消遣世虑，又闻梵乐而辨音，其音律或亦影响其诗赋欤？

　　下得台来，我们坐在隋碑亭下，细细斟酌碑石与传记的异同，碑志自可补史传之不足，史传亦可证碑志之舛误！在离开曹植墓前，又与东阿县文管所李科老师等于碑亭外论及子建生平遭际，慨然有千古之叹息！

　　说到曹子建要和他哥哥曹丕争宠继承王位，我说那断非实情。曹子建与他哥曹子桓争太子的事我总是不大相信，我们现在可见的文献

羊茂台遗址

中，似无子建主动争太子的记录；也没有他唆使谁去帮他争太子的记录；也无他未得到太子之位而怨怼的记录。倒是父亲曹操去世后，他弟弟曹彰跑到洛阳停灵处大叫了一通，说父亲是要让子建做太子的时候，曹植当时说了一句"不可"的话。这个事情记载在《三国志》的《任城王彰传》裴松之注引的《魏略》中，原文是这样说的：

曹彰至洛阳谓临淄侯植曰："先王召我者，欲立汝也。"植曰："不可！不见袁氏兄弟乎？"

说起子建与子桓争嫡，我倒是觉得，老曹在立嗣这个问题上耍了一个手腕，以辨政治集团内部之向背，其实他原本就没想传位给曹子建。曹丕和天下人都被老曹蒙骗了，一直把曹植放在了曹丕的对立面。曹子建更是冤大头，半辈子在恐惧中度过，越想解释越解释不清；越表白越让人误解。

其实我想，要说曹子建和曹子桓是否在争嫡，有几个问题要弄清楚：一个是曹操的立嗣标准；另一个是曹丕争嗣的条件；再一个就是曹植对立嗣的态度。从这三方面看，曹丕都占先。还要有一些区分：其一是要把曹操喜欢曹植和要曹植继承王位区分开；其二是要把曹丕对曹植的情谊与对曹植的政治竞争区分开；其三是要把曹植对嗣位的态度与曹操说的和杨修、丁仪他们想的区分开。

一般都把建安十九年曹操使曹植留守邺城作为老曹欲立曹植为继承人的标志，《曹植传》曰：

十九年徙封临淄侯。操伐孙权。使植留守邺，戒之曰："吾昔为顿丘令，年二十三。思此时所行，无悔于今。汝年亦二十三矣，可不勉与！"植既以才见异，丁仪、丁廙、杨修等为之羽翼。操狐疑。几为太子者数矣。而植任性而行，不自雕励，饮酒不节。而丕御之以术，矫情自饰，宫人左右，并为之说，故遂定为嗣。

这时候，曹植已封临淄侯，为什么老曹把原来每次出征留守邺城的曹丕换成曹植了呢？是老曹在暗示要更换继承人吗？还是抛出一块试金石来检测一下各种政治势力的反应呢？

我们看，传上接着就说"丁仪、丁廙、杨修等为之羽翼。操狐疑，几为太子者数矣"。这是个倒装句，是说太祖老曹几次三番想让曹植接班，正在迟疑不决，这当口二丁和杨修就成了曹植夺嫡的羽翼了。《三国志》卷二十二《卫臻传》上说得更明确："初，太祖久不立太子，而方奇贵临淄侯。丁仪等为之羽翼，劝臻自结，臻以大义拒之。"《邢颙传》上也有类似记载。这是说，二丁与杨修等曹植的幕僚政治敏感性很强，他们嗅到曹植有可能接老曹的班，那么他们也可以因之而"鸡犬升天"，所以他们就加紧鼓动，还找卫臻等大臣加盟。曹子建也许就不上心，或者就被蒙在鼓里，也未可知呢。

　　曹操为什么已经让曹丕任了五官中郎将（副宰相），而还有一些属意于曹植的举动呢？首先要搞清楚，曹操是否后来对曹丕有什么不满？是政治上的不满还是感情上的不满？此前似只有关于袁绍儿媳甄氏的一段传闻，说是原来老曹想据为己有，后来曹丕纳之；当然也有曹植很喜欢这位漂亮嫂嫂的传闻。这算不算曹氏父子之间的一个纠葛？再加上老曹又好像专爱娶有夫之妇，比如纳了秦朗之母杜氏、何晏之母尹氏，而且对"拖油瓶"带来的儿子还都挺娇宠，这是否也会引起曹丕的不满？至少不会太舒服吧，人家亲妈卞氏还在呢。揆之老曹死后，曹丕尽收其父侍女归己，或可见其心理上的报复。《世说新语·贤媛》记着：

曹魏大墓出土石楬

魏武帝崩，文帝悉取武帝宫人自侍。及帝病困，卞后出看疾；太后入户，见直侍并是昔日所爱幸者。太后问："何时来邪？"云："正伏魄时过。"因不复前而叹曰："狗鼠不食汝余，死故应尔！"至山陵，亦竟不临。

但是，这些男女上的事大概不能影响大局。在政治上，曹丕与曹操应该没什么大矛盾，特别是在"以魏代汉"的政治目标和对士族大户倚重的组织路线，他们父子还是一致的。只是曹丕更对汝颍集团偏爱，而老曹至少还在表面上不忘谯沛人士，谯沛人物大多是有战功的，又是老乡亲故之人，老曹不能放下，曹丕却觉得碍脚，但也不会有多大冲突，曹丕对谯沛的曹真就很好。父子二人在用人上有矛盾的是司马懿，老曹不放心，曹丕执意用，这上面曹丕有点和他老爸较劲。

傅玄说："近者魏武好法术，而天下贵刑名；魏文慕通达，而天下贱守节。"① 曹操与曹丕自有不同，在治国方略和选驭将相上都能看出他们的差异，但他们"以魏代汉"的大方向是一致的，这也就是说他们的政治取向本质上是一致的。而曹植在这方面自是有悖于乃父乃兄的，观其听到汉献帝崩的假消息，痛哭发丧，可见其不欲叛汉；观其《商山四皓画赞》，亦可见其无心夺嫡。所以，从老曹和他两儿子的一些事分析起来，史书上说的这个争夺继承权的说法，总觉得不太靠谱。

悠悠千载，如今就是起陈思王于地下而问之，又会有什么结果呢？离开曹植墓时，天已黯淡，心亦黯淡……

2017 年 3 月 20 日撰于东阿县

---

① 〔唐〕房玄龄《晋书·傅玄传》，中华书局，1974 年。

萧萧拱木问斯人

——访徐之范父子瘗莹与墓志

鹰山徐氏筑灵郭，

父殁子随孝道播。

六世悬壶声望在，

墓铭惜字竟如何！

20世纪90年代中，我在韩国釜山教汉语时，余暇甚多，常翻旧史以消日。那时读到南北朝，有《南史》《北史》，还有《魏书》《北齐书》等，发现徐之范是个医学世家。又，当时与中医药大学医古文专家钱超尘教授比邻而居，常求问于他。徐家给人治病真是神了，给皇家治病，就获了高官。

近岁颇喜读中古时期的石刻文献，偶见《徐之范》《徐之才》《徐敏行》等志，就勾起廿年前的记忆，可是在这些墓志拓片的阅读中发现了一个问题，就是几乎没有突出他们的医术，这与史传不同。志上大多说他们的文才如何如何好，不及医才，这是为什么呢？当然，北齐后主鸩杀那个美男子大将军兰陵王高肃，就是徐之范送的毒药，这在《北齐书》里有记载，但是徐氏的传中和志中是看不到的。

徐之范卒于隋开皇四年四月廿六日，年七十有八，以此推其生年在南朝梁武帝天监六年，亦当北魏宣武帝元恪正始四年，这样他的生卒年应为公元507—584年。

徐之范未若其兄徐之才著名，之才幼而隽发，人称神童。陈郡阳夏之袁昂（字千里，461—540）领丹阳尹时（梁武帝普通三年，亦北魏孝明帝正光三年，522 年）辟徐之才为主簿，"人物事宜，皆被顾访"。[①] 袁昂甚重其才，虽有小过，亦尝宥之。时袁昂已六十余矣！袁昂就是书法史上那个写《古今书评》的，这是古代书法批评史上较有影响的著作。

徐之才传收在《北史》的《艺术传》中，说他"大善医术，兼有机辩"；又云："药石多效，又窥涉经史，发言辩捷，朝贤竞相邀引，为之延誉。"《徐之才墓志》（现藏沈阳博物馆）说他活到六十八岁，传上说他"年八十卒"，当以志为是。《北齐书·徐之才传》说他"历事诸帝，以戏狎得宠"，看来也

① 〔唐〕李延寿《北史》卷九十，中华书局，1974 年。

《徐之才墓志》拓片

是个佞臣形象。其实他在北齐过得并不舒心，传云：

> 为仆射时，语人曰："我在江东，见徐勉作仆射，朝士莫不佞之。今我亦是徐仆射，无一人佞我，何由可活！"之才妻魏广阳王妹，之才从文襄（北齐文襄皇帝高澄）求得为妻。和士开（524—571，北齐宠臣）知之，乃淫其妻。之才遇见而避之，退曰："妨少年戏笑。"其宽纵如此。

读此，真觉得他活得窝囊！

徐之才墓不在英山，墓在河北磁县，墓志原石藏在沈阳博物馆。之才事迹会勘史传文字及墓志可得而知。之才墓志记其卒于"武平三年六月"，而之才又曾待诏文林馆，参见《北史·文苑传序》，以此可驳学界所谓文林馆设于武平四年说也。

徐家祖上名人辈出，今存于史传者亦不乏其人。其远祖徐防，《后汉书》卷四十四有传，就是那个与张禹（时任太傅）、尹勤（时任司空），希邓太后旨，共同定策由刘祜（汉安帝）即了皇帝位的徐防，时任太尉。防有弟崇，有子衡。

《徐之范墓志》云："十二世祖饶，为汉郁林太守。"郁林属交州刺史部，今在广州南。徐饶史书无征，而查之范祖父徐文伯传亦无可接续者。然《三国志集解》卷五十七《虞翻传》有"太末徐陵"。传云："（虞）翻一见之，便与友善，终成显名。"这个徐陵应是汉末三国时人，与徐饶或在同时，抑或同族，那就是徐之范祖父辈人了，这个徐陵据裴注引《会稽典录》曰："字元太，历三县长，所在著称，迁零陵太守。"零陵就是舜陵，在今湖南南部，东汉时的零陵郡隶属荆州。徐陵有子徐平，字伯先，少龀知名，诸葛恪（203—253，诸葛孔明之侄，诸葛瑾之长子也）为丹阳太守，聘徐平为丞。时为嘉禾三年（234），亦魏明帝青龙二年，蜀后主建兴十二年也。

以之范生年上推，平均三十年一世，推至徐饶，则饶应生在公元147 年左右，即汉桓帝建和元年前后。若以其四十余为郁林太守，则至于灵帝末，天下渐乱矣，及其晚年，则去官徙家江表避乱，亦合《徐之范墓志》所云：“属汉魏纠纷，避地江表，居东阳之太末。”

之范祖徐文伯，为南朝宋给事黄门侍郎。文伯之曾祖是徐熙，濮阳太守。文伯祖父徐秋夫，射阳令；父亲徐道度，兰陵太守；子徐雄，即之才和之范的父亲，官至员外散骑侍郎，《徐之才墓志》说徐雄早卒。从《南史》卷三十二《徐文伯传》看，之范上数五世，脉络分明。

今考徐氏家族入于载籍者，有两个特点。一是精于医道，一是好读书，有孝行。考其所读书，以黄老之学为主，亦兼涉玄学。

徐氏通医术，享有令名，如史家论曰：“徐氏妙理通灵，盖非常所至，虽古之和、鹊，何以加兹！”①

之范祖文伯之弟徐謇字成伯，史称“与兄文伯等皆善医药”，并说：“謇常有药饵及吞服道符，年垂八十，鬓发不白，力未多衰。”徐謇是北魏玄武帝元恪正始元年（504）即梁武帝天监三年去世的。以此上推八十年，他应生在南朝宋文帝元嘉元年（424）前后。这样以徐之范公元 507 年生，与徐謇相隔八十余年，謇为之范从祖，之范还有兄之才，则徐氏代际平均 30 年为计还可以说得过去。赵万里释《徐之才墓志》，谓之才武帝三年卒，年六十八。而传误卒年为八十。又谓：“惜志多藻释之辞，无一事及其医术。……使无史传几不知之才为扁、张之俦矣。”②

史传上记徐氏家族，都说他们精通医术，甚至写得出神入化。可是徐之范这个墓志上却并没有突显这个特长，唯在写到他从南方逃回

---

① 〔唐〕李延寿《南史》卷三十二，中华书局，1975 年。
② 赵万里《汉魏南北朝墓志集释》第二册，广西师范大学出版社，2008 年。

北地，依其兄徐之才在北齐为官时说他"尚药典御"，即在尚药局任长官。后两说典御如故，就再没说与医官有关的话，更未言及他的医术如何。而史传中云其"以医术见知"，也是点到为止。[①]

之范墓志中，倒是大书其有文才，所谓"侍犀管以赋行云""命藻西园""声重邹、枚""衣丽华虫、管吟芳树"。更言其"渊卿丽藻之文，谈天炙辑之妙，探求幽赜，往往入神"。"渊"指宋玉宋子渊；"卿"指司马相如（长卿）。这个"谈天"指邹衍，"炙辑"指淳于髡，都是讲之范能说能文，惜其未能流传下来什么作品。

《徐之范志》中说到他晚年的经历云：

晋王帝子，出抚汾、绛，以公宿望，诏追翼辅。

这是说徐之范曾任职杨广的晋王府。杨广是开皇元年被立为晋王的，他那年 13 岁。隋文帝是否因徐之范的"宿望"而"诏追翼辅"儿子晋王杨广，不可知，但杨广任晋王时，他父亲隋文帝杨坚为他找了两个"老师"辅佐之，一是王韶（字子相），一是李彻（字广达）。杨广后来回忆说：

先帝立我于西朝堂，乃令高颎、虞庆则、元旻等，从内送王子相于我。于时戒我曰："以汝幼冲，未更世事，今令子相作辅于汝，事无大小，皆可委之。"[②]

徐之范是死在晋王府任上的，之范入幕晋王府，或亦是王子相等老臣为之延聘者，而之范入幕，自可因其有所谓"宿望"，再者亦可能因为其有"医术见知"的原因。徐之范的传和志中有一件事没说，那就是他奉北齐后主之命给兰陵王送毒药，鸩杀了这位北齐战将。兰

---

① 〔唐〕李延寿《北史》卷九十，中华书局，1974 年。
② 〔唐〕魏徵《隋书·柳䛒之传》，中华书局，1973 年。

陵王是古代美男子，又是北齐王室少有的正常人，也是为北齐立下过赫赫战功的将军。后主高纬嫉其功高把他赐死了，奉命执行者就是徐之范，这事在《北齐书》的兰陵王传里记载着。这固然不是徐之范的错，他不过奉命行事而已，但也总是好说不好听的事。

本志还可以引起今人注意的是志后因卜卦而得的谶语：

卜此葬地，得泰卦：后一千八百年为孙长寿所发，所发者灭门。

今人多以为最早有这些谶语的是北齐天保六年（555）的《元子邃墓志》，赵万里跋语中谓："其文荒诞不经，盖术者厌胜之辞。古人志墓之文多有之。"又谓："事涉左道，未可以常理论也！"① 今人赵振华等《谈隋唐时期丧葬文化中的墓志谶言》谓《王节墓志》是年代最早有谶言的，似非是，所以他在该文的附记中做了校正。《王节墓志》为开皇十五年，尚不及徐之范墓志早，更遑论北齐时之《元子邃志》了。赵万里先生在跋《元子邃志》时亦举出在北齐天保年以前若干谶语事，可见此类现象为中古时常见者也！而罗新、叶炜《新出魏晋南北朝墓志疏证》第 363 页谈及徐之范志文最后的谶语时说："此言为南北朝隋唐墓志所仅见。"此自是失察之言也。

关于在墓志中用谶语，似乎不只是在中古时期，从文献上看，似乎先秦古墓中就存有这类东西。赵万里先生引征的文献中有这样两条：

《太平广记》三百九十一引《史系》"后魏天赐中河东人张恩盗发汤冢，得志云：我死后二千年困于恩。恩得古钟磬，皆投于河"。……又引《水经》"宋浦阳江有琵琶圻，圻有古冢堕水，甓有隐起字云：筮吉龟凶八百年落江中。谢灵运取甓诣京，咸传视焉"（文见《水经·渐

---

① 赵万里《汉魏南北朝墓志集释》第二册，广西师范大学出版社，2008 年。

江水注》)。

这要算一算，就都是商周时候的事了，云"志"云"甓（砖）"，那时候就有墓志了？大概不至于。我总认为这是中古那时候的人讲的"故事"，是给那时候的丧葬风俗找一点历史依据。但是汉晋时期应该就有类似现象，如赵振华先生《谈隋唐时期丧葬文化中的墓志谶言》一文所说：

谶言是古代巫师、方士等以谶术所做的预言。汉墓题铭已发其端，山东金乡县鱼山汉墓刻石有"诸敢发我丘者，令绝毋户后"等句，类似咒语（顾承银等：《山东金乡鱼山发现两座汉墓》，《考古》1995年5期）。民国时期，顾燮光研究石刻上之谶言，作《石刻之前知》云：

术数谶纬之学，在虚无缥缈之间，附会者于金石文字亦神妙其说。若为信有其事，是可惑矣。《两浙金石记》云，晋保母砖云："后八百余载，知献之保母官于兹土。"墓砖之出，实八百三十八年，献之前知，异哉！①

至于谶语所言多少年之后谁谁发掘墓穴云云，那不过是当时卜筮安墓的书上写的，尽管有的也说得差不离，但大多就是这么一说，也是不足信的。倒是这类谶语的书写方式可以说一说，一类是善意的告诫或祈求，让日后发掘者好好安葬墓主，这样会给发掘者带来福运，如"今葬后五百年，必有张僧达所开，开者即好迁葬，必见大吉"（北齐天保六年《元子邃墓志》）、又如"开吾墓者，改葬之，大富贵"（隋开皇十一年《尔朱端墓志》）等；一类是严厉的诅咒，若是发我墓者，必遭大祸，如"卜此葬地，得泰卦：后一千八百年为孙长寿所发，所发者灭门"（隋开皇四年《徐之范墓志》）；一类是双重的，告诉你善待墓主就会得

---

① 赵振华，王学春《谈隋唐时期表葬文化中的墓志谶言——读〈抑山涛墓志〉及其谶言》，载《碑林集刊》（十），陕西人民美术出版社，2004年。

好报，反之得恶报，如"筮占：葬后一千（志作"迁"）八百年，为吴奴子所发掘，诚奴子必宜还葬之，子孙得福，家炽盛，大富贵。如违，招致祸殃绝灭"（隋开皇九年《张茂墓志》）、又如"千七百年为乐受所发，发者灭门，还复大吉"（隋开皇九年《赵洪墓志》）等；还有一类是只说该墓会被发掘，其他什么也没说，如"吾殡后三千年有崔胸显所破"①。大概就是这几种形式，我们从这些谶语中所得最直接的一个感触是，这都是墓主安葬者的一种担心，他们担心墓主在未来的某个时候被掘出，不得永久安息。未来是不可知的，更是不可控的，这种出于对未来不可确知之危险的担心，是卜筮并刻写谶语的动因。这里的诅咒和祈求，都是出于对墓主遗骸的保护，至于管事不管事他们也左右不了，固然是事涉左道，未合常理，但他们起码相信，此举可以求得些心理安慰。

徐之范之子徐敏行亦存墓志，1976 年 2 月在山东嘉祥满硐杨楼村英山出土，今石存山东博物馆。墓志上有这样几点可说：

一、他是因为父亲逝世而悲痛过度，卒于丧次。而且其妻子亦于半年后去世，两人同葬。这倒很像乃祖徐雄，徐雄"事母孝谨，母终，毁瘠几至自灭。俄而兄亡，扶杖临丧，掰膺一恸，遂以哀卒"。②

二、他的墓地距其父坟，在"东北十步"。

三、他亦同其父一样在晋王府工作。

齐、周、隋之际，徐敏行的仕履经历是由齐被俘入周，所谓"既而邯郸衔璧，往从房陵；士衡谈冠，来逢壮武"。这里用了几个典故，所谓"邯郸衔璧，往从房陵"，"衔璧"指投降、被俘，应该是指齐、周易代之时。

---

① 《李吁墓志》（隋大业六年），见赵君平编《邙洛碑志三百种》，中华书局，2004 年，第 48 页。
② 〔唐〕李延寿《南史·张邵传》，附《徐文伯传》，中华书局，1975 年。

《徐敏行墓志》志盖原石

"往从房陵"，或指其有一段被流放的经历？因为房陵是自古以来流放
地，这里用了秦灭赵国的故事，赵王迁献地图投降，这就是所谓的"邯
郸衔璧"，邯郸是赵国首都。赵王投降后被迁徙到房陵，志文说"往从
房陵"，或许是说徐敏行随着北齐亡国君臣一同被远徙长安了，这是以
历史上赵王被流放来比喻敏行等北齐的亡国君臣耶？然而，赖非先生
《齐鲁碑刻墓志研究》将"房陵"解为房陵王杨勇了。敏行殁于开皇四年，
当时杨勇还是太子，"房陵王"是杨勇死后的追封，那已是隋文帝死后
的事了，怎么能在这里就称杨勇"房陵"呢？显然赖非先生搞错了！[1]

　　接下来的"士衡弹冠，来逢壮武"，也是用的典故。士衡是陆机的字，

---

[1]　参见赖非《齐鲁碑刻墓志研究》，齐鲁书社，2004 年。

他原是吴国人，晋统一全国后，他作为降臣与其弟陆云来归洛阳，受到当朝重臣张华的推重，张华曾被封为"壮武郡公"，壮武故县在今山东即墨区。本志用此典故，当是说敏行又被赦免了，受到北周的任用。志辞自然夸张，将敏行比作吴国大文学家陆机陆士衡，有些谀墓了，但结合整个志文看，徐敏行虽不至于有陆士衡之文才，但也应该是文采不错的，而他也曾入北齐后主的文林馆，所以撰写志文的就把他与先代文豪作比以慰其亡灵吧！

2017 年 3 月 19 日，我们到山东谒徐之范墓，由嘉祥县满硐镇楚书记带往杨楼村，又有高书记（年八十余）及村中一干部引往村西北方向看徐氏墓群遗址。杨楼村原书记高守望，是 1976 年发掘徐氏墓群时的见证人，他跟我们说，先发现了徐敏行墓，又因掘井而发现了徐之范墓，其址正在英山西麓。

经过一片麦地，西北方向便见一蜿蜒土冈，冈下数步有一石砌的老井，高书记说这是徐之范墓的挖掘入口。当时是先发了徐敏行墓，又因掘井而发现了徐之范墓，之范墓有石门，门外有二石人守卫，他说那两个石人有一米高，挺漂亮，出土后让人拿去上级单位了。敏行墓中是有壁画的，当时整体移出，色彩如新，也移交上级单位了。

老人家一直问我这两个人的关系，我告诉他之范是敏行之父，并告诉他敏行为父发丧期间悲痛过度，也跟了父亲去。在敏行墓志中写着他的墓去其父墓东北十余步，现在目测二墓所在，约略如志所云。我问高书记，这是"鹰山"西麓还是"英山"西麓？他说是"鹰山"，因为有鹰身子，也有鹰翅膀，徐氏墓群即在西边这个"翅膀"下边，而鹰山东边还有一个"翅膀"。且在鹰山南"鹰头"地方有一村，至今还俗称"鹰咀刘村"（"咀"即"嘴"）。然之范、敏行二志均书"英山"，或"英山"为古称，"鹰山"为今称耶！

高书记及随行当地干部都对我说，鹰山主体的北侧，应有一大墓，似是未造完即废弃了，传说是昌邑王刘贺为自己修的，昌邑即在附近的金乡。后来刘贺去长安做了几天皇帝，旋即被废，改封海昏侯。此前媒体频频报道在江西挖掘海昏侯墓，我去岁暑中尝往观墓发现场，却未尝想，刘贺（海昏侯）在其未当皇帝前的昌邑王国中，还曾为自己预修了阴宅。若果真发掘并证实这确是昌邑王刘贺的预修坟茔，也会更觉这里历史上还有一位名人曾经在此走过。

徐之范父子的墓拜谒过，便要到济南寻找他们的墓志，据说一在石刻艺术馆，一在省博物馆，已由朋友刘尚林访得，我们便省了许多寻觅之劳顿。2017年3月21日上午，与刘高锋君由济南"中国书法网"李忠春、彭亮、朱卿菱陪同去山东省石刻艺术馆访《徐之范墓志》，该志志石完整，摆放在管库的显眼处，还有志盖放在另一间房子里的铁架上，需借助梯子才能看清志盖上的文字。

从徐墓归来，再看徐志，一则以喜，一则以忧。喜者能看到原石，慰其仍存人间；忧者，志石已远离本穴，委侨别馆，总觉得有一种背井离乡之憾！但此志保存得真是很好，亦较拓片刀笔凌迈得远；看原石亦更觉较读拓本亲切许多。

徐氏后人《徐谟墓志》摆在之范墓志旁侧，尚有圭形墓表，立在《徐之范墓志》左首，即东侧。徐谟是徐之才的孙子，徐之范的从孙，有这个后人的志石陪伴着之范，也为之范欣慰，终是其身不孤啊！然其子敏行的志石却分藏于山东省博物馆，当年之范殁，敏行为举丧，悲痛过度而随父去，葬在之范墓之侧，今竟与他父亲的志石分属两处！

下午去省博物馆原本想看看《徐敏行墓志》的原石，但他们说到现在还没查出这块志石究在何处，有可能不知所在，有可能在库房。我同他们说，资料显示应该在你们这里！答曰，那可能就在库房，但今天是不能看了。以后能否看到，走何等程序看到，他们也说不清。但好在可以在展厅里看徐敏行墓中的壁画，还有墓门石吏，于是我们便兴致勃勃地去看了。壁画真是精彩，人物生动，还有一定的叙事性，保存得也是如"新发于硎"。只是墓门肯定不是一对，未知何解！门吏栩栩如生，这应是徐之范墓中的，而展签上的释文写作徐敏行墓出土，似不确。《文物》杂志上的发掘简报及赖非先生的著作中均说是出于之范墓，而我们在嘉祥满硐镇杨楼村实地勘查时，八十余岁的高书记也说第二回发掘之范墓时见到两个石人挺俊的，现在看这个作为展品的门吏也确实挺漂亮的。高书记当时是发掘现场的当事人，他的话应该不错，若果如此，则省博展示牌上的释文应是讹误了。要之，既然展出徐氏墓中的壁画及门吏，一方面总要说清楚其所从来，另一方面似应把墓主志石一同展出来以求其完整。这样，敏行的墓志就不应该还锁在库中不予面世，同时也应该把藏于石刻艺术馆中的《徐之范墓志》调过来一同展览，一则门吏有所归依，不至张冠李戴；二则让人家父子也得个"团圆"，亦是上德之事。

【补记】

2020 年 5 月 31 日，蒙山东省文物部门准许，我和山东省书法家协会原副主席赵长刚先生、刘尚林君在省博物馆的库房看到了徐敏行墓志，在那里仔细地看了许久，志盖上的铁环仍在，志石上的字迹也还清晰，和长刚主席与尚林君在那里说了一些徐敏行志文中的典故，便觉这方墓志还是放在展馆里与墓门、壁画一起展出更好。这次不只看到了《徐敏行墓志》，还看到了《刁遵墓志》《房悦墓志》等珍贵志石，自叹眼福不浅也！

访《羊烈墓志》说泰山羊家

2014 年 8 月，立秋前后，与同事宗娅琮、研究生赵燕武往泰安访羊氏家族的志石，原是要在岱庙看《羊祉墓志》，但遍搜文物库房也没找到，可是文管部门的领导及研究者都说志石是在岱庙存着。

直至 2018 年，我再次带着学生到泰安考察，得当地文物部门安排，到岱庙看到了《羊祉墓志》，在他们库房的一个很逼仄的夹道里，艰难地看到了这方志石。当时学生写了考察报告，中间说了一段：

> 羊祉，《魏书》卷八十九、《北史》卷三十九并有传。惟所述其宦迹，较之志石，多有缺漏。如志石所载羊祉历官振军将军、建威将军、征西大将军司马、兼给事黄门侍郎及卒后追赠镇军将军，史传均无记载。又羊祉在梁秦刺史任上，曾主持重开褒斜道，复通石门，即墓志中所言"开石门于遂古，辟栈道于荒途"。这一治道工程在当时有重要影响。至今陕西汉中还存有北魏永平二年（509）《石门铭》记其事功。而《魏书》本传不记其事，并非"事小不足录"，而是缘于"隐善扬恶"的修史曲笔。因羊祉之子羊侃声称奉父遗命叛魏投梁，故北朝史臣视羊祉父子为叛臣逆子，立传时对此功绩避而不书。据羊祉墓志乃可辨清史传曲笔，见其全人。

这应该是他们引用了泰安学院周郢教授的话，周教授曾经和我谈到过羊祉传上为什么不记录开褒斜道的事。

2014 年那一回在岱庙没看到《羊祉墓志》，就去新泰市文管所找《羊烈墓志》了，那是羊祉侄子的墓志，在所里也是找了半天，却在一屋檐下找到，横放在那里，须弯腰拧着脖子才能看，用水洇湿看出字迹确定就是《羊烈墓志》了。馆中也有羊烈墓志的拓片，研究员展示给我们看。我们一会看看原石，一会看看拓片，竟在那里盘桓了一上午，中间也和馆里的研究者一同讨论了关于志石上的一些疑问。

1993 年 6 月，新泰市博物馆在清理羊流镇墓群时，发现了北齐名臣羊烈的墓葬，墓为砖室，平面呈刀把形，6 米 ×7 米、墓道长 5 米，于墓室中出土羊烈夫妇墓志两盒，分别镌刻于隋开皇九年（589）及十二年（592）。羊烈是泰山羊家在北朝后期的人物，志上说他是羊琇的"九世孙"，这也正是我要亲眼看看志石是不是这样写的，同时也是要向当地文管所的专家们请教的。为什么要关注这个"九世孙"呢？因为我考校《魏书》《北史》《北齐书》等文献，按史传记载的史料推断应该是"八世孙"或"七世孙"。可看了志石，确实写的就是"九世孙"，文管所专家似乎并没有注意这回事，所以就有必要在这里说一说了。

《羊烈墓志》志盖原石、拓片

　　泰山羊氏一族，的确是名人辈出，世为冠族。泰山羊氏家族是后汉以来的士族大户，今见族中人物博学能文，有历史功绩者，代不乏人。

　　羊烈的远祖是后汉南阳太守羊续，是个廉洁的地方官，史称"悬鱼太守"者。《后汉书》本传记之曰：

　　时权豪之家多尚奢丽，（羊）续深疾之，常敝衣薄食，车马羸败。府丞尝献其生鱼，续受而悬于庭；丞后又进之，续乃出前所悬者以杜其意。续妻后与子（羊）秘俱往郡舍，续闭门不内，妻自将秘行，其资藏唯有布衾、敝祗裯，盐、麦数斛而已，顾敕秘曰："吾自奉若此，何以资尔母乎？"使与母俱归。

　　羊续有三个儿子：羊秘、羊衜、羊耽。南朝书法家羊欣是羊秘的后人；西晋初的大将军羊祜是羊衜的儿子，关于羊衜还需再多说两句，即吴人羊衜和魏人羊衜的问题。曹道衡、沈玉成两先生所著《中古文学史料丛考》"蔡邕'远迹吴会往来依泰山羊氏'解"一条中说：

　　羊衜事迹散见《三国志》；《吴主五子传》记孙休临终，上疏称"羊衜辩捷，有专对之才"；孙和、孙霸兄弟不和，"督军使者羊衜上疏"云云，其时已在孙权赤乌末年（249年左右），极而言之，衜其时为七十余岁，则当生于灵帝熹平间（175年左右）。

　　按，曹、沈二先生似将当时的两个羊衜混起来了。谈蔡邕往来依泰山羊氏家族的羊衜，自是西晋大将军羊祜的父亲、曹魏这边的羊衜，而曹、沈所说亦指祜父羊衜，但是所用《吴书》记载的羊衜事迹，就说不通了。因为《晋书·羊祜传》云"祜年十二丧父"，羊祜的生卒年是公元221—278年，则其丧父时应在公元233年。曹、沈所引孙权赤乌末年（249年左右）羊衜尚有事迹，则甚可怪，应是史料中的羊衜出问题了，今查《三国志集解·吴书·孙权传》载赤乌二年三月

《羊瑾碑》原石

"遣使者羊徽"，卢弼注引康发祥曰："羊徽无传，附见孙登、钟离牧传。同时有二羊徽，始兴太守，吴羊徽也；上党太守，魏羊徽也。魏羊徽为晋景王（司马师）之舅（岳父），生（羊）祜及景献羊皇后。后母即汉左中郎将蔡邕之女也。"则曹、沈二先生误以吴羊徽说魏羊徽，就有一些问题不易说清了。

羊徽一支有羊祜这个名人，但羊祜无后，其异母兄有子，长子伦，次子暨，暨子羊曼，晋时大臣，《晋书》卷四十九有《羊曼传》曰："羊曼字祖延，太傅（羊）祜兄孙也。父暨，阳平太守。"还有一个第三子叫羊伊，做到平南将军①。羊祜还有个同母兄羊承早卒。其实羊祜前母孔夫人之子羊发应该有四个儿子，有一个叫羊篇的过继给羊祜了。

我们要说的这个羊烈是羊耽的后人，羊耽是羊徽的弟弟，他有两个儿子，即羊瑾和羊琇，《羊烈墓志》上说羊琇是羊烈的九世祖，志文有脱落，曰：

晋□露亭侯□，即公之九世祖……

这全句应该是"晋甘露亭侯（羊）琇，即公之九世祖"，羊琇为左卫将军封甘露亭侯，见《晋书·外戚传》。这个羊琇在晋初可是个不一般的人，他和晋武帝司马炎少时同学，关系密切，而在司马炎继承司马昭进而篡魏的过程中也起到了重要的推助作用。司马炎初即位那些年，泰山羊家应该是最风光的时候，外有羊祜为平吴大元帅，内有羊琇统领着首都的禁卫军，还有羊祜的姐姐羊徽瑜在后宫享受着太后待遇。

羊琇的哥哥羊瑾还有碑，现存河南偃师博物馆，已经漫漶不清。我曾去看过，几个学生用手灯照着约略还能看清上面写的一些字。据

① 〔唐〕房玄龄《晋书·羊祜传》附《羊发传》，中华书局，1996年。

资料显示，此碑名为"□□□将军特进高阳元侯羊府君之碑"，是 20世纪 90 年代从偃师市首阳山镇沟口头村薛旭亚砖厂征集到的一通残碑，碑额"□□□将军特进高阳元侯羊府君之碑"，是羊祜叔父羊耽之长子、羊琇之兄羊瑾的墓碑。墓碑何年出土不详，洛阳及偃师学者撰文介绍，"据说是过去推土机推出来的。残碑长方形，长 92 厘米、宽 38 厘米、厚 16 厘米，碑两面有字，正面右边和下边残断，考察复原通体宽度，碑阳的碑额题记应有 6 行，残留 5 行。碑文应有 16 行，残留 12 行，第 5 行亦仅保留 5 个残字而已"，"估计原碑高 112 厘米、宽 52 厘米左右"。据碑文第六行"享年不永，春秋六"，羊瑾年寿应在六十余岁。

2018 年 7 月 15 日，我和学生从南阳的淅川县驱车三个多小时，到达洛阳的偃师商城博物馆，馆内有一个领导和一位讲解员接待，那天是周日，这里的博物馆周日是休息的，与大城市博物馆周一休息不同，所以让人家耽误休息专来服务就颇觉过意不去，我们就只好匆匆地去看。在碑刻馆看了《张禹碑》《肥致碑》和《里父老僤买田券》，问他们《羊瑾碑》何在？他们说不清楚。我说两年前在这见过，但当时这里很简陋，无灯光照明，不像现在已经修葺一新，碑石也似重新摆放了。我们沿着碑刻展馆看到《荀岳墓志》，旁边一块小碑，我说这就应该是《羊瑾碑》，仔细端详，正是"高阳元侯羊府君之碑"，但字迹漫漶，唯"高阳""侯""羊""君""之"等字能看清楚；"元""府"已经磨泐殆半矣。馆里的讲解员说他们没有认定，所以还没有做说明牌，我说可以认定了，学术界对此碑已有专文介绍，可以去查找一下。这块碑应该比《荀岳墓志》早一些，荀志因为埋于地下，所以志文基本保存完好，而《羊瑾碑》露于地上，风雨侵蚀，千年以来，字迹模糊，已经看不清原来的模样了。好在现在还有此碑的拓片保存了一些碑文断章，而书法、文字皆因渤损不完，已经无法有一个确实的评价了。这是我们第二次去看《羊瑾碑》，虽然只是一块浑茫不清的千年旧石，但是我们可以遥接泰山羊家历史人物和相关史事。至少我们知道，泰山羊家除了羊祜没有葬归故里，这位羊瑾也没回羊流镇老家祖茔，而是在洛阳陪附皇陵了。现在我们不知道羊琇的葬处，或许也没回泰安，和他哥哥羊瑾一样也在洛阳有遗冢吧。

　　这是羊烈远祖们的事迹，再说羊烈的伯父羊祉。《魏书》卷八十九有传曰："羊祉，字灵佑，太山钜平人，晋太仆卿（羊）琇之六世孙也。"（《北史》同）若以此计算，羊烈应该是羊琇的七世孙，也就是羊琇应该是羊烈的七世祖，可是《北齐书》卷四十三《羊烈传》说羊烈是"晋太仆卿（羊）琇之八世孙"，《羊烈墓志》又说是"九世"。"烈志"与"烈传""祉传"一定有一个是错的。我们试着做一个推算，羊琇生卒年为公元236—282年；羊祉生卒年为公元457—516年，羊祉是羊琇的六世孙，一般应该是连身六世，羊祉比羊琇小221岁，如果除以6，平均一代38岁多点，虽然代际年龄大了些，也还说得过去。而羊烈的生卒年为513—586年，他比羊琇小277岁，按烈志"九世"说计，就是30—31岁一代，这应该更切近实际一些。所以《羊祉传》说羊祉是羊琇"六世孙"《羊烈传》说羊烈是羊琇"八世孙"或皆有误。虽然我们不必要太迷信志石，但碑志可补可校史传之不足与缺失，这是被不断证明了的。所以，在没有更多的文献支持的情况下，以依《羊烈墓志》为是。

　　羊祉和羊烈是两辈人，羊祉有三个兄弟，即灵宝、灵引、灵珍。灵珍名莹，是羊烈的父亲，羊祉是羊烈的大伯。说到羊祉和羊烈，倒是有些相关羊家的故事可说的。羊祉的事，可以参看《魏书》和《北史》的《羊祉传》，再加上《羊祉墓志》或可较完整地知道羊祉其人。周郢先生《新发现的羊氏家族墓志考略》一文书之甚详，我亦无须于此赘言。读《羊祉墓志》有一个问题倒是别人没有说过的，那就是这个羊祉是个多子多女的人，他应该有十二个儿子，五个女儿，这十六七个孩子大概都是夫人崔神妃一人所生。崔神妃十五岁嫁给羊祉，活了六十六岁。羊祉是五十九岁死的，崔神妃比羊祉小两岁，羊祉卒时她五十七岁，她和羊祉共同生活了四十多年，生了将近二十个孩子，这是个很有意思的事情。

在《羊祉墓志》中记载，羊祉卒葬时他的儿女的年龄依次是：子爕（因志文中列羊祉孙辈的时候，先有"爕女伯□，年五"，后面才有"深男敦"，以此推知羊深前有兄羊爕），因磨泐缺字不知年纪；子深，四十一；女□姿，四十；子默，缺字未出，依志文"默男植"及《羊侃传》补，或三十九、三十八；子和，三十七；女显姿，早亡，若存，该三十一至三十六；女景姿，三十；子俭，二十五；子□，志文磨泐缺字，不知名，不知年纪（因《北史》卷三十九《羊祉传》谓侃为羊深第七弟，则推知羊侃上应有一子），若存或是二十四岁；女华姿，二十三；女淑姿，二十二；子侃，二十一；子允，廿□（志记羊允"廿□"，前羊侃廿一岁，羊允年纪"廿"后缺一字，应该也是"廿一"。则羊侃、羊允也如下述羊爕、羊深一生在年初、一生在年尾，或是双胞胎）；子忱，十岁。下面依《梁书》卷三十九《羊侃传》"并其兄默及三弟忱、给、元"，应该还有子给、子元，或因志文磨泐缺字不知年纪。如果仅从这个子女年纪的记录计算，则生羊深的时候，羊祉是十八岁，夫人崔神妃十六岁，崔神妃十五岁出嫁，第二年即生了羊深，那么羊深上面还有一个羊爕呢？什么时候生的？如果是同一年生的，是否双胞胎呢？要不就是一个生在年初，一个生在年尾。从上面羊祉子女的年龄排序看，羊祉夫妇婚后即生子，一直到五十岁左右，他们几乎是平均一两年就生一个孩子，除了女儿显姿早亡，其他应该都活下来了。这个崔夫人不但能生，也还真是能养。这自然是很辛劳，所以羊祉夫人墓志上说："夫人风水授□，供养□□，复以男女众多，婴孙满堂，室负□携，劬劳莫甚，而怨语□□，护养无缺。"

这些孩子有两个在史书里有传，一个是羊深，一个是羊侃，还有几个在史书里也被提到过，这应该是家族幸事。羊深和羊侃是同胞兄弟，羊深老二，羊侃老七。这两兄弟的事还有些话可说。

关于羊深有两点要说一下，一个是他面对七弟羊侃叛魏投梁的态度和做法；一个是通过《羊祉墓志》《羊深传》的对照，看出羊深卒时岁数，以知羊深的生卒年。同时再合勘《羊深妻墓志》可看其儿女的情况。

羊侃叛魏投梁，在《北史》《南史》《梁书》《北齐书》等史书里都有记载，羊侃反时给他的二哥羊深送信请其同叛，被羊深斩了来使。羊侃从弟羊敦（二叔羊灵引的儿子）密知侃反，据州拒之。另一个从弟羊烈（三叔灵珍的儿子）还约上羊敦一起告到朝廷。文献上是这样记载的：

《北史》卷三十九《羊深传》：

初，尔朱荣杀害朝士，深第七弟侃为太山太守。性粗武，遂率乡人外招梁寇。深在彭城，忽得侃书，招深同逆。深慨然流涕，斩使人，并书表闻。庄帝乃下诏褒其忠烈，令还朝受敕。

《南史》卷六十三《羊侃传》：

初，其父祉恒使侃南归，侃至是将举济、河以成先志。其从兄兖州刺史（羊）敦密知之，据州拒侃，侃乃率精兵三万袭之，不克，仍筑十余城以守之。

按，这里说羊敦是兖州刺史，是他的卒后赠官，这时他应是广平太守，见下引《羊烈传》。

《北齐书》卷四十三《羊烈传》：

魏孝昌中，烈从兄侃为太守，据郡起兵外叛。烈潜知其谋，深惧家祸，与从兄广平太守（羊）敦驰赴洛阳告难。朝廷将加厚赏，烈告人云："譬如斩手全躯，所存者大尔，岂有幸从兄之败以为己利乎？"卒无所受。

又，羊深的卒年，《魏书》《北史》的《羊深传》都记在东魏天平二年（535），未记卒时年纪，故不知其生年。而《羊祉墓志》载，羊祉公元516年卒时羊深年四十一，以此逆推，则羊深生于北魏孝文帝延兴六年（476），那么他被杀时应该60岁。羊深有三个儿子即羊敦、羊恭、羊肃；四个女儿即仲猗、繁猗、繁瑶、幼怜。这是合勘《羊祉墓志》《羊深妻墓志》统计出来的，史传上只有羊肃，羊敦早亡，羊恭不可考。

下面再说说羊侃，羊侃是羊祉的第七子，少年雄勇，不到二十岁就跟着父亲上战场立过战功，父亲去世时他才二十一岁。父亲去世快十年的时候他叛魏投梁，为什么背叛呢？《梁书》上说："初，其父每有南归之志，常谓诸子曰：'人生安可久淹异域，汝等可归奉东朝。'侃至是将举河、济以成先志。"《南史》只说"其父祉恒使侃南归"。这是说他是要完成父亲的嘱托，但为什么父亲死后近十年了才反呢？那一定是有契机的，这就是尔朱荣杀害朝士，他不堪其辱，尽管他的哥哥和堂兄弟们都不跟着他"同逆"，他也义无反顾地走了，南归之路也很艰难。

羊侃南归萧梁，做了很多事，也提了很多建议。羊侃在侯景之乱的时候病死了，《梁书》卷三十九《羊侃传》记载羊侃卒时年五十四，这是不对的。羊侃太清二年（548）卒，如果这一年他五十四岁，那他应该生于北魏孝文帝太和十九年（495）。如果是这样，那他父亲羊祉殁时（孝明帝熙平元年，516年）他才十余岁，怎么还会"弱冠随父在梁州立功"（《梁书·羊侃传》）呢？而查《羊祉墓志》，清晰记载羊祉殁时，羊侃时年廿一。若以此逆推，则羊侃应生于北魏孝文帝太和十年（486），那么羊侃太清二年病逝时应该是六十三岁。此亦碑志可校史传之误的一个例证也！

又，从《羊侃传》上可知，侯景之乱的魁首侯景是被羊侃的第三子羊鹍杀死的，羊鹍也算"打入敌人内部"迷惑侯景，最后把他解决掉了，《南史》卷六十三载：

（羊侃）第三子鹍。鹍字子鹏，随侃台内，城陷，窜于阳平，侯景呼还，待之甚厚。及景败，鹍密图之，乃随其东走，景于松江战败，惟余三舸，下海欲向蒙山。会景倦昼寝，鹍语海师："此中何处有蒙山！汝但听我处分。"遂直向京口，至胡豆洲，景觉，大惊，问岸上，云"郭元建犹在广陵"，景大喜，将依之。鹍拔刀叱海师，使向京口。景欲透水，鹍抽刀斫之。景乃走入船中，以小刀抉船。鹍以矟入刺杀之。

羊鹍应该是国难家仇集于一身，他父亲也是"侯景之乱"中为保护首都积劳成疾而殉职的，羊鹍把乱贼除掉了，也算为国除害、为父报仇。但萧梁大势已去，他羊家也无力回天，梁朝很快就亡了。

羊烈这一辈，除了他的两个堂兄即羊祉的儿子羊深和羊侃有传，再就是他在史书上有传，结合已出土之羊烈夫妇的两方墓志，可说者尤多，只是羊烈的生卒年可知是生于北魏宣武帝延昌二年（513），卒于隋文帝开皇六年（586）。羊烈妻长孙敬颜生于北魏孝明帝孝昌三年（527），比羊烈小十四岁；卒于隋文帝开皇十一年（591）。《北齐书》卷四十三《羊烈传》谓羊烈"弱冠，州辟主簿"，《羊烈墓志》云"年十七辟州主簿"，则知古所谓"弱冠"（《礼记·曲礼上》载有："二十曰弱，冠。"）指男子二十岁也就是个大概的说法，二十岁左右都可称"弱冠"。揆之羊侃随父上战场时也说是"弱冠"，那时羊侃也不满二十岁。关于羊烈的卒年，《北史》只是说："武平初……以老还乡，卒于家。""武平"是北齐后主的年号，"武平初"时当公元570—572年，这应该是羊烈退休的时候。《北齐书》说羊烈"周大象中卒"，"大象"是北周静帝年号（579—580），这也不对，《羊烈墓志》谓羊烈卒于隋文帝开皇六年二月，应以《志》为准。南北朝人物生卒年往往记录有误，碑志的出土，为我们校勘史传提供了较可靠的参照。

　　顺便说一下，羊烈也是多子，其妻长孙氏为羊烈生了十六个子女，与羊祉妻崔神妃一样，为羊氏生育繁多。不足的是这十六个子女早亡

《羊烈妻长孙敬颜墓志》志盖、墓志铭原石

的有三男、三女，另有二女名字下磨泐残损，不知是否在世，但这与羊祉夫妇生育记录合勘，也足可说明泰山羊氏有多子多孙的基因。羊祉夫妇和羊烈夫妇都应该是一对夫妻生育多子女的情况，这在古代应该是并不多见的，研究中国生育史的人们应关注泰山羊氏这个案例。

羊祉和妻崔神妃结褵较早，崔氏十五岁（14周岁）嫁给羊祉（崔志"年十五归于先君"），当时羊祉十七岁（16周岁）。羊祉夫妇一起生活了四十余年，生了十六七个子女。

羊烈的生卒年是公元513—586年，七十四岁卒；羊烈妻长孙敬颜的生卒年是公元527—591年，隋开皇十一年去世。史传碑志相关材料没有他们结褵的年纪记录，但从生卒年看可知羊烈比其妻年长十四岁。若羊烈妻像羊祉妻一样十五岁嫁给羊烈，则他们夫妇的结褵或在公元542年前后，至羊烈卒于586年，他们夫妇也是共同生活了四十余年。则羊祉、羊烈伯侄二人都是在结婚后的四十余年生了十六个孩子，这在中古时期应该是个奇迹，因为他们是一对夫妇生了这么多，而不是一夫多妻情况下生育这么多。汉中山靖王亦多子女，但他是多妻，与羊祉、羊烈不可等论；一夫一妻的如隋文帝与独孤皇后，也只是生了五男五女十个孩子。

上面说的羊祉、羊侃、羊深、羊烈等，都是羊续第三子羊耽这一支的后人，羊续的长子羊秘，即是羊衜和羊耽的大哥，羊祜和羊瑾、羊琇的大伯那一支，下传六世出了个书法家羊欣（370—442）。书法史上的泰山羊欣，其书法与王献之形神相近，所谓"买王得羊，不失所望"；而正因其迹近献之，又无一己之独到处，为后世讥为"婢学夫人"。羊欣的这种书法品性，除了有当时的文化背景及羊欣自己学书经验的原因，似亦应考虑羊氏家族文化之濡染。今仅就相关史料略述于下：

《晋书·羊祜传》，"博学能属文"，"祜所著文章及为《老子传》并行于世"。《书史会要》卷三："羊祜，字叔子，泰山南城人。官至侍中、太傅，谥曰成。以清德闻，亦工书。"

《世说新语·巧艺》："（羊忱）博学工书，能骑射，善围棋。"注引《文字志》曰："能草书，亦善行隶，有称于一时。"《书史会要》卷三："羊忱，泰山人，官至徐州刺史。善行书。"

羊祜与羊忱，在庾肩吾《书品》中被列在下之上品，皆属于"动成楷则，殆逼前良，见希后彦"者。

同族羊固，善草行，著名一时。①

羊欣族叔羊绥与王献之友善。②

又，后汉大书法家蔡邕把女儿嫁给了羊祜的父亲羊衜。而书史上有云"蔡夫人"者，谓之"晋羊衡母"。③余颇疑此"蔡夫人"或即是羊衜妻，中郎女也。"羊衡"不见史乘，而"衡""衜"或形近而伪。所谓"晋羊衡母"可能是"晋羊衜妻"之误。南朝文献中辈伦乖舛、官职错讹者甚多，此亦如是乎？可备更考。

又，羊耽之女羊氏，为淮南太守夏侯庄妻，夏侯湛之母。夏侯湛《昆弟诰》述其母云："我母氏羊姬，宣慈恺悌，明粹笃诚，以抚训群子。厥乃我龀齿，则受厥教于书学，不遑惟宁。敦诗书礼乐，孳孳弗倦。"④则羊氏女亦尝以书学传训子女。

① 〔南朝宋〕刘义庆《世说新语·雅量》注引《文字志》，中华书局，1991 年。
② 〔南朝宋〕刘义庆《世说新语·伤逝》注引《文字志》，中华书局，1991 年。
③ 〔唐〕韦续《墨薮》，中华书局，1985 年。〔清〕厉鹗；汤漱玉，汪远孙《玉台书史玉台画史》，浙江人民美术出版社，2012 年。
④ 〔唐〕房玄龄《晋书》卷五十九，中华书局，1996 年。阎凤梧《全辽金文·全金文》卷六十八，山西古籍出版社，2002 年。

　　羊欣学王献之，亦步亦趋，至于乱真。所以梁武帝萧衍和袁昂都说过羊欣是"如婢作夫人（袁昂谓'大家婢为夫人'），不堪位置（袁昂作"虽处其位"），而举止羞涩，终不似真"。①萧梁时以梁武帝为首的一些书法主张是复古于锺繇的，对世上以王献之为学习楷模的时风不以为然。而认认真真学习王献之的羊欣，自然不会收到萧梁时批评家的好评。羊欣是擅长隶书的，行草学王献之。从书史上对羊欣书法成就的认定和对他学习王献之的评述看，应该可以在羊氏家族文化背景中探究其养成原因。

　　陈寅恪先生曾指出："夫士族之特点既在门风优美，不同于凡庶，而优美之门风，实基于学术之因袭。故士族家传之学业乃与当时之政治社会有重要之影响。"②一个望族，他们代际的学术、技艺之因袭，也使得这一家族政治文化的地位相对稳定。即如熊彼特《能力与社会流动》中说的："如果能力从来不是可继承的，总是根据偶然法则来分配，那么阶级地位以及阶级内部的家庭地位将不如实际上那么稳定。"③

　　泰山羊氏一族，自后汉传至六朝，名人辈出，已成世家，羊氏一门，代有书名，考校羊欣书法品格，固然应考虑家庭背景对其书法能力之获得的影响，亦当看其家族文化传统对他的文化性格之塑造。事如上述，泰山羊氏家族的文化传统中，较突出的方面是：博学能文、尊儒重道、擅书法、美谈论。特别是尊儒重道的传统，可谓羊氏族人的共

①　〔南朝梁〕袁昂《古今书评》，见〔宋〕陈思《书苑菁华》，北京图书馆出版社，2003年。
　　〔南朝梁〕萧衍《古今书人优劣评》，见〔宋〕陈思《书苑菁华》，北京图书馆出版社，2003年。
②　陈寅恪《唐代政治史述论稿》，上海古籍出版社，1997年。
③　〔美〕杰星·马勒著；刘曙辉，张容南译《保守主义：从休谟到当前的社会政治思想文集》，译林出版社，2010年，第249页。

同文化诉求与性格特征。儒家使其中正，道家使其放达。羊欣之尊王晋室，源于儒家思想；羊欣之"生性静默，无竞于人"，源于他的"素好黄老"。而这都是泰山羊氏的世业家风所成。

　　羊欣对王献之书法的学习与承继，也表现出一种"保守主义"倾向。当他对王献之书法亦步亦趋时，这里面有一种精神层面的"情感归属"，是出于对王氏父子书法实践（亦未尝不是一种传统）的崇敬感。他写王献之体，形成了一种书写习惯，这种习惯甚至等同于合法性，甚至让他超越王献之近乎不可能。既然习俗和习惯是人类行为的重要特征，则当其习惯于一种书写方式时，改变它往往容易引起他们的不适。所以，"在此意义上，熟悉感滋生了舒适。因此，'惯用'，即一项实践已经被使用，便常常被保守主义者阐释为倾向于保留它的一个假设"。①

　　"买王得羊，不失所望"与所谓"婢学夫人""终似不真"本质上是一致的，都是说羊欣书法是"王之荩臣（即忠臣），朝之元老"（张怀瓘语），是王献之最忠诚的传人。当时后世每以"婢学夫人"讥之，若只是从艺术创作推崇创新及个性化展示角度批评，这也无可无不可，尽管萧梁时期批评羊欣主要还是囿于梁武帝的"画龙画虎"之论，认为学王献之就是不能返璞归真。但若从另一个角度说，羊欣这种贵族的、保守主义的创作实践，有其家族文化传统的制约，也未尝不是一种对家族文化的持守。而这种家族性文化持守的书学，在魏晋南北朝时期未尝不是一种时风。

2018 年 7 月 31 日修订于散净居

----

① ［美］杰星·马勒著；刘曙辉，张容南译《保守主义：从休谟到当前的社会政治思想文集》，译林出版社，2010 年，第 13 页。

"天下第一能吏"房彦谦的墓碑
——济南访房彦谦墓

大墓丰碑忆彦谦，

清河房氏有遗篇。

欧书李笔遵明诏，

故国唯余寂寞园！

房彦谦（547—615）是唐初贞观年间宰相房玄龄的父亲，生于梁武帝大同二年，即东魏孝静帝武定五年，卒于隋炀帝大业十一年，享年六十九岁。

余幼寄居济南，时蒙"文革"，文物古迹均被认为是"四旧"，而偶于老人处闻得济南城东有古代大墓，未知是否即指此墓。

前数年，在齐国历史博物馆（临淄）访读《崔猷墓志》，在馆中一间办公室中，当时看原石，又对照拓片，则知拓片所印非原石可比。偶看志文中有"（房）法寿"，是崔猷的老丈人。当地人说崔猷是房彦谦的"曾祖姑父"，也就是"老姑爷爷"。青史早有记录，清河房氏乃当地望族，房法寿是彦谦高祖，那崔猷的夫人房氏就是彦谦的曾祖姑，也就是房彦谦的老姑奶奶。

后来知道当年所闻济南东之古代大墓就是房彦谦的，于是就在2015年夏，冒暑去看了一下，墓碑应原有碑亭，现在却用砖砌起来一个小碑楼，把碑围在当中密封起来，一人高处有一小窗，当时我们找了一架木梯爬上去看碑文，只能看到碑额和碑的上端几行字。

这碑也挺奇特，是李百药（565—648）的碑文。百药是唐初著名学者，河北人，北朝望族赵州李家之后，其父李德林是隋朝重臣，百药著《北齐书》流传至今。在隋朝时，他不与炀帝合作，被贬边地。唐太宗很看重他，贞观中是他仕途最顺的时期，贞观五年（631），房玄龄时为宰执，为父立碑，请了李百药撰文；又请了当时的大书法家欧阳询书丹，用隶书上碑，现在欧阳询的隶书也不多见。

隋文帝考核地方官员，房彦谦为"天下第一能吏"，或是因其廉洁清正，为民拥戴吧。《隋书》本传上是这样说的，彦谦作长葛县（在今河南许昌境内）令时，"仁寿中，上令持节使者巡行州县，察长吏能不，以彦谦为天下第一，超授都州司马"。

房彦谦之兄房彦诩的墓志 1977 年出土于济南东郊，此志今藏于济南市博物馆。志云彦诩之高祖为房法寿，而彦谦碑亦言"高祖法寿"，曰"归魏，封庄武侯……"。"庄"字虽磨泐严重，但草字头犹可看清。其实应该是"壮武"，地在今山东即墨。西晋张华也曾被封在该地，是"壮武郡公"。

因在书册上看到房彦谦之兄彦诩墓志在济南市博物馆，但多方打探，亦未寻见。后来在石刻博物馆闻得其志在济南考古所，便驱车往，至济南博物馆，绕到它的后面，找到考古所。询问门卫，说正在整修，不对外开放。志石究在与否，仍是一个疑问，此甚憾者也！后来，在 2020 年 5 月末，又到济南寻访房彦诩墓志，多亏上林君和山东省文物局领导的关照与指引，在山东省考古研究院的库房见到了《房彦诩墓志》原石。原石在库房里的一张大桌底下，须躬身进去才能通览志文。

从《房彦诩墓志》上可得这样几个消息：一是他的卒年及卒时年纪；

二是他的葬期，是与房彦谦同时的贞观五年；三是他们兄弟七人，有一个六弟是"大唐使持节徐州都督临淄定公"，这即是房彦谦。彦诩过继给他叔叔了，志云"出后叔父乐陵府君"，他叔父是房豹，做过乐陵太守。这个经历与房彦谦同，彦谦也过继了（《隋书·房彦谦传》："十五，出继叔父子贞，事所继母，有踰本生。"）；四是他夫人是范阳卢道虔的孙女（道虔曾尚北魏孝文帝女济南长公主）、卢昌裕之女（昌裕非公主之子，是道虔续娶司马氏之子）；五是他的儿子叫房玄赡。

需要说的是，志中云房彦诩"隋开皇十年三月九日卒于历下，春秋□□九。以贞观五年岁次辛卯，三月庚申朔十三日壬申，葬于历城之东原"。卒时年纪文字泐损，以其夫人卒年及卒时年纪考证，卢氏卒于大业十三年（617），卒时67岁；以比他夫人（生于550年）大九岁推，房彦诩应生于东魏孝静帝武定二年（542），那么他卒于隋开皇十年（590）时应是49岁，这可以扣合上志文中的"□□九"。再以其生年推算，房彦诩应该比房彦谦（生于547年）大六岁。如果房彦诩卒于59岁，就和夫人同岁，这自然无可无不可，但那就比房彦谦小了，自然不对。如果说房彦诩卒时39岁，那就比夫人大19岁，不如大9岁更合道理，所以我们取房彦诩卒年49岁的推断。

关于彦谦的生卒年，曹道衡先生有《房彦谦生卒年小考》一篇，收在其《中古文学史料丛考》第790页。或曹先生未尝得见彦谦碑，故旁搜远绍以考据其事，得出的结论是"彦谦之卒年至迟不得过十一年六月"。今观彦谦碑，明文书曰：

大业十一年，出为泾阳县令，未几遘疾。粤以其年岁次乙亥五月壬辰朔十五日景午，终于官舍，春秋六十有九。

关于彦谦之葬，碑文中亦记曰：

贞观三年十有二月，乃大诏曰："……隋故司隶刺史房彦谦，世袭簪缨，珪璋持秀，温恭好古，明闲治术。爰在隋季，时属眷怀未遂……宜锡以连率，光被九原，可赠使持节都督徐、泗、仁、谯、弘五州诸军事，徐州刺史。"四年十一月，又发诏追爵临公……粤以五年岁次辛卯，三月庚申朔越二日辛酉，安措于本乡齐州亭山县赵山之阳。

从碑文上看，证明曹道衡先生考证基本准确，仅有一个月之差，这让我们十分钦佩曹先生的考据功力。只是因为曹先生未见碑文，所以不能说得那么确切罢了。

再者，彦谦殁于隋炀帝时（615），葬在贞观年间（631），时隔十余年，而经改朝换代，又历太宗夺权，其时太宗下诏追封彦谦，不谓不隆，这应该是对房玄龄的奖励。死者长已矣，存者才是皇上要收买的！玄龄伯父房彦诩也在这一年归葬故里，或亦是得玄龄之力，由皇上的恩泽所沾溉也。

2017年3月21日下午第二次来济南看房彦谦碑，从市里车行二十里，至于济南东彩石乡的房彦谦墓，前年来时尚有许多卖石料的小房子，现在已拆除，满地瓦砾，萧索狼藉。在房墓下有清同治时立的碑，南数十步即是唐贞观立的碑，与上次来是一样，碑亭四围砖砌，仅上有一小方口，约略可见碑额篆字。

忽然看到有一白板贴在砖墙上，有管理员电话，打过去说可以搬梯子来，我们翘首盼来一老人，可七十余，并未见梯子，问他，他说上哪弄梯？周围都拆了，方圆几里无人烟。我们也不好怨他何以电话中不说，白白在那里等了半小时。由是想到我们的文物保护真是简陋而笨拙，基本上是你让保护，我们保护的方式就是不让你看。那位老管理员说，让你看见，你不砸打了它？令人苦笑不已。

东清河郡房氏，是中古山东望族，历史上也出了如房法寿、房彦谦、房玄龄、房遗爱等有影响的人物，可是这座贞观大墓，如今却落寞如此，是房家之不幸还是国家之不幸呢？联想到上午百折千回地打听到房彦谦他二哥彦诩的墓志可能在济南考古所，专程跑到那儿，一个看大门的说不让你进你就进不得，你连彦诩志石到底在不在那里都不知道，更遑论你要依其考镜房氏之家族人物的事迹呢！

所以我也真的佩服我们的文史学者如曹道衡先生，他就能从占有的文献中考出彦谦卒年，且相差无几。设使先生知道有彦谦墓，也就不必费那么大事去旁搜远绍。可是揆之我所经历之拜谒彦谦墓而望碑兴叹，则曹先生即便知道有碑而赶来校勘史事，没有梯子，让他如何去看？今存拓片虽可佐助，但若有不清晰者必欲考校原石呢？

我们现在看看《房彦谦碑》，其中说到他的家族渊源是这样写的：

公讳彦谦，字孝冲，清河人也。七世祖谌，燕太尉掾，随慕容氏（阙）度寓于齐土，宋元嘉中，分（阙）郡之西部置东冀州东清（阙二字）绎幕县仍为此郡县人。至于简侯，又于东广川郡别立武强县，令子孙居之。丹陵诞圣，祥发庆灵，虞舜受（阙）光启侯服，导原注壑，若泻河汉之流，竦构干云，如仰嵩华之峻，（阙三字）植公之十三世祖也。积德固其宗祊，纯胤贻其长世，公侯之门必复，繁衍之祚攸归。高祖法寿，宋大明中州主簿武贲中郎将魏郡太守，立功归魏，封庄武侯使持节龙骧将军东冀州刺史，薨赠（阙三字）青州刺史，谥简侯，魏书有列传。重价香名，驰声南北，宏材秘略，兼姿文武。曾祖伯祖州主簿，袭爵庄武侯齐郡内史幽州长史（阙）行州事衣（阙）训俗露冕怀戎，累仁义而成基，处脂膏而不润。祖翼，年十六，郡辟功曹，州辟主簿，袭爵庄武伯宋安太守，居继母忧，庐于墓次，世承蒙嫡之重，门贻旌表之贶，乡闾之敬，有过知耻，宗族所尊，不（阙）而肃。（阙）伯熊年廿辟开府行参军，仍行（阙）州清河广川二郡太守（阙二字）神英迈，器量沉远。寝门之内，捧檄以慰晨昏；山泽之间，单车以清寇乱。

房彦谦的十三世祖房植，是东汉后期桓帝永兴元年到永寿元年（153—155）的司空，他以经学知名，也是一个正直的官僚，蔡邕为他写过碑，称赞有加云："公，言非法度，不出于口；行非至公，不萌于心。治身，则伯夷之洁也；俭啬，则季文之约也；尽忠，则史鱼之直也；刚平，则山甫之励也。"（严可均由《艺文类聚》辑于《全后汉文》作"房桢碑"，按语云：《后汉·桓帝纪》作房植，未知孰是。"）这应该是很高的评价了。《房彦谦碑》中述及这位先祖，云其："积德固其宗祊，纯嘏贻其长世，公侯之门必复，繁衍之祚攸归。"彦谦的七世祖是房谌，是慕容燕的官员。彦谦的高祖是房法寿，这是清河房氏在北魏时期最有名的一个人物了。《魏书》和《北史》都有他的传，这是个"少好射猎，轻率勇果"的人，《魏书》本传说他"性好酒，爱施，亲旧宾客率同饥饱，坎壈常不丰足。毕众敬等皆尚其通爱。"

毕众敬（？—491）是南北朝时期刘宋、北魏的著名武将，他喜欢房法寿的"通爱"，这"通爱"类似于古代的"任侠"或现在说的"好广交朋友"吧，所以在北魏时房法寿的侠义使他颇具声名，如碑中所言是"重价香名，驰声南北，宏材秘略，兼姿文武"。虽然说得夸张点，但也不算无据。彦谦的曾祖房伯祖、祖父房翼，从史传上看没什么可说的，碑中也是从他们的仁孝方面做了些旌扬。倒是说到房翼孝顺继母，是史传中没记述的，这一条倒是让彦谦继承了，《房彦谦传》中说："事所继母，有踰本生。子贞哀之抚养甚厚，后丁所继母忧，勺饮不

《房彦谦碑》拓本（局部）

入口者五日。"颇具乃祖之风。说到他的父亲房熊，彦谦碑上和乃兄彦诩志上都书作"伯熊"。房熊字子威，《北史》上说他"性至孝，聪朗有节概。州辟主簿，行清河、广川二郡事。七子"。就是这么简单的二十来个字。彦谦碑上写得多点："（阙）伯熊，年廿辟开府行参军，仍行（阙）州清河广川二郡太守（阙二字）神英迈，器量沉远。寝门之内，捧檄以慰晨昏；山泽之间，单车以清寇乱。"彦诩志上写得也很简略："父伯熊，清河内史。温柔行物，恭俭厉身，衣锦本邦，大弘声绩。"从现有的文献看，房熊有七个儿子（《北史》《房彦诩墓志》），长子房彦询，还有房彦诩、房彦谦史传都有记载，彦谦在《隋书》自有传。从《房彦诩墓志》上看，房彦谦是房熊的第六子。《北史》和《隋

书》的房彦谦传上都说彦谦"早孤，不识父"，他都不识父，那他的
第七弟自然也因幼小而"不识父"。这可以说房熊死的时候年龄不太大，
但也不会太年轻，因为他已经有了七个儿子，其中是否还有女儿也未
可知，所以也只能说他可能死于壮年。房熊死时彦谦尚幼，若碑中所
云"未离襁褓，便遭极罚"，《传》中说他是长兄房彦询养大的，而到
了十五岁就过继给叔叔房子贞了。《传》中云"十五出后叔父子贞"；
而碑中说"年十有五，出后傍宗"。从这个"傍（旁）宗"看，彦谦
过继给的那位房子贞应该不是他的亲叔叔，这和房彦诩继嗣叔叔房豹
是不一样的。

　　顷读周绍良编《唐代墓志汇编》上册，录有周先生自藏之《房守
仁墓志》，谓其为汉司空植十四世孙，曾祖翼，祖伯熊，父彦式，处士。
春秋廿，以开皇十七年九月十三日卒于家，以大唐贞观五年三月十三
日窆于处士君（即房彦式）墓次。从墓志文看，房守仁的父亲房彦式，
自是房彦谦七兄弟之一，但他没有做官。那么他在彦谦一辈七兄弟中
算第几呢？已知房守仁卒于开皇十七年（597），卒年二十岁，以此逆推，
他应生于北周武帝宣政元年（578），如果生守仁时彦式三十岁，则彦式
应生于东魏孝静帝武定七年（549），尚小于彦谦，以此可知，这个房彦
式处士，应该是彦谦的七弟，是房伯熊最小的儿子。又，守仁安葬日亦
在大唐贞观五年三月，距其卒年亦三十余年，正与房彦谦、彦翊迁葬故里
年月相同，或守仁之父彦式亦是同年再葬，守仁葬于其父墓次？若果如
此，则在贞观五年，房氏"亡人"们有一个"集体安葬"的仪式？这是
太宗诏令之下的共同举动，也是房氏家族之殊荣耶！

　　读《房彦谦碑》，所述事迹，基本与《北史》和《隋书》本传一致，
只是传中描述的内容更加丰富。房彦谦是个天性颖悟的人，又事亲至

孝，为官清简守法，有澄清天下之志。政治上十分清醒，看问题也切
中肯綮。他的一些看法，为当时人们所叹服，虽如隋朝名相高颎、一
代文宗薛道衡亦深加友敬。所与交结，皆海内明贤；且解属文、工草隶，
雅有词辩，风概高人。彦谦与其子房玄龄是清河房氏在青史之上享有
令名的人物。

2017 年 3 月 23 日撰于济南旅次

2020 年 6 月初修订于北京散净居

【附录】

　　2019 年末，济南友人刘尚林先生电话告我，房彦谦碑的碑楼正面
打开了，但是碑上被凿毁若干处，后来得到文物单位的人告诉那已经
是复制品了。可是复制品就可以随便凿吗？所幸不是原石，原石据说
已经移到济南的历城博物馆，但现在正在修整，似还不能观览，但总
是保护起来了，这对日后原碑石展示及文献利用存蓄着可能性，亦是
幸事。

父以子贵秦季养

——济南访《秦爱墓志》

秦季养（名秦爱）这个人大抵没有太多人知道，但说起他儿子秦琼秦叔宝大概就很多人认识了。1995年在济南发现了秦季养的墓，墓中没什么东西了，被认为是经过盗发的，可是有一块完整的墓志，虽然中间有断裂，但志文基本无损。这方墓志的发现，对了解秦琼家的一些事儿很有帮助，如果再加上秦琼子、孙的墓志，秦家大概的一些情况也就昭然可见了。

2017年5月的一天，中国书法网的刘尚林君陪我到济南市博物馆去看《秦爱（字季养）墓志》，铭石为青石质，通体光滑温润，圆首方趺，高近一米，宽或半米。楷书文22行，志文最后一行有三个字刻于志石之左侧。其石出土时虽已折为两段，然今接好，中有裂纹可见，但基本没有毁坏志文，唯两三字残损不可识。从济南市博物馆出来又去经七路小纬六路去看《秦爱墓志》的发现地，现在已是一片现代住宅区了，据说是银行系统的宿舍。1995年就是盖这片宿舍才发现了秦爱的墓穴，这个地方我很熟悉，因为20世纪70年代初我曾在济南姨母家寄宿读书，就在经七路第一小学上学，同学中有很多就住在小纬六路上，那时这里都是平房，现在已是连绵高楼矣。

看了秦琼他爸秦爱的墓志和墓葬所在地，再又去看五龙潭公园内的秦琼祠，据说那是秦家故里。祠皆新建，无甚旧物，唯庭院之西南角竹林下有旧碑一方，未书刻于何年，其碑阴有字，然漫漶不得识，

《秦爱墓志》原石

《秦爱墓志》拓片

又兼竹子遮碍，天光渐暗，更是一字也没看清。后来听说，1982年工作人员对五龙潭进行两次清理，曾挖出一块清代石碑，上书"唐左武卫大将军胡国公秦叔宝故宅"，因为从元代就传说当年的秦琼府邸在五龙潭，所以五龙潭这个地方应该早就有秦琼祠，清朝人就在这里立碑明示。可是看了《秦爱墓志》，清朝人这块碑就立得不是地方了，因为志文里明明写着"大业十年十一月廿一日（秦爱）终于齐州历城县怀智里宅"，秦家故里叫"怀智里"，不在五龙潭，就在秦爱葬处的今之经七路小纬六路上。如志中说"粤以贞观二年正月十三日，还改窆于齐州历城县怀智里"。估计那时秦家故里没人住了吧，秦琼在中央做官，秦爱又是改葬，就葬在老宅亦未足奇。至于为什么五龙潭还有个秦琼故宅？据说清道光时，秦琼后人闹分家，卖老宅，将顺治年间立在怀智里的老宅石碑移到了五龙潭，这才造成历史的错误。济南还有个传说，说秦琼在李唐平定天下后，于历城老家五龙潭上建了一座府邸，可是忽在一个雷电交加的晚上，秦府陷入地中，化为一潭深水，即五龙潭，这就成了秦琼祠建在五龙潭的缘故。文献的记载，也有元代张养浩《复龙祥观施田记》云："闻故老言，此唐胡国公秦琼第遗址，一夕雷雨，溃而为渊。"所谓"闻故老言"，也还是传说。所以，故事纷纭，传说无据，姑妄说之，姑妄听之罢了。

我之所以对《秦爱墓志》感兴趣，还不只因为秦爱是秦琼他爸，而是因为这方墓志与前所见《房彦谦碑》的历史背景有很多相似处。同时，考镜此志所述秦氏家族渊源，再旁搜相关文献，发觉秦家先祖还很有些故事可说。

先说此志与《房彦谦碑》。两石背景有很多相似处：墓址都在今济南市；墓主都是唐朝开国功臣的爹，秦爱是秦琼之父，房彦谦是房玄龄之父；墓主都是死后经唐太宗诏令改葬；都曾被唐初皇帝下诏追封官职；还有一个更重要的是这两个碑志的书法都相当出色。《房彦谦碑》碑侧写着"太子左庶子安平男李百药撰；太子率更令渤海男欧阳询书；贞观五年三月二日树"。《秦爱墓志》不知何人撰文书丹，但是书法刻工绝非等闲。今人猜测书丹者是虞世南，理由是当时虞世南和房玄龄都是弘文馆的馆臣，可是以今所见的虞世南作品比照，几乎没有太多的相似性。可是怎么不说是房玄龄书丹呢？他也是当时的弘文馆臣啊，他爸房彦谦就以书法知名，所谓"草隶之妙，冠绝当时"（见《房彦谦碑》，《隋书》本传亦记其能书）。房玄龄的字应该也是写得不差，宋人陈思《书小史》中也有他的名，只是书名未如他爸"冠绝当时"。但不管怎样，《秦爱墓志》的书丹者，应该也是当时善书者无疑。

再说秦氏家族渊源。由《秦爱墓志》，再合勘秦氏族人相关墓志，我们大概能把秦家的家族谱系略微梳理一过。《唐书·秦琼传》中没有多少秦家宗族的事，连他爸是谁也没说。《秦爱墓志》中引的太宗诏书，有"其子左武卫大将军冀国公叔宝"，证明秦琼秦叔宝是秦爱秦季养的儿子，也记载了秦琼的爷爷叫秦方太，曾祖父叫秦孝达。如果再结合秦琼子与孙的墓志看，秦琼子《秦怀道墓志》里说秦家的远祖是汉朝的山阳太守秦彭，这个秦彭在《后汉书》的《循吏传》里是有传的。秦琼孙、秦怀道子《秦俏墓志》里又说"九代祖（秦）秀，晋金紫光禄大夫、太常卿"。《晋书》中有《秦秀传》，秦秀的父亲是秦朗，秦朗的父亲是秦宜禄。《秦怀道墓志》又说"六世祖起仕燕为乐陵郡守……因官家于齐"，这两句话一则说明秦家是从怀道的六世祖迁往山东齐州的，秦家远祖是扶风（今属宝鸡）人。再则从秦怀道上数六世，虽不知道其祖名，但至少知道其祖有个迁居的事。这样，我们可以大概给秦琼家排出一个宗谱：

秦彭（远祖）……秦宜禄—秦朗—秦秀—□—仕燕徙齐者—□—秦孝达—秦方太—秦爱—秦琼—秦怀道—秦佾

秦彭是后汉初人，妹妹是汉明帝的嫔妃，秦彭自然属于外戚，《后汉书》上记载，秦彭因为是汉明帝秦贵人的哥哥，就和"四姓小侯"（指明帝时期外戚樊、郭、阴、马四姓的子弟）一起擢为开阳门侯。后来他随驸马都尉耿秉北征匈奴，在与匈奴打仗时应该是立过功，所以《秦爱墓志》中述其远祖时说过"汉世功臣，简侯懋山河之绩"。虽然没有点出远祖名姓，应该指的就是秦彭。后面有一句"魏朝令望，中郎擅瑚琏之珍"，这应该是指秦朗，因为只有秦朗算曹魏时期的官员，官职给事中。再后面就是秦佾的九世祖、秦琼的七世祖秦秀了。也正因为《秦佾墓志》上说到了秦秀，所以一般就把他的父亲秦朗、祖父秦宜禄也自然放在了秦氏族谱里，所以就可以讲点关于这祖孙三代的故事。

秦朗的父亲秦宜禄，一般没多少人知道，但秦朗的继父却是鼎鼎有名的曹操曹孟德。秦朗他爸秦宜禄原来是吕布的手下，曹操和刘备围吕布于下邳时，吕布让秦宜禄去袁术那里求救兵，结果袁术把秦宜禄留下不让回来了，而且还给他说了一房太太，是皇族的闺女。他就不回来了，自然也没有救兵来救下邳。可是秦宜禄在下邳是有家室的，而且他的太太杜氏夫人还很漂亮，他们还有儿子秦朗尚在幼年。看来这秦宜禄也不咋的，为了避险，美妻幼子都能不顾，这是什么人性呢？再说下邳这边，曹、刘围着吕布时，关羽请求曹操，打下吕布后，要娶秦朗母亲杜氏，曹操先应允了；后来关羽又几次请求要娶杜氏，曹操就疑心杜氏应该是颇有姿色的。下邳破城后曹操先行见到杜氏，果有殊色，就自纳为妾了，弄得关二爷颇不自安。① 因此，曹操就成了秦朗的继父，而且曹操还挺喜欢秦朗，常在宾友筵间自夸："世有人爱假子如孤者乎！"因为曹操，当然更因为母亲，秦朗在曹魏初期日子过得优哉游哉，但是他可以说是一个毫无建树的人。读《三国志》相关他的记载和裴松之注引的史料，怎么看他也不过是个不好不坏的倖臣形象。他多秦宜禄自是个反复小人，后来让张飞杀了；可他儿子秦秀却是个不错的人，《晋书》有传，《世说新语》称其"劲励能直言"。

但是一说到秦秀，就有了疑问，《秦俏墓志》上说秦秀是"晋金紫光禄大夫、太常卿"，可是《晋书》本传说秦秀"为博士前后垂二十年，卒于官"，这是怎么回事呢？一种可能是秦俏的九世祖秦秀不是《晋书》中的秦秀，因为官职对不上；还不只是官职对不上，籍贯也有疑问，秦家远祖是扶风（今属宝鸡）人，到了秦怀道的六世祖徙居齐州（今属山东），可是《晋书》里的秦秀是新兴云中（今属山西）人，中间的籍贯转换不太清楚，但也不能说陕西扶风的秦氏后人完全没有可能迁往山西的云中，再由云中迁往山东的齐州。所以《秦俏墓志》固然说了一个秦秀是秦家祖先，但此秦秀是否彼秦秀还真是一时说不清楚。还有一种可能，《秦爱墓志》中说的那句"魏朝令望，中郎擅瑚琏之珍"，果然指的是秦朗，那秦秀自然应该是秦琼家的先祖，如果两个秦秀是一个人，那么《晋书》中说秦秀二十年就只做了一个博士就不对了，或许漏记了秦秀的官职又或许漏记了死后赠官也未可知。因为《晋书》和《秦爱墓志》都是出于唐人之手，也很难说因为年代不同而谱系混乱导致的记述舛误，所以，如果这个秦秀确是秦家祖先，

---

① 卢弼《三国志集解》卷三十六《关张马黄赵传》，裴注引《蜀记》，中华书局，1982 年。

《秦爱墓志》原石（局部）

那么在秦秀为官履历上也可以志文补史传之不足。但如果不是一个人，那么《晋书》中的秦秀和《三国志》中的秦朗和秦宜禄祖孙三代就和秦琼家族没什么关系了。当然，还有第三种可能，那就是《秦俭墓志》的撰写者就是想找个姓秦的历史名人做祖先，于是找到《晋书》里的秦秀，可是把官职写高了，漏出来他"冒认祖先"的破绽也未可知呢！

没有确论，总让人感到不安，可是历史就是这样，有一份史料说一分话，没有确切的证据，就不能给出一个定谳，这真是一点办法都没有。但是访《秦爱墓志》，至少知道秦爱是秦琼的父亲，秦方太是秦琼的祖父，秦孝达是秦琼的曾祖父，这应该是没有问题的。而墓志的书法很精彩，看石头上的书法，比看拓片上的更见挺秀，虽不一定如论者所说是虞世南的手笔，但也一定是出自当时的书法高手无疑。

写于 2017 年 5 月 21 日时令小满节

【附记】

5 月 26 日正好到西安参加中国书法家协会教育工作委员会会议，趁机去昭陵博物馆先看了房彦谦之子房玄龄的碑，便又去袁家村看秦琼墓。墓地是否在这里没有文献和文物证明。但秦琼殁后陪葬昭陵是没问题的。民间祭祀至今也说明叔宝的历史影响。三十年前的学生王建设君开车陪我同去秦墓，看到香火仍旺，旁边还有一个祭祀秦琼的胡国公祠，亦有专人打点香客，匆匆看过就离去了。我也算叔宝的齐州老乡，也算异地逢了故亲一般，随手写了个五言顺口溜，不遑计较韵部，只求以今音读之略能上口以记此行，云：

礼泉袁家村拜谒秦琼墓

千里谒秦琼，袁家村有茔。

碑楼何时建，祠前香火浓。

隋末征战苦，老病忆倥偬。

也封凌烟阁，也陪太宗陵。

聚土应大墓，于今已不丰。

民间成永祀，良可称英雄。

我亦齐州客，数典思音容。

2017 年 5 月 26 日又记于西安

《崔猷墓志》的一个疑问

——山东临淄齐文化博物馆访《崔猷墓志》

2014年8月，我与同事宗娅琮君、研究生赵君燕武尝于临淄齐都历史博物馆得观《崔猷墓志》，然非在展厅，而是由当地领导引见，在馆内一间办公室的办公桌旁。后又在另一间办公室得见馆内拓藏的《崔猷墓志》拓片。当时看得十分仔细，因为实在机会难得，不仅有当时馆内专家介绍此志出土情况，同时还能咨询志文中的一些史实。记得当时大家还在推算崔猷是房玄龄的几世姑父，又在志石与拓片的细细比照中谈论了很长时间，拓片中所呈现出的原石原貌之不足。这种"讨论课"式的访碑，正是一种学生、课堂与"田野"的链接与互动，是一种娱人亦启人的教学方式。所以我一直和学生说，我们的老师不止在课堂，也在"田野"间，在各级博物馆的专家处。在他们那里，我们会有更多的受益，有更多的启发。

崔猷史上无传，其家族最有名的当属志中所提及的"文宣公"崔光了，《魏书》有《崔光传》，他是北魏宣武帝时的重臣。

读此志最有意思的是崔猷一家的姻亲关系。他的夫人房氏是房法寿之女，前读《羊祉墓志》，羊祉弟灵珍（也就是羊烈的父亲）"妻崔氏，父乌头，冀州刺史"，罗新、叶炜《新出魏晋南北朝墓志疏证》引《魏书·房法寿传》校正说，这个"崔氏"应是"房氏"之误。也就是说羊灵珍的妻子应该是房法寿的女儿，那么崔猷就应该跟泰山羊家的羊灵珍是连襟，也就和当时的重臣羊祉是较近的姻亲关系了。而崔猷的

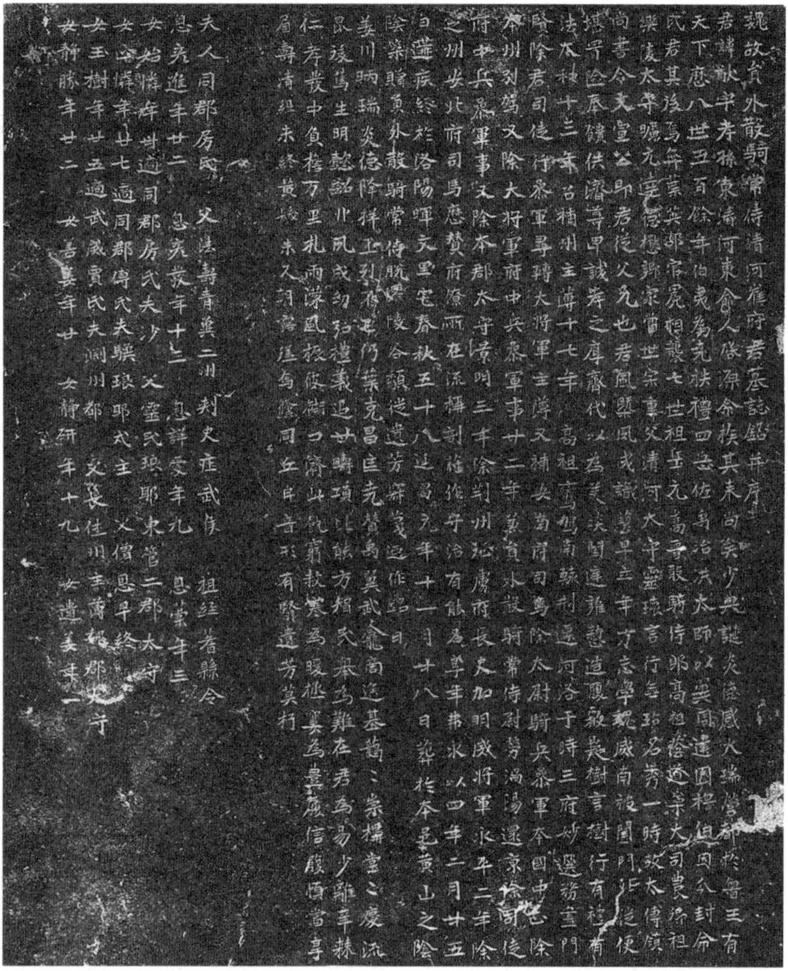

《崔猷墓志》拓片

几个女儿也是嫁在青齐大户,有房家、傅家、贾家。贾家虽云武威人,而应是早已定居青齐的大户了,与贾思伯、贾谨为同一贾。思伯及其妻墓志出吾乡寿光,今存寿光博物馆,余曾得见。馆长亦曾赠我拓片一套,甚觉珍贵。

时如逝水,三年忽过,今又到淄博,与老友《鲁中晨报》原副社长宋建中兄、研究生任君梦璐同往新建的齐文化博物馆再看《崔猷墓志》,感觉已非昔比,馆内设计很现代,崔志与《曹植祠碑》并列放在很显眼的地方。志平放,光线暗,颇不利于逐字览阅,须俯伏志石之上始能看得仔细。志石似是修饰得很光亮,看不大出原来的石质之粗,面貌之朴。那种久埋地下、始现人间的感觉没有了。

前读此志,只注意了崔氏家族之谱系与其姻亲关系,知崔猷为崔光堂弟,他们是一个祖父;又知崔猷的岳父是房法寿,而法寿又是唐相房玄龄之五世祖,则崔猷自是玄龄之高祖姑父。

今与宋建中兄、任梦璐君重读此志,发现了一个问题,即志文中说"故太傅领尚书令、文宣公"是崔猷之从父兄,这自是指崔光,但前此我受邀为台湾一个清代碑学国际研讨会撰写论文时曾细读北朝崔氏诸传,明明记得崔光卒年晚于崔猷十年许,且"文宣公"是崔光死后的谥号,"太傅领尚书令"也是死后赠官。而志中又明言是"故"太傅云云,那么为什么崔猷死时作的墓志竟有十年后的崔光谥号和赠官呢?

从临淄回张店的路上让梦璐在网上查了几处史料核对一下,果然是有问题,于是与梦璐说,有了问题自应广搜文献,看看到底问题出在哪,我们能否解释清楚。

首先我们看,志中说的"从父兄"是不是崔光?《魏书》卷

《崔猷墓志》拓片（局部）

六十七《崔光传》中说到他的祖父是崔旷，父亲名灵延。而《崔猷墓志》上说崔猷的祖父也叫崔旷，都是乐陵太守，从官职履历上看就是一个人。猷父灵环（或"瑰"），与光父灵延应是兄弟。而再从《崔光传》看，他正光三年（522）殁后，在正光五年（524）正月赠太傅领尚书令，谥文宣，亦与志合。由此看来，这个"从父兄"一定是指崔光无疑。然崔猷殁于永平四年（511），葬于延昌元年（512），而崔光殁于正光三年（522），过了两年才有赠官和谥号。那么为什么崔猷殁时作志文就已经知道十年后的崔光赠官与谥号而把它写入志文呢？此真良可怪也！

　　记得叶昌炽《语石》有"六朝、唐人造像墓志有空格待添之例"

一说，后来查看叶书，叶氏所举例证，大多是空出人名，或是墓主的职务、赠官、谥号，也有空出殁地、葬地的，亦有留卜葬之时、地待补者。但揆之《崔猷志》，"故太傅领尚书令文宣公"数字于志中行间书刻符节相合，颇不能看出有预留后添的痕迹，且留空待补亦不能预测准程，哪得如此严丝合缝？故此志所刻崔光赠职、谥号应非预留后添者。而且也不可能为活着的亲人在自己的志文上预留空格呀！

还有一种可能就是此志是后人伪刻，把史实弄错了。顷读网上一篇小文提到此志写崔光的谥号不合理，同时提到此志的大小不符合墓主人身份，属于逾制。这是一个致命的问题，若解不开，此志真伪就可质疑。猷志长 114 厘米，宽 69 厘米，的确体量甚大。崔猷死后的赠官是"员外散骑常侍"，也颇显贵，名誉颇高。查永平四年（511）与崔猷几乎同时的司马悦的志石也很大，当然司马悦在世时是高官，非崔猷可比，死后赠平东将军、青州刺史，比崔猷赠官职高，但崔猷也不算太低，按当时规定，司马悦也可以说是超规定了。当时逾制现象并非少数，赵超先生《试谈北魏墓志的等级制度》一文给崔猷逾制的理由是他"属于著名的崔姓大族"，所以遽然以逾制说崔猷志为伪刻还须谨慎。

又按：查《崔光传》，延昌距正光三年，还有十年的事迹，自不能说史传因不合碑志而说它误记了崔光享年，所以只有一种可能，就是此崔猷志是在崔光死后又补撰重刻的。但古代葬制是否有墓铭再刻重入窆中之例呢？尚须更考。

在那个时代也不是没有重写墓志再窆入墓中的事，如《王悦及妻郭氏墓志》即载夫人郭氏薨后与亡夫同葬，因王悦又有追赠官职，所以也入志中。王悦是正光五年（524）下葬，郭氏是永熙二年（533）下葬，亦隔十年矣。但崔猷志上未书改迁之类的事，而王悦则特书改迁重做墓志的理由：

> 至永熙二年，夫人薨逝，言归同穴，更营坟垄。上天降愍，有顾存亡，追寻往册，声实未隆。复赠本州秦州刺史，余官如故，谥曰简公。合葬于芒山南岭定陵西岗。

王悦属于追褒而改，崔猷似无此缘由，所以也不能以王例崔。而且，查勘《临淄北朝崔氏墓地第二次清理简报》，从其清理墓穴的情况看，崔猷墓似非合葬。且《简报》也没说墓志石出土时是在墓室内还是墓门外，依例这两种情况都会有，若在墓门外，或还有二次入土之可能。

是否还有一种可能，即志文是崔猷殁时写的，后来崔光殁后葬于祖茔时，崔猷后人又借机补刻了一方，只加上了崔光的赠官和谥号，而其他地方只字未改，所以造成了时间上的抵牾。崔光殁后葬于祖茔是可证之《崔德墓志》的，德志云崔德"葬于黄山之北，黑水之南，太保翁之墓所"，"太保翁"即指崔光，其地即崔氏祖茔。但这种随自家中央高官的入葬而顺便更改墓志以增光自己的事，在丧葬制度和习俗中究有同例者否也不得详知，故这种可能也只是个臆测耳。

总之问题多多，不得自圆，余学未及，只能放在这里以俟同好更考了。

2017 年 9 月 2 日草，5 日改定

北朝大将傅竖眼的故事

——淄博市博物馆访《傅竖眼墓志》

　　旧读《北史》及《魏书》，有傅竖眼的传，当时觉得"竖眼"很有意思，古人起名字怎么这么个起法？这个人的眼睛是竖着的吗？当时还有叫"杨大眼"的，是北魏著名的军事长官，今洛阳龙门石窟还留有《杨大眼造像记》。后来读了张光明先生《山东淄博市发现北魏傅竖眼墓志》一文，知道《傅竖眼墓志》现存淄博市博物馆，正好我的朋友宋建中兄的老朋友王振华先生在淄博市博物馆任馆长，我则利用外出考察之便，由建中兄陪同，携研究生任梦璐君一同去馆内看志。志石在地库中的墙角边，平放，横式，正文须倚靠在墙的一侧看，十分不便。且地库光线暗，王馆长临时架了一个大灯，可苦于志石上的字迹刀刻痕浅，反光情况下很难看得清楚，一位馆员和王馆长轮番用手灯为我照明，始能断续读出，因志石磨泐严重，一些字迹根本看不清楚了。好在志石左侧的断面上字迹完好，能看到"祖讳融，州主簿，治中、别驾"，"父讳灵越，冠军将军，青兖二州刺史"，子息只书"敬和""敬仲"，亦书夫人崔氏及祖母崔氏，母张氏，两个儿媳荥阳郑氏和清河房氏。志石正面文字较侧面刻得浅，笔画纤细，但结构通达，人或谓有《张猛龙碑》笔意，差可说得。此石书法，堪称上乘，虽斑驳难于识读，但一经读得便可看出其古朴劲直自是墓志书法的上乘！

　　北魏文成帝至孝武帝近百年间，是傅氏家族竖眼一支最兴盛时期，

《傅竖眼墓志》原石（局部）

另有傅永一支，见《北史》本传，应属另一支系（《魏书》卷七十与
傅竖眼传合在一卷）。据传傅永墓在淄川县张店傅家乡相公庙村小学
校内，《淄川县志》《文献通考》载清人毕际《淄乘征》皆以为该处是
傅永墓，1984 年被公布为市级重点文物保护单位。

1997 年济南历城区西郊镇后周村傅华夫妇墓中出土《傅华墓志》，
为北齐武平七年（576）刊。傅华，清河贝丘人，祖敬，河涧内史，
父天民，济南太守。傅华的儿子赵彦深是北齐名臣，也是北齐的书法家，

他名赵隐，字彦深，以字行。陈思《书小史》记载：

北齐赵隐字彦深，南阳宛人，性聪敏，善书计。初为尚书令司马子如贱客，供写书，子如善其无误，用为书令史。神武在晋阳索二史，子如举彦深。后征补大丞相功曹参军，专掌机密，文翰多出其手，称为"敏给"。累官至司徒。

傅华早寡，为了幼小的赵彦深，不愿改嫁，史传载其母子相守曰："彦深五岁，傅谓之曰：'家贫儿小，何以能济？'彦深泣而言曰：'若天哀矜，儿大当仰报。'傅感其意，对之流涕。"①赵彦深后来做了北齐的宰相，母以子贵，傅华被封为宜阳国太妃，死后又追封"贞穆"，丧事甚隆。这个傅华应与傅竖眼为同宗，是晋朝名宦傅玄、傅咸之后。今傅华墓志与其夫即赵彦深之父的墓志盖应该都在济南博物馆，然而 2020 年 6 月，山东省书法家协会原副主席赵长刚先生陪我去济南博物馆，只看到《傅华墓志》的拓片和赵公墓志盖并列展出，问何以不见傅华志石？所在皆语焉不详。讲解员说傅华墓发掘时，傅华有志无盖，赵公有盖无志。我同她说，应该是他们夫妇志盖同体，即上有赵公盖，下有傅华志。他们找来尺子量了赵公盖和傅华志拓片的尺寸是一样的，证明的确是赵公有盖无志，傅华有志无盖。赵公盖四角上的铁环尚存两个，应该是为了方便提拿，但现在看，却也有某种装饰之感呢。

《魏书》卷七十《傅竖眼传》载，其祖父融，家在磐阳（今属临淄），为乡闾所重。性豪爽，有三子：灵庆、灵根、灵越（竖眼父），并有才力。融以此自负，谓为一时之雄。尝谓人曰："吾昨夜梦有一骏马，无堪乘者，

① 〔唐〕李延寿《北史·赵彦深传》，中华书局，1974 年。

人曰：'何由得人乘之？'有一人曰：'唯有傅灵庆堪乘此马。'又有弓一张，亦无人堪引，有一人曰：'唯有傅灵根可以弯此弓。'又有数文书，人皆读不能解此文，人曰：'唯有傅灵越可以解之。'"

傅竖眼志最应该看的是他的父祖与他的后代。他的祖父很牛，他的父亲与叔伯也不弱，他也是很有成就，参照《傅竖眼传》可知其父祖事迹。在那个天下板荡的时代，傅竖眼的父亲叔伯并不都是死于战事，但也都属于非正常死亡。他们也有家仇也有国恨，死得也算有骨气，特别是竖眼的父亲傅灵越，也称得上是义薄云天了。

傅竖眼更是北魏的一员干将，传中说：

竖眼，即灵越子也。沉毅壮烈，少有父风。入国，镇南王肃见而异之，且奇其父节，倾心礼敬，表为参军。从肃征伐，累有战功，稍迁给事中、步兵校尉、左中郎将，常为统军，东西征伐。世宗时为建武将军，讨扬州贼破之，仍镇于合肥，萧衍民归之者数千户。

后来，他在蜀地为官，保境安民，为官清正廉洁，传云：

竖眼性既清素，不营产业，衣食之外，俸禄粟帛皆以飨赐夷首，赈恤士卒。抚蜀人以恩信为本，保境安民，不以小利侵窃。有掠蜀民入境者，皆移送还本土。检勒部下，守宰肃然。远近杂夷相率款谒，仰其德化，思为魏民矣。是以蜀请军者旬月相继，世宗甚嘉之。肃宗初，屡请解州，乃以元法僧代之。益州民追随恋泣者数百里。至洛，拜征虏将军、太中大夫。

可是，元法僧代替他镇守蜀地时却不如他远甚，大失民和，又遭萧梁犯境，北魏朝廷不得已，又把竖眼召回，所谓："朝廷以西南为忧，乃驿征竖眼于淮南。既至，以为右将军、益州刺史。"而"蜀民闻竖眼复为刺史，人人喜悦，迎于路者日有百数。竖眼至州，白水已东，民皆宁业"。

傅竖眼和他的父祖辈在当时都是可圈可点的人物，但他的子息却乏善可陈，他有个儿子傅敬绍，而这个傅敬绍到底是傅竖眼的第几子传中也说不清。传中说"长子敬和，敬和弟敬仲"，那敬绍是其第几子呢？志中应有记载耶？可是在志末书子息处，只有"敬和""敬仲"，而未言有敬绍。或因敬绍有罪被斩，便不相认耶？《傅竖眼传》中有一段述敬绍事迹，言其"阴怀异图"事泄被执，报告竖眼后杀之，竖眼因此气恨而死。传中是这样记载的：

（傅）敬绍颇览书传，微有胆力，而奢淫倨傥，轻为残害。又见天下多事，阴怀异图，欲杜绝四方，擅据南郑。令其妾兄唐崐仑扇搅于外，聚众围城，敬绍谋为内应。贼围既合，其事泄露，在城兵武执敬绍，白竖眼而杀之。竖眼耻恚发疾，遂卒。

傅竖眼一生清廉忠敬，有此不肖之子自然内心愤恨，而他能大义灭亲，也是为当时及后世的人们所钦敬的。为问《傅竖眼墓志》中子息一栏何以没有傅敬绍的名字，读了上面的史料或可知道，大抵就是因为这不肖子的叛逆，竖眼或遗令志中不书敬绍耶？

傅竖眼（460—521），其同时期的北魏名臣有：郑道昭（455—516）、羊祉（458—516）、崔亮（460—521）、高肇（？—515）、贾思伯（468—525）。

这些人都是出于北朝大户，从他们的仕宦与婚姻即可看出，傅家与上述诸家在仕宦和婚姻上都有较密切的关系。傅竖眼永平初（508）在益州作刺史时，羊祉正以梁秦二州刺史身份督建褒斜古道的修复工程，羊祉是泰山羊家之后，祖上有"悬鱼太守"羊续与大将军羊祜。今存《石门铭》刊记着羊祉修复褒斜古道的事。而竖眼前，羊祉似任益州刺史若干年①。元法僧代益州牧时，傅竖眼回洛阳休息，旋有萧梁入逼寿春，镇南大将军崔亮讨之，以竖眼为持节、镇南军司。傅竖眼的大儿子傅敬和娶荥阳郑氏，或即郑道昭的下一辈人。竖眼又从高肇伐蜀。竖眼与贾思伯一族或亦有姻亲关系，至少傅永的妻子就是本地贾氏，《傅永传》尚载贾氏争葬之事很有意思，今移录于下：

（傅）永尝登北邙，于平坦处奋稍跃马，盘旋瞻望，有终焉之志。远慕杜预，近好李冲、王肃，欲葬附其墓，遂买左右地数顷，遗敕子叔伟曰："此吾之永宅也。"永妻贾氏留于本乡，永至代都，娶妾冯氏，生叔伟及数女。贾后归平城，无男，唯一女。冯恃子事贾无礼，叔伟亦奉贾不顺，贾常忿之。冯先永亡，及永之卒，叔伟称父命欲葬北邙。贾疑叔伟将以冯合葬，贾遂求归葬永于所封贝丘县。事经司徒，司徒胡国珍本与永同经征役，感其所慕，许叔伟葬焉。贾乃邀诉灵太后，灵太后遂从贾意。事经朝堂，国珍理不能得，乃葬于东清河。又永昔营宅兆，葬父母于旧乡，贾于此强徙之，与永同处，永宗亲不能抑。葬已数十年矣，棺为桑枣根所绕束，去地尺余，甚为周固，以斧斩斫，出之于坎，时人咸怪。未三年而叔伟亡。

这大概也就是说，傅永找了个"二奶"就不想归葬故里了，至少他的发妻贾氏是这么认为的，所以把这事闹到了朝堂，都惊动了灵太后，最终还是把傅永埋在了东清河老家的祖坟里了。没有贾氏这一闹，今天我们也或许就看不到傅永墓了，至少在山东张店这个地方是看不到了。这个贾氏夫人，应该是贾思伯他们贾氏一族的姑娘吧。

---

① 参见吴廷燮《元魏方镇年表》，而《魏书·羊祉传》《羊祉墓志》说到羊祉504年参与伐蜀之役的官职亦均有"益州刺史"之名。

《张猛龙碑》拓本（局部）

　　还要说的是，北魏后期拓境西南，在当地设了两个益州，一为正始初治于武兴（今陕西略阳）；一为永平初年分梁州晋寿（今四川梓潼）而设置的益州。前者史称"东益州"，薛怀吉可能是新置益州的首任刺史，但任期短暂；[1] 接替怀吉的是傅竖眼（见本传），孝明帝初年，

①〔北齐〕魏收《魏书·薛怀吉传》，中华书局，2017年。

元法僧任益州刺史,旋因其暴又诏竖眼任益州刺史。这个"益州刺史",《通鉴》卷一四八胡三省注为"此魏之东益州",似非是,吴廷燮《元魏方镇年表》考出自永平初（508）至正光五年（524）除元法僧、薛怀吉短暂任职,一直是傅竖眼作益州刺史,非东益州也!

　　《傅竖眼墓志》所记录的以及与史传互勘的史料价值是很丰富的,而它的书法特色也颇值得一说,傅志被认为与《张猛龙碑》笔法相似,从志石上看,也确有相像的地方,更主要的是结构与书写有一种共同的时代、地域气象在。张光明曰:"志文为魏碑体,字迹俊逸,镌刻精细,书写工整,为北朝书法佳品。"[1] 只是很可惜其刊刻肤浅,现在原石上已经有很多字看不清了。说它像《张猛龙碑》,而张碑又被认为与《贾使君碑》为一家眷属,《贾使君碑》神龟二年刊（519）,《张猛龙碑》稍后,而《傅竖眼志》刊于永熙三年（534）,三通石刻都在十数年间书刻而成,而其地又近。且傅、贾为同一地区的人,也是同时代人,又有姻亲关系。三石书刻相近,一则或是同时代审美趣尚相同,一则或是刊刻者因地近而有会通哉? 所以,我常说,书写是有时代习惯和地域习惯的,这种时代的书写习惯和地域的书写习惯,在书法史的叙述中似乎应该特加关注。

2017 年 10 月 11 日写于淄博

---

① 张光明《山东淄博市发现北魏傅竖眼墓志》,载《考古》1987 年第 2 期。

吾乡《贾思伯墓志》访后记

贾思伯（468—525），吾乡寿光人也。他的墓和他弟弟贾思同的墓都在寿光，1973年时，农人坏其坟茔，从思伯墓中掘得随葬品及思伯夫妇墓志二盒，这让人想起欧阳修《集古录跋尾》中写青铜器之获得是"其荒基破冢，耕夫牧儿往往有得"的话。近些年每回故里，都会去市博物馆看看《贾思伯墓志》，去年还蒙老馆长赠送了思伯夫妇的墓志拓片。今又有机会到寿光，原本想看看贾思伯墓的遗址，听从弟王刚说那地方已经盖了房子，看不到了，便又去博物馆再观墓志原石。谓余何以百看不厌？实则思伯志的书刻真是特别精良，看拓片绝无看原石更能让你心动。

来到寿光，还要说说贾家另一个名人，即中国古代最著名的农学家贾思勰，亦寿光吾乡人也。其所撰《齐民要术》成书于东魏武定二年（544）前后。《齐民要术》卷首题"后魏高阳太守贾思勰撰"。贾思勰生平不详，谓其尝为高阳郡太守，"高阳"应属瀛洲（今河北地），《齐民要术》应撰于公元528年之后，当时有杜洛周、葛荣暴动，失败于此年。《要术》"种桑柘第四十五"有"杜、葛乱后"之句，所以推测本书至少在此后完成。

贾思勰和贾思伯有什么关系呢？还需从容道来：《要术》"种谷第三"提到西兖州刺史刘仁之云：

西兖州刺史刘仁之，（老成懿德），谓余言曰："昔在洛阳，于宅田以七十步之地，试为区田收粟三十六石。"然则一亩之收，有过百

分

传悼奉宗致言约义散辞高旨远任乙斯远齐初伊倍爱业尊师

扬昌眷泠隆唯允俄侍读讲杜氏春秋题阳前殿接递师

周王妥昌之师汉主礼顾隆崇岂不是遇方当眼裘白阶位窮师

中之礼而降羊春秋五十冷以孝昌元年七月甲辰朔十

之一略载诃直之姿含泣斋桓之道负经国之器非酸漢明之帝孝子以良

人恸情百寮轩泣利主之道桓之追仲父兄此非忠以奉之碑孝子以

衍圄荠归蓥於青州追赠散骑常侍尚书石儀射石以永全之东

被於一月春容像仔於画但绣彩无弗村之婆立石有永全之

其辞曰惟君萬生命世抽英岐嶷初载气秀神清行高童稚

骏高祖择褐素柩衣衬象阙陛降承明负暎日月额彼腾□□易

《贾思伯墓志》拓片（局部）

故散騎常侍尚書右僕射使持節前領東將軍青州刺史君胃君墓

諱思伯字休齊郡益都縣人也其先為武威之冠族中

中齊為四世祖文和佐命黃郡運經綸臺里人也九世祖機作牧幽荊中

史目太傅備閱圖已降賢朝間出君之出也海城戎羊靈念章武式

北都年廿一略之撰禍前古之載工草蒜善辭賦文定儒宗尒退清

谷應西華之選稍遷本朝請時齋使繼好來聘上圖以君造不預歆時

愁六軍五牛南指時尾未命於誤帷書郎祖之交娶文皇武星歆

機之除執筆記言冀河內太守顧託非其好也君窠車駕少卿

照大陽太輔國將軍周榮授特節任廣將軍南青州刺史史益政始

除榮黃陽除太守歲序之間冊集茶蔡袞覼骨立未曾見齒於聖政除

純孝善執亞四載之間行如神徵給侍黃門寺郡傅京州十

州刺史班條郡魯化行如神徵給侍黃門寺郡傅京州十

石矣；少地之家，所宜尊用之。①

刘仁之，《魏书》卷八十一有传。传云刘仁之与冯元兴有深交，而卷七十二《贾思伯传》载：

时太保崔光疾甚，表荐思伯为侍讲，中书舍人冯元兴为侍读。思伯遂入授肃宗《杜氏春秋》。

查《魏书》卷六十七《崔光传》，正光三年（522）九月崔光进位太保，十一月疾甚，则贾思伯入授《杜氏春秋》应在是年，冯元兴为侍读。《魏书》卷七十九《冯元兴传》记此事则云：

及太保崔光临薨，荐元兴为侍读。尚书贾思伯为侍讲，授肃宗《杜氏春秋》于式乾殿（《思伯志》云"显阳前殿"），元兴尝为摘句，儒者荣之。

《魏书》卷八十一《刘仁之传》：

与斋帅（帝王斋官禁卫）冯元兴交款，元兴死后积年，仁之营视其家，常出隆厚。时人以此尚之。

按：《冯元兴传》中说元兴："太昌初，卒于家，赠征东将军、齐州刺史。""太昌"是孝武帝元修的年号，用了不到一年，是公元532年。按《刘仁之传》的说法，仁之在532年后很久还在照顾元兴的家人。仁之是武定二年（544）去世的，他去世时官西兖州刺史，在刺史任上他和贾思勰有种谷之论。②刘仁之说起来也算北魏时期的书法家，古代的一些书法史论著也尝录名载其事。这人为人做事有些奇怪，他的传上说："仁之外示长者，内怀矫诈。其对宾客，破床敝席，粗饭冷菜，衣服故败，乃过逼下。善候当途，能为诡激。"还说他"性好文字。吏书失体，便加鞭挞，言韵微讹，亦见捶楚，吏民苦之"。可

---

① 〔北魏〕贾思勰撰；石声汉校译《齐民要术今释》上册，中华书局，2009年。
② 同上。

魏故鎮東將軍兗州刺史尚書右僕射父貞

夫人諱靜憐長廣人也自黃雲流潤西秦寔

茂族雖炎涼遂往西縣邈於本枝槐柳載俊

善言實賓仁冰潔其心淹凝其度風儀閑暢

然之則比物芝蘭邁春叢而開馥連類璣璧

禰愛及尊損不召所善尚人唯曰賢明德外成

於酌損兜家至于闕門寱停聞言森簡辟動

訓章岐亂堂有光成存寱飾厰蘢崇信綜梱

言告加曰婉嬺儀倫明敏工式言森簡辟動

錫姑慈慧寬仁盡和讓於閨閫如訓備於異

素絲賀焉仁賓元者

《賈思伯夫人墓志》拓本（局部）

是他爱好文史，敬重名流，所以他对冯元兴这种大儒就十分敬重，他在冯元兴逝世后照顾了冯家十年，就像汉代的丞相张苍之对他的恩师王陵一样。他对贾思勰也应该是很敬重的，他在刺史任上，也算是地方首长，对贾思勰这样太守级的农学专家也算是礼贤下士了。

如此说来，刘仁之与冯元兴交好，冯元兴又是贾思伯的同事，刘仁之又与贾思勰论农桑之事，这样一些联系，自然也有二贾关系梯航其间。

贾思伯是孝昌元年（525）去世的，享年58岁。由此观之，贾思勰应较思伯小，而从名字上看似应是同一辈分的人。贾思伯525年去世时58岁，则其为肃宗侍读时在522年，当时已55岁，按理推之，则同时任侍讲的冯元兴，也大概与思伯年龄相仿。冯去世时在532年，或许60余岁，刘仁之与冯"交款"（即交好），即便少于冯，大抵也不会小太多。冯死后仁之照顾其家近十年，则其去世时大抵也就60余岁。而一般学界以为贾思勰在刘仁之死后其《齐民要术》已成书，则此时思勰的年龄或亦在六十余耶？那他要比贾思伯小20岁左右。同一宗族的同辈人相差20余岁并非不可能。

又按：《贾思伯传》说思伯与弟思同"师事北海阴凤授业"。大概是受《春秋》学以来，看后来贾思同与卫冀隆辩《春秋》学之异（公元540年），贾思伯侍读肃宗《杜氏春秋》，思同授静帝《杜氏春秋》，即可推知贾氏兄弟是从北海阴凤学的《春秋》学。思伯亦尝议建明堂，"学者善其议"。而传又云："思伯少虽明经，从官废业，至是更延儒生夜讲昼授……"似是虚心补课。所以"客有谓思伯曰：'公今贵重，宁能不骄？'思伯曰：'衰至便骄，何常之有？'当世以为雅谈"。[1]

---

[1] 〔北齐〕魏收《魏书·贾思伯传》，中华书局，2017年。

而赖非先生《齐鲁碑刻墓志研究》引"思伯少虽明经，从官废业"并评之曰："这里对他的授讲，似乎并不太满意。"[1]这似未识文献之意。《贾思伯传》是说思伯在作肃宗老师时还十分虚心地请教别人，是因为他从政多年，明经荒废，他要充实自己。传者是在夸思伯，而不是对他"并不太满意"。赖非先生举《贾思伯墓志》文："虽营丘之训周王，安昌（安昌侯张禹）之师汉主（指汉成帝），礼顾隆崇，亦不是过。"意思是说志传略有不合，即传上不满意其学问而志上却夸赞其与先贤同。其实志、传叙述角度不同，其意并无轩轾也！

当然《贾思伯志》中也不是没有谀墓之处，比较《魏书》思伯传看，传上说朝廷委任他做凉州刺史，他嫌远不愿意去，就用儿女未婚做理由拒绝。灵太后不允，还是他的同乡徐舍人（徐纥）为他说情，才得以改授太尉长史。而墓志中只说："转凉州刺史，未拜，除太尉公清河府长史。"其中原委一概省略了，这种虚写、略写也是一种为贤者讳的变相谀墓。如没有《魏书》本传比照，谁还知道思伯竟对国家的人事任命也曾挑肥拣瘦呢？

这里顺带提一句，志中说"俄除侍读，讲《杜氏春秋》于显阳前殿"。《贾思伯夫人刘氏墓志铭》载静怜正光二年"入朝长信宫，引见显阳殿。……皇太后为之动容"云。而查《冯元兴传》则云是"式乾殿"，未知孰是孰非。或即是同名，而读音不同则字异焉。吾乡寿光今读"式"为"细"，古时或与"显阳"近？"前""乾"音同而字异也。

读《贾思伯志》及相关文献，有两点不能不说，一是贾思伯与元叉（亦作"乂"）的关系；一是贾思伯的书法之名与《贾思伯志》《贾

---

[1]　赖非《齐鲁碑刻墓志研究》，齐鲁书社，2004 年。

侖　閇　成　尚　貴

月　存　階　人　室

攵　沉　藻　唯　似

工　停　飾　呂　歸

武　闇　履　賢　隋

言　崇　藿　朙　德

州束史尚書君

人也曰黃雲流

西縣邈於本枝

其心淹凝其度

邁春叢𥓋用復

《賈思伯夫人墓志》原石（局部）

使君碑》的书法成就。《贾使君碑》刊于神龟二年（519），颂思伯兖州任内之政绩。查吴廷燮《元魏方镇年表》，思伯在兖州刺史任上的时间是延昌元年至三年征为黄门侍郎（512—514）。则《贾使君碑》一定是刻于思伯晚年在中央任职时的作品了。则何以使君离任五年后始有一块颂功碑立起来？这颇令人心生疑问。不一定思伯有问题，倒是立碑的人有问题，他是想以此怀念思伯之功德，还是以此去博得思伯之恩遇？《魏书》思伯传唯言任兖州刺史，对在州功德政事并未置一词。《贾思伯志》也仅有"班条邹鲁，化行如神"八个字以言宰州之事。思伯去州后，有元匡续任，元匡是为人所奏而外放到兖州的；后面是王云，待了两年死在任上；到神龟元年是王琼，他很快就去州归京了。王琼《北史》卷三十五有传，是个不太得志的人，门风衰颓，至如王诵贬之曰："东海之风，于斯坠矣！"按：这几任兖州刺史大抵均不如思伯为官有政声，所以州人立碑以怀之？或因思伯为元叉所宠，邑人以此趋势耶？反正《贾使君碑》上还能模模糊糊地看出"叡业崇深，识照天玑，冲光警智，冰清玉映，有夷齐之操"云云的一些颂扬之词。这是为了思伯，还是冲着元叉？

　　元叉可是个了不得的人，他是魏太祖道武帝拓跋珪五世孙，在当时很厉害，权倾朝野，仗着大姨子灵太后的支持，不把人放在眼里，后来为了除掉政敌元怿（道武帝七世孙），竟至把灵太后也囚禁起来。当然后来灵太后反政，把他杀掉了。可是他在任时确实朝内官员多有趋其炎附其势者，如冯元兴、贾思伯均不能免，《贾思伯传》谓其"为元叉所宠，论者讥其趋势"。《冯元兴传》曰："元兴世寒，因元叉之势，讬其交道，相用为州主簿（此处或者是元兴之子为州主簿也，参见本传校勘记），论者以为非伦。"其实思伯、元兴都是很本分也很自重、有操尚的人，时势如此，趋势殆亦不得已也！类似趋势的事，当时青齐人士亦有同例，《魏书》卷七十六《张烈传》载："元叉父江阳王继曾为青州刺史，及叉当权，（张）烈托故义之怀，遂相谄附。"张烈为官清净，尚不免如此，世态之非常使然也。

　　说到《贾思伯墓志》，自须说贾思伯与书法的相关事，贾思伯本人就能书，思伯志上说他"工草隶，善辞赋"，或因其善书，与他有关系的《贾思伯墓志》和今存曲阜的《贾使君碑》在书法上都属上乘之佳品。人或谓，《贾使君》《张猛龙》书刻为一家眷属。《贾使君碑》刻于神龟二年（519），《张猛龙》刻于正光三年（522），张猛龙是河南南阳人，碑中云："以熙平之年，除鲁郡太守"。"熙平"是魏孝明帝元诩年号，在公元516—518年间。鲁郡，北魏时仍在兖州管辖。而张猛龙为鲁郡太守时，贾思伯去州未几（思伯在州时是延昌年间，即512—514）。张、贾二人在州时间相距二、三年，贾、张二碑刊刻

《贾使君碑》碑额拓本

时间也是相距二、三年，书刻人或即是相同一人或数人也未可知。今在寿光博物馆存放的贾思伯夫妇的墓志，从书法的角度看，思伯墓志笔法及结字与《贾使君碑》《张猛龙碑》亦较接近。而《贾思伯夫人刘氏墓志》则完全另一面目，与北魏末及北齐时山东地区的一些墓志体态略近，相较思伯的碑、志，结构还算方正，然颇觉神气不足，有些字略显童稚顽皮之气。

寿光博物馆中还展出些思伯及其妻墓中的随葬品，不过陶人、陶兽、陶瓶、瓷罐之类简朴的东西，只是贾妻墓中有个陶兽略觉奇特，说是镇墓之兽。这位帝王之师，也是颇有政声的州郡长官，死后只有些家常用品和一些人兽陶俑陪葬吗？此墓曾被盗掘，所以很难说原来随葬还有什么宝物。县志中记载贾氏兄弟的葬处也曾是丰土大冢，可是 20 世纪 70 年代并无人关注古人墓冢之存否，也就夷毁以变平畴，那时讲究"以粮为纲"，平了那个大土堆种上粮食才是正途，于是千余年的古墓就被时代的潮流冲得干干净净了。惜哉惜哉！奈何奈何！

2017 年 10 月 12 日草拟于青州旅次

三方墓志两个朱家

——访朱神达、朱绪及朱岱林墓志

曾读王其祎、周晓薇《隋代墓志铭汇考》之《朱神达墓志》（1974年出土），因神达是青州人，与吾故邑寿光比邻，又知康有为曾赞许的《朱岱林墓志》出于寿光，考《朱岱林志》言其曾祖朱霸，总想看看与朱神达有什么关系，但除了二人都是所谓乐陵人，似无甚关联。及至近年读到山东大学李森先生《新见〈魏故乐安太守朱府君墓志铭〉考析》一文①，知道朱神达父亲朱绪的墓志出土了，更引我关注的是朱绪志中记录着他的曾祖也是朱霸，这样，我们就知道朱绪、朱神达父子和朱岱林是同祖之人了。于是我这次借与研究生山东考察之际，顺便到青州博物院看看朱氏父子两志原石之风采。《朱神达墓志》原来看过，这次其实主要是想看看新出的《朱绪墓志》，可惜于馆内未见绪志原石，只有神达志石尚在。

《朱神达墓志》圭首形，青石质，高115厘米，宽55厘米。首以篆刻阴文"故朱府君墓志铭"，篆法甚低劣，迹距志文书法远甚！志文八分体字，隶意颇明。神达殁于隋开皇四年（584），享年59岁，则其生于北魏孝昌二年（526），埋葬时间是开皇六年（586）。

《朱绪墓志》，从山东大学历史文化学院李森教授的文中图版看，是圆首形，北周宣政元年（578）刊，2013年出土于青州城南郊井亭村。

---

① 李森《新见〈魏故乐安太守朱府君墓志铭〉考析》，载《华夏考古》2016年第1期。

李森教授在《考释青州出土的两通隋代墓志》一文①中就预言在神达墓地有可能会发现其父祖之墓，《朱绪墓志》的出土，证其先见英明也。

《朱绪墓志》在叙述朱姓先人时有"公叔以纯孝显名，仲先以勋高縻爵"。"公叔"即朱穆（100—163，字公叔，一字文元）；"仲先"即朱祐（？—48，字仲先），皆南阳宛人，《后汉书》均有传。这里明显暗示朱绪、朱神达父子的先祖是朱穆、朱祐。而《朱神达志》则有云：

是以公叔之时，以绝交著称（朱穆有《绝交论》）；子元之世，以好友知名。

按：公叔即如《朱绪墓志》中提到的朱穆的字，子元则是汉哀帝时的丞相朱博。都是朱姓人，也暗示着是他们的先祖。然，朱博，杜陵人；朱祐、朱穆皆南阳宛人。未知何时朱氏一支徙居青州益都县境。查《元和姓纂》卷二，朱姓"义阳"下有朱穆、朱序、朱修之（循之），也无以判断朱氏北迁之迹也。是否这也如古人早就说过的，是"冒认祖先"，以光本族呢？其实到了北朝后期，贵族主义有着某种增长趋势，门阀高下的争论反复出现，可见门阀有着超越现实利益的魅力，正如日本学者宫崎市定在《九品官人法研究》一书中所说："北齐朝廷汉化的同时，其治下的汉人贵族在夸耀门第时，经常列举他们汉魏以来的古老家世。这一现象值得我们注意。"②其实不只是北齐，也不只是贵族，这种"经常列举他们汉魏以来的古老家世"，甚至"冒认祖先"的现象在北朝的墓志中是比较普遍的事，只可以说越往后这种现象越突出。也不只是贵族这样，一些说不上什么高门大户的人家，在墓志中也是尽量地远绍祖先，以示名人之后的，这种状况也延续到唐代甚至更后。

---

① 李森《考释青州出土的两通隋代墓志》，载《华夏考古》2009 年第 3 期。
② ［日］宫崎市定《九品官人法研究》，大象出版社，2020 年。

《朱绪墓志》拓片

倒是在光绪年间有方《朱博残碑》出土于山东清河东武城，朱博怎么在那里有块碑呢？考《朱博传》，他应该是死于京城长安，他的老家也不是山东，怎么这里有朱博的碑呢？所以就有人认为这是个赝品。据报道：

《朱博残碑》清光绪元年(1875)在青州东武(今诸城市)故城出土。诸城尹彭寿所得，故初拓本有尹氏印记。后有匡源跋，称"琅琊太守朱博之颂德碑"。书由篆入隶，笔法道古。亦不类汉人，是伪刻。罗振玉《石交录》谓是尹氏伪造，尹氏亦自认不讳。

方若《校碑随笔》却认为是真的，说"有人疑伪，盖未见石耳"。而罗振玉《石交录》、欧阳辅《集古求真续编》都有证有据、言之凿凿地认为这是个赝品。不过朱博确是在琅琊做过郡太守，《汉书·朱博传》上还记载了不少在郡事迹。是否因朱博曾在山东做过官，又是汉代名臣，所以《朱神达墓志》的作者就把朱博列为朱氏祖先了呢？今无从考查矣。此残石今亦不知去向矣，好在还有拓本犹存人间。

《朱博残碑》拓片

　　与朱绪父子同宗的朱岱林的墓志中，明确提到的是曾祖朱霸、祖法强、父孝祖，且都有事迹记载，这是实写；曾祖之上还有一段先祖的虚写："卯金则司空佐命，当涂即领军赞业，整在晋嗣美，表于赵垂名。"这说的是谁呢？"卯金"是"劉"（即"卯金刀"组成"劉"字），指的是刘秀，所谓"司空佐命""领军赞业"应该指的是东汉云台二十八将之一的朱佑。所谓"整在晋嗣美"，是说的朱整（？—289），其是西晋大臣，晋武帝时尚书右仆射、广兴侯。按朱整字伟齐，臧荣绪《晋书》有传，然未书籍贯①。所谓"表于赵垂名"，应该说的是朱表，是朱家后赵时期的先祖，即《朱神达墓志》上说的"后赵司空公表，即君之六世祖也"。

　　但《朱岱林墓志》没有那些汉代名人如朱博、朱穆的记录。则朱氏宗序汇总《朱绪墓志》《朱神达墓志》和《朱岱林墓志》看来，他们朱家比较靠实的先人就是朱霸，《魏书》的朱岱林之兄朱元旭的传上说，朱霸是"真君末南叛，投刘义隆，遂居青州之乐陵"，这说明朱家是乐陵人，从朱霸到朱神达五辈的代际关系和郡望是清楚的；再往上数的朱表，在《朱神达墓志》中有记，应该没问题。但是汉代名臣朱博、朱佑、朱穆等跟朱岱林他们是否一个族系就不好说了。

　　又，读《华夏考古》2009 第 3 期载李森先生《考释青州出土的两通隋代墓志》一文云：

　　颇值一究的是朱神达籍贯乐陵，与青州并无直接关系，缘何在死于荆州后安葬青州呢？依我浅见，至迟在朱神达祖父朱绍任齐郡守时，朱氏家族即已从乐陵迁居青州。由《魏书·地形志》中知：齐郡为青

---

① 〔清〕汤球辑；杨明朝校补《九家旧晋书辑本》，中州古籍出版社，1991 年。

州首郡，青州齐郡同治东阳城（今青州城区）。这样，身为齐郡太守的朱绍当然安家于东阳城了。《朱神达墓志》出土地——今青州城区南郊井亭村一带应是朱神达祖先选定，后世必须归祔的祖茔。因此，不管朱神达死于何地，都要返葬于此。

其实，北魏时乐陵就是青州辖郡，今寿光市有些地方那时也在乐陵郡内。并非如李文所说是"与青州并无直接关系"。

朱神达"以大隋开皇四年七月七日遘疾，卒于沮汰里"，"六年十月廿五日葬于广固城之南，函霞山之左"，朱绪"以大魏武定元年六月八日薨于圃柞之里"，"亦大周宣政元年十一月三日葬于云山之朝阳"。按："云山""函霞山"，皆今之"云门山"也！

与神达之父朱绪同一曾祖的朱岱林、朱元旭、朱叔业兄弟，是吾乡寿光人。《朱岱林墓志》明末出土于寿光，志云岱林卒于普泰之年，亦即普泰元年（531），54 岁。而葬于高齐武平二年（571），亦应是迁葬，中间有四十年之隔，与益都朱绪之葬例同。

《朱岱林墓志》说到第四子名敬修，说到"（敬修）从父兄敬范，史君伯第三子"，按《魏书》卷七十二有《朱元旭传》谓其子名敬道。那敬范是谁之子呢？《朱岱林志》的作者是朱敬修，他所谓"史君伯"，应是指朱元旭，元旭做过州刺史，所以称"史君（即使君）"，元旭是岱林之兄，是故敬修称"伯"。所以敬范自然是朱元旭之子了。

青州《朱绪墓志》云："曾祖霸，平州刺史。祖显明，乐陵、济南二郡太守，并操武秉。父绍……"寿光《朱岱林墓志》云："曾祖霸，儒该丘素，术尽纵横，魏使持节平州诸军事、安远将军、平州刺史。……祖法强……父孝祖。……兄元旭，散骑常侍，出除南兖州刺史。弟叔业，通直散骑常侍、左光禄大夫。"《魏书》卷七十二《朱元旭传》："祖霸（按：

应是曾祖，参校勘记），真君末，南叛投刘义隆。”由此观之，则：朱绪（495—543）及朱岱林（477—532）、朱元旭（478—545）、朱叔业（生卒年不详）兄弟为同一曾祖——朱霸。

按：《朱岱林墓志》云“兄元旭”，考《魏书》卷七十二《朱元旭传》，元旭卒于武定三年（545），年六十七，推知生于太和二年（478），而《朱岱林墓志》谓其卒于普泰之年，应该是普泰元年（531），因为志中说“普泰之年，水德不竞，苍云盖轸，紫日生天。乌合蚁徒，聚三齐之地；竖牙鸣角，凭十二之险”。那“乌合蚁徒，聚三齐之地；竖牙鸣角，凭十二之险”指的是普泰元年崔祖螭、张僧皓叛乱，聚青州七郡之众，掠地攻城，岱林与崔光韶之弟崔光伯并死于难。崔、张叛乱事，《魏书》卷十七、卷二十四都有记载。那年岱林五十四岁。以此推知岱林应生于太和元年（477），反较元旭长一岁，何以称元旭为兄呢？从《岱林志》中敬修称“史君伯”也可证元旭确是岱林之兄。那就有可能《魏书》上元旭享年写的有误。

考朱氏志传，知同祖朱霸一支应居乐陵郡（属青州），其家所在地在今寿光市。后朱霸一孙朱绍（即绪父，神达祖）为齐州内史，或徙家今青州市矣。由是两支分在青州与寿光，故朱绪、神达志出青州云门山，而朱岱林志出寿光田柳镇。

从现有文献上看，乐陵朱氏的仕宦情况是：朱霸，魏使持节平州诸军事、安远将军、平州刺史。朱显明，乐陵、济南二郡太守。朱绍，齐郡内史。朱绪，乐安太守。朱神达，荆州长史。朱岱林的祖父朱法强，司徒府咨议参军事。父朱孝祖，北海太守。兄元旭散骑常侍，除南兖州刺史。弟叔业，通直散骑常侍、左光禄大夫。而朱岱林则没做什么官，志上有一大段说他的仕宦情况云：

《朱岱林墓志》拓本（局部）

君膺兹秀气，禀是淳和，三棘六异，方珠比玉，左智右贤，拟龙齐凤，得嗟蔡子，见重侯相。年始十余，身离艰苦，晨号夕踊，柴毁骨立。遂使鸠来栖集，马辍刍草，精通飞走，操贯幽明。魏广陵王爰善如苍，好书比德，俾侯南服，妙选英佐，托以金兰，征为国常侍。辞不获已，俛俛从职。而侯赢荷眇，难交公子；介推逃赏，终远晋文。未逾十旬，还以病解。后彭城王又以皇枝之贵，作牧东秦，召为主簿，久而从命，王藉甚有素，不苦抑遣，终遂干木之心，乃申安道之志。君雅量之地，无际可寻。元昆季弟，推之京宦，同于得丧，等概荣枯，含章韬彩，藏明晦用。兄元旭，散骑常侍，出除南兖州刺史。弟叔业，通直散骑常侍、左光禄大夫。高冠映日，长戟陵风，誉满京华，声驰宇县。纵赵孝之让礼食，曾何足云；鲁恭之就平名，讵堪方此。魏廷尉卿崔光韶，侍中贾思伯，并聪敏当世，器局标时，结四子七贤之交，饮醪投水之密，留连宴喜，付写袆期。黄门郎徐纥，与君意得言忘，处权居要，恒思不次之举，还疑志不可夺，醮言之暇，聊申微旨……

这里有两点可注意，一是朱岱林没做过什么官也不想做官，所以最终他也就是个高士。但是读《房吉墓志》，知房吉是岱林女婿，志云："（房吉）夫人姓朱，字商，乐陵人也，即后魏散骑常侍、兖义二州刺史（朱）元旭弟岱林，州主护，乐陵、乐安、乳口、河间四郡守女。"① 这里所谓"州主护"应该是"州主簿"之误，岱林志中提到岱林做过彭城王的州主簿。那么这里所说的"四郡守"是怎么回事？岱林志中似未见言其做过郡太守。如果《房吉墓志》说得不错，那么就不能遽然说朱岱林没做过什么官。又，《房吉墓志》说到朱元旭是"兖、义

① 见《隋唐五代墓志汇编·江苏卷》，天津古籍出版社，第 6 页。罗新、叶炜《新出魏晋南北朝墓志疏证》第 498 页有疏证。

二州刺史"，罗新、叶炜《疏证》说："据《朱元旭传》，元旭仅任义州刺史，赠幽州刺史。而墓志称他任充义二州刺史，疑充州为赠官，《魏书》误为幽州。"查《朱岱林墓志》书元旭为南充州刺史，未书义州刺史。

二是在这一大段话里，可以看到当时在朝廷为官的寿光人，有贾思伯、朱元旭、徐纥等。

贾思伯我有另文述录；朱元旭在北魏朝中也就是个一般的官员，史传中的评价不高，所谓："既无风操，俯仰随俗，性多机数，自容而已。"但是徐纥这个人还是值得一说，徐纥这个人往好了说，他少时很努力，文辞好，一直做着与文书相关的工作，而且做得还算出色。但是这个人为人上有很大的问题，《北史》卷九十二《徐纥传》上说他"性浮动，慕权利，外似謇正，内实谄诐。时豪胜己，必相陵驾；书生贫士，矫意礼之。其诡态若此，有识鄙薄焉"。这是一个北魏后期的佞幸形象，他和当时的著名奸佞之臣郑俨并称"徐郑"。因为他，还促使了羊侃的背魏逃梁，《魏书》卷九十三《徐纥传》载：

（尔朱）荣将入洛，既克河梁，纥矫诏夜开殿门，取骅骝御马十匹，东走充州。纥弟献伯为北海太守，献伯弟季彦先为青州长史，纥使人告之，亦将家南走。羊侃时为太山太守，纥往投之，说侃令举兵。侃从之，遂聚兵反，共纥围充州。孝庄初，遣侍中于晖为行台，与齐献武王督诸军讨之。纥虑不免，说侃请乞师于萧衍。侃信之，遂奔衍。

尔朱荣要杀徐纥，徐纥就逃出洛阳东走充州，在那里鼓动羊侃举兵反，事败投梁，徐纥也逃到萧梁去了。这样一个人，是朱岱林的老乡，还曾说服岱林出仕，岱林婉言拒绝了，即《朱岱林墓志铭》中所记："黄门郎徐纥，与君意得言忘，处权居要，恒思不次之举，还疑志不可夺，醼言之暇，聊申微旨。君答云：'昔人有以术忏帝，或道质□王，譬之鳞羽，本乖飞伏，而平生庸短，未希簪绂，如斯之贶，乞不加己。'纥爱人以礼，兼相钦尚，从其所好，不敢亵维。"墓志作者说得还算客气，不过朱岱林之被称为"高士"，亦当与此拒绝徐纥之举有关。赵万里《汉魏南北朝墓志集释》引王鸣盛《蛾术编八十二》云："黄门侍郎徐纥为灵后所幸，手握王爵，秽乱掖庭，尔朱之兵，实由此起。岱林不欲因小人进身，可谓矫然不滓，良可加也。"

　　还需说的是朱岱林的死，是因为一个谋反事件，志中记曰："乌合蚁徒，聚三齐之地；竖牙鸣角，凭十二之险。不异井中，虚言圣出；何殊辙下，妄号神人。拔本塞源，摧兰夭桂，春秋五十有四，遐迩悲噎，闻见涕零。"这是说朱岱林死于张僧晧与崔祖螭的反叛。这次反叛史上记载得比较简略，《魏书》卷二十四《崔玄伯传》载："普泰初，（崔祖螭）与张僧晧俱反，围青州。尔朱仲远遣将讨平之，传首京师。"卷七十六《张烈传》："前废帝时，崔祖螭举兵攻东阳城，僧晧与同。事败，死于狱，籍没家产。"清河崔氏是大户，崔祖螭是崔道固的侄子；清河张氏亦是世家，张僧晧是张烈的弟弟。王鸣盛《蛾术编》曰："以普泰元年崔祖螭、张僧晧等作叛，聚青州七郡之众，掠地攻城，岱林及崔光韶之弟光伯并死于难。"《魏书·前废帝纪》也记："普泰元年七月，镇远将军清河崔祖螭聚青州七郡之众十余万人围东阳。"岱林罹难即在本年，但具体情形已无从查考了。

　　读朱氏墓志，还有两个问题可究：

　　如上所说，《朱岱林墓志》说朱元旭是其兄，但考《魏书·元旭传》，其生年晚于岱林，或传误耶？《朱岱林墓志》和《房吉墓志》都说朱元旭是朱岱林之兄，则志可证传之失。

　　岱林死后四十年、朱绪死后三十余年始葬祖茔，不知何故。这类事在当时似非鲜见,《孟显达碑》的墓主是武威人,北周武成元年(559)卒,年四十二,隋开皇二十年(600)十月葬于雍州太兴县,亦卒后四十年葬。

朱绪殁年四十九岁,推其生年在北魏太和十九年(495),生朱神达时(526)三十一岁,志云"有子四人",则神达或其长子耶?朱绪武定元年(543)薨,以周武帝宇文邕宣政元年(578)葬于云山之朝阳,距其殁三十余年矣!为什么朱绪死后三十余年才葬在祖茔?李森教授说朱绪父亲为齐郡太守时即应移居青州,已建祖墓,那为什么朱绪久未葬于祖墓呢?所以我怀疑朱绪或许是先葬于别处,后来移葬祖茔的;朱岱林也是死后四十年葬于祖茔的。这种卒年与葬年相距甚长的现象,在当时似非鲜见,又不言其为改葬,所以也不能知其何以卒后那么长时间才下葬。那当然会先有葬地,只是后来葬于祖茔时有墓志铭记载。但志文却不言志主原葬于何处,何以如此,竟不可知,或有雅君子可为解惑耶?

2017年10月13日上午与从弟王峰及梦璐君驱车到朱氏墓志出土的地方——青州南郊井亭村,打听《朱绪墓志》的去向,因为前一天在青州市博物馆只看到《朱神达墓志》,而未见其父《朱绪墓志》。馆员竟不知道《朱绪墓志》的情况,我问他们,《朱绪墓志》是2013年出土的,尚有李森教授著文介绍,这又是神达之父的墓志,又出在青州,怎么不知道它的情况呢?他们只说去库里查一下。但下午就说库里没有,也无著录。所以我们就来井亭村实地询问一下,但这里的村民也语焉不详,只说记得前几年村南盖工厂,挖出一个古人的墓葬,似是有人报了警,还是警车开道把东西运走了。这就奇怪了,警车运走自不会运归私人,理应交给文博单位,可是青州市博物馆对此却一无所知，难不成直接运到山东省博物馆了？我和梦璐说，既然李森先生撰文介绍，又有拓片展示，想必他是见过原石的，计划回京与李先生联系。后来得到李先生的回复，说他也未见原石，只见过拓片，并说原石恐已不在青州，这是后话。反正我们在青州并没有见到《朱绪墓志》的原石，甚觉遗憾，好在李先生文章里可见拓片，并有李先生的释文帮助我们做一些文献上的分析。

10月12日下午在寿光市博物馆看《贾思伯墓志》时，顺带问了一下《朱岱林墓志》，因为在一些文章中看到说此石已佚，而馆里主任说石在地库里，因馆长出差，还看不了。但他给我看了两套拓片，一是近拓，模糊不清了，一是明清时之旧拓剪本又按原石字序排好粘贴出的一个拓片，字迹清晰许多。

同时我们还见到一件光绪十四年（1888）《记朱公墓志石始末》的拓片，其文曰：

元魏朱君山墓志石，由田刘庄（引者按："田刘"今地名作"田柳"）西坡移至邨内神祠，自前明季叶始。先是，墓已湮没，石亦沉埋，耕者偶得而移之，一千数百年之秘，一旦轩露，是其果有遭乎？雍正间，孝廉王宁远谓此字上宗晋梁，下启唐宋。其文录入邑乘，并载《山左金石志》，上宪以及绅士，拓以持赠者甚夥。丁亥春夜被潍阳人将石窃去，鬻于贩古器者，得京钱三百千。会有本邑诸生蔡石，经询悉确据，里人具秉在案，蒙邑侯吴公叔平星驰移文，数日间，石已关回。公爱古情深，欲存署内，以昭郑重，特虑与县志不符，里人具呈批准，领石仍置原处，四面相嵌，恐再损失，爰立石以述其事，所以记斯石之遭也。

这个拓片上的记载很珍贵，虽然现在没看到原石，但所拓字迹清晰，可以看到此《朱岱林（君山）墓志》的一些遭遇。这里主要记载了此志石的失而复得。其中邑侯吴叔平（即寿光的地方官）起到了追回保存的作用，今尚能见岱林志石，我们自要感念这位清代官员！

《朱岱林墓志》是邑人王化洽在雍正三年（1725）于田刘（田柳）庄神祠内发现的，王化洽在其拓朱君山墓志的跋中说："望案石宝光隐隐，问水老僧，涤尘积，刮剔浊垢填朱，曜目如新，乃高齐朱君山墓志铭也。"据说他把拓本拿到京师，当时之硕儒大兴黄叔琳（1672—1756）等人鉴赏，给予较高评价。王化洽是寿光营里人，而我曾翻家存族谱，这个王化洽似是我的远祖。我们家族后徙居后疃村，与营里王氏有宗序关系，同是明末自河南之安阳迁至寿光的。今为探青州、寿光朱氏墓志，而得悉朱岱林志之发现与吾先祖有关，在细绎志石拓片时亦有良多之感慨。

最后还要赘述两个问题，一个是朱氏志，传都说他们是乐陵人，所以有人觉得这个乐陵属沧州，与青州无涉，也有人说那时有两个乐陵。其实北朝时行政区划屡有更变，乐陵郡就是一个，归属的州有变化，所辖地域或有广狭，但大致都是乐陵、阳信、厌次、湿沃诸县地。所以现在说朱氏一族是青州人没什么大问题。

再一个问题是，《朱岱林墓志》上说，"志"的部分是岱林之子朱敬修写的，"铭"的部分是朱元旭之子朱敬范写的。这种两人同写墓志铭的做法也是北魏就有的一种做法。2002年在河南郑州出土的《魏故郑使君夫人李氏讳晖仪墓志铭》上就写着："哀嗣（郑）伯猷等，搦摽永慕，穷叫靡追，贪及余喘，略撰遗行。然书不尽言，无能万一。友人中书侍郎巨鹿魏收，虽年在雁行，而义均同志，后来之美，领袖辞人。托其为铭，式传不朽。"这是说这方墓志"志"的部分是郑伯猷写的，而"铭"的部分是大史学家《魏书》的作者魏收写的。赵万里《汉魏南北朝墓志集释》引诸家对《朱岱林墓志》的述论中，多言此志、铭分为两个人撰写仅见于此志，那时或许是，于今看来似非是了。

这次青州、寿光之行，原本只想看看新近出土的《朱绪墓志》，但天不遂人愿，到现在也不知道此志得而复失之原因，亦不知何时能看到它再现人间。在寿光看了《记朱公墓志石》的拓片，真是希望能有一位像吴叔平那样的官员把那方《朱绪墓志》找回来放在青州博物院，让他们朱氏父子的志石并列于观展人们的面前，此亦无量之功德也！

2017 年 10 月 11 日记于青州

2020 年末修订

【补记】

2020 年 5 月 27 日，自京往山东寿光故里，下午在市博物馆由袁馆长接待看《朱岱林墓志》原石，以往几次到这里都因为种种原因没有看到。石在馆中一库房内，横卧地上，石上字已多泐损，然亦可窥见志文的仿佛大概。袁馆长说现在拓的拓片已经很不清楚了，这个上次我来时看过，已甚模糊。当时他们想用馆藏的清拓剪本复制一个志石，然后再拓一张整纸的拓片，我问袁馆长复制品怎么样了？他说没成功，因为很难找到如意的刻工，遂寝其事。

上几次来馆里还看过《记朱公墓志石》的拓片，这次也预约了看原石，但原石不在馆中，说是在原文化局的大院儿里。我们到了文化局的大院子，这里堆满了杂物，几乎没有插足之处，我们很费力地才挤进身看到那块光绪年间的碑石，这上面记载着《朱岱林墓志》失而复得的经过，是一个很感人的古代文物保护的故事，在这样一个逼仄的状态下看这块碑、读这块碑、拍照这块碑，心情很是复杂。石上记载的故事是当时寿光官员对文物的珍惜，如果现在把这碑石与《朱岱林墓志》原志一并展放于博物馆内，可以对今人有一种保护文物、珍爱文物的教育作用。

青州市博物馆访《张攀墓志》的一点奇想

2017年10月12日与研究生任梦璐君在青州市博物馆的石刻馆看《张攀墓志》，志石保存十分完好，字迹清晰，刀口如新，且书法谨正，楷体已很成熟，已无魏碑之欹侧，虽无个性化之明显特征，但还算工稳端庄，颇具楷则。

张攀，史传无载，从志文中看，他做过些本州官职，也做过太守级的地方官，后来到朝中做治书侍御史，是监察类的官，品级虽不很高，但管着对大官们的纠察，所以也让人敬畏。所谓"权门贵戚，避骢于都畿，势家近习，惮绣衣于京辇"。张攀在仕途上正欲大展宏图时，于五十五岁便得病死在治书侍御史的官任上。在北齐天保三年（552）葬回青州祖茔。志上没有写张攀的卒年，所以一般都把张攀的葬年作卒年推出他的生卒年限，即北魏太和二十一年至北齐天保三年（497—552）。

为什么说读攀志有一点奇想呢？是因为前此读《魏书·薛虎子传》读到一个叫张攀的人，是下邳太守。薛传上是这样记叙的：

> 沛郡太守邵安、下邳太守张攀咸以赃污，（薛）虎子案之于法。（邵）安等遣弟子上书，诬虎子南通贼虏。高祖（魏孝文帝）曰："此其妄矣，朕度虎子必不然也。"推案果虚。乃下诏曰："……沛郡太守邵安、下邳太守张攀咸以贪惏获罪，各遣弟子诣阙，告刺史虎子纵民通贼，妄称无端。（邵）安宜赐死，（张）攀及子（张）僧保鞭一百，配敦煌。"

那么这个下邳太守张攀和《张攀墓志》的志主张攀是个什么关系

呢？是否同一个人呢？若回答这个问题，首先要从三个方面入手，其次再佐以相关旁证。这三个方面如下所示。

1. 子息情况，下邳太守张攀有子曰僧保，而《张攀墓志》上没有子息之记录。

2. 任职情况，《张攀墓志》中说，张攀"起家本州治中，寻除别驾"，下面就"改授凉州长史，带黄河太守"了，《薛虎子传》中的张攀是下邳太守，后发配敦煌了。《薛传》唯传虎子，自不言张攀事迹之详。《张攀志》中说张攀曾任凉州长史，敦煌是下邳太守张攀的配所，而敦煌郡属凉州，或许下邳太守的张攀遇赦而为凉州长史也未可知呢。

3. 年龄跨度，这是一个很难说清的问题。如果说《攀志》上的张攀和下邳太守的张攀是一个人，那么就要看下邳太守张攀是什么时候被薛虎子制裁并由皇上诏令发配的。薛虎子是徐州刺史，下邳是他下辖之郡，虎子在州十一年，太和十五年（491）卒官，则下邳太守张攀徙配敦煌应在此前。若按《攀志》葬年即其卒年推算，《攀志》之张攀享年五十五，应生在魏太和二十一年（497），那么薛虎子卒于徐州刺史任时他还没出生，自然是差缪甚远！则这两个张攀必不能是一个人。

但为什么我还有一点奇想呢？总想这两个张攀似乎有些关系。这是因为考北魏至北齐清河东武城张氏一族见诸《魏书》的有张彝（460—519）、张谠（400？—474）、张烈（461—538）。《薛虎子传》载下邳太守张攀的儿子叫"僧保"，而《张烈传》载其弟名"僧皓"，以名字中同含"僧"字来设想，下邳太守之张攀或亦清河武城人也未可知，若都是武城人，又都叫张攀，可是为什么年龄上相距那么大呢？

于是我想是否《张攀墓志》上写到的葬年并非他的卒年？因为那

《张攀墓志》原石（局部）

个时期有一些人死后竟至三十、四十年后才葬，他们的墓志上就这么写的，如同在青州出土的《朱绪墓志》写道：

……春秋四十有九，以大魏武定元年（543）六月八日薨于圊祚之里。以大周宣政元年（578）十一月三日葬于云山之朝阳。

则朱绪之卒、葬相距三十余年。而明末出土于寿光的《朱岱林墓志》上记着岱林死在普泰元年（531），大齐武平二年（571）葬，卒、葬相距四十年。当时比较正规的书写格式应如《张洁墓志》的写法：

……以大齐武平元年四月二十一日卒于东阳，时年五十二。以武平三年三月十八日窆于尧山之阳。

乘作輔康歌封國銘若偉于久仴乆道纴

懿翩入朝宣繩憲貳權門貴儬匯聽馬於都幾勢家近

京革倣桓果山歌董鮑息頌功績不殊身名何畏君志

崔片拓於寸刃方磨青穹以根羽躍倉海而激鮮天道

及春秋五十五遘病終於官民水其權豈不弥怏鳴呼

保三年三月五日薨於石屋山里松岁千夫玉碎連城

美山亭其辭曰電繞摛光繁結載昌流祚無壇羨師帝唐級峗崌嶁綿應亙

漢魏增芳乃祖援千建旆徐方自兹己降世柱珪璋高曾祖祢玉閏

廉爵績著名楊於昭夫子克擢先堂羨初禪升耀纓周行如鴻欲衝

分來流詠憲威強逸融方殞永讚時廉道於世俗遠隨朝霜卜

龗長泷露懷人咽松霧蒼莅白日暫昭玄夜未央武銘泉咚

《张攀墓志》拓片（局部）

驃騎將軍左光祿大夫治書侍御史張君墓誌

君諱攀字子業清河武城人先景雲作瑞樞電檢祥慶

列宿以道承家資靈命氏師堯巢禹應夏逾商礪帶周□

公侯卿相代彼天工夫牒巴詳可得從略五世祖純純□

不競罪業縱旒五諱錯崎九州幅裂爰目奠壞來適天□

盖惟壁地以既來遷迹限燕政義均援手倪從潓邑純□

鎮徐方東竇聖九棘蕉尸樞容海城藉賴寶有力爲曾□

守祖靈宇本州別駕並宋世通題父住祖魏本州治中尋□

包歸仁君念靈誕篔資神啓旁蘭桂生而自茷珪璋挺□

緝武行仁勤德器号時英聲隆倍儁起家本州治中尋□

謹端流稱清遠政授涼州長史帶黄河太守丰高秩下□

《张攀墓志》则是这样写的：

……天道不吊，云亡奄及，春秋五十五遘病终于官。良木其摧，岂不□悴。呜呼哀哉！以齐天宝三年三月五日堅于石屋山里……

会勘上述诸例，《张攀志》只写了葬年和享年，没写卒年，那就没有可能他是卒后十几或几十年才葬的。如果是这样，这个张攀和下邳太守那个张攀就有可能因为这个卒、葬之年的差距而在年龄上稍能接近，有可能就是一个人。

接下来的问题就是《张攀志》中没有写在下邳的履职，这有可能是墓志不欲书其短，所谓为尊者讳，也是一种"谀墓"做法。至于为什么没有子息之记录，则或许是发配敦煌后其子息折殇或志上根本就没写后人也未可知呢！

史传阙如，资料短缺，并不能确证此"攀"即彼"攀"，但又有些可说之处，所以也只能算个奇想。

如果没有这点"奇想"，《张攀墓志》的文献价值也无甚可说。如果能有更多的史料再现人间，能够证明两个张攀是一个人，那就有的可说了。比如撰写墓志是对墓主人履历的选择性书写，把不利于墓主的事迹虚写或不写。比如张攀这个人在《薛虎子传》中只做一个反面形象出现以衬托薛虎子的"反腐"有功，并没有这个人的延续性记述，而《张攀志》却补足了这个人物的整体形象。且《薛虎子传》中叙述邵安、张攀犯了同等贪赃枉法的罪，也同是派遣子弟往京城诬告虎子，但为什么邵安就得死，而张攀就发配敦煌呢？因此不同的对待，我们也可以设想这个张攀在敦煌配所有可能被宽大，后来任了凉州长史，并一路回到内地，又进入中央监察机构。枉法的人后来又去监察枉法，这不是很有意思吗？其实这类事在古代并不是不可能。当然，这只是建立在一个奇想之上的推测，如果我们知道《张攀志》之张攀卒在哪一年，又正好合上下邳太守张攀的年龄，这个设想与推测，或许还有点继续求证的价值。

《张攀墓志》的书法在书法史上的价值当然是很有意义的。北齐留下来的石刻书法本不太多，但是青州市博物馆竟存有两方北齐刊刻的志石，除了这件《张攀墓志》，还有一件《崔颙墓志》，是天保四年刊的，比《张攀墓志》晚一年。但《崔颙墓志》看起来还是"骨气洞达"的汉魏风范，仍是通脱开张，让人看着大气。《张攀墓志》就秀逸了很多，虽然是同时期同地域的东西。当然，同期同地的书刻会有相近的书写习惯的表现，但在书法"转型期"因书刻者不同，风格上或许容易出现一些差异。所以很难说这个时期的书法就一定是有了什么代表性的形态或突破，只能说这个时期的风格还是敞开的，还是可能因某种书刻方式的探试而在各显其能。它们都是结构上已具备了楷体，但并不趋同，还是风格多面，各有其一己之家法，这也正是北朝书法的那种"多种声音，一个世界"的多元共存之时代特色。细绎书法史，这种现象并不多有，即便是同时代的南朝，也是"同"的力量大于"异"。其实这种多元共存，各善其长，才是艺术创造力的自然真实之体现，可是在大一统观念的覆盖之下，"百家争鸣""百花齐放"不过就是一个梦想。北朝之所以能"实现"这个梦想，就是因为在书法方面，还没有或说还没有来得及在政治与文化上用"一统"去覆盖罢了。

2017 年 10 月 12 日写于青州

河北访碑录

明知交臂亦失的一次碑石的寻访

——赵县访《李宪墓志》及其他

近读北朝史，至崔浩与李顺大族间的政治纠葛，又读至李顺孙李宪被杀，实觉蹊跷。《魏书》卷三十六《李宪传》曰：

（孝昌）二年（526），萧衍遣其平北将军元树、右卫将军胡龙牙、护军将军夏侯亶等来寇寿阳。树等从下蔡军于城之东北，亶从黎浆而屯于城南。宪谓不先破元树等，则夏侯亶无由可克，乃遣子长钧率众逆战。军败，长钧见执。树等乘之，宪力屈，以城降。因求还国，衍听归。既至，敕付廷尉。三年秋，宪女婿安乐王鉴据相州反。灵太后谓鉴心怀劫胁，遂诏赐宪死，时年五十八。永熙中，赠使持节、侍中、都督定冀相殷四州诸军事、骠骑大将军、仪同三司、尚书令、定州刺史，谥曰文静。

这是说，因为李宪在与萧梁的一次战役中失败投降，后来让萧衍放还。败兵之将又是投降敌国被放回来的，自然是有罪的，所以被"敕付廷尉"关押起来，这都是情理中的事。当时没说治什么罪名，但一年后却把他杀了，罪名是他女婿反了。女婿反叛，老丈人伏法，用现在的话说，那个安乐王元鉴也算个"坑爹"的主儿了。我们看《李宪墓志》的拓片，那上面写着"第四女季嫔，适司空公安乐王（下残）铨，"赵万里认为所残三字为"元鉴父"，全句应该是"安乐王元鉴，父铨……"。元鉴是李宪的女婿，可元鉴是个叛臣，一般也应回避不书，我们翻阅《魏书·李宪传》就知道了，后来元鉴虽然被杀，可到了孝

《李宪墓志》拓片（局部）

庄帝初年给他恢复名誉了，而且赐官司空，从李宪的志上看，他写上元鉴，并写上"司空"，一是说明元鉴平反了，自然写入墓志没问题了，同时也可以说明这个墓志是在元鉴恢复名誉并有了赐官之后才作的；而李宪下葬则是十年后元象元年（538）的事了，墓志如是说。

　　从传上看，李宪的儿子长钧被俘过，李宪投降过，放还后拘押起来，就是论罪，可能也应该是罪不至死，可是女婿谋反了，受了牵连，两罪并罚，他就被赐死了。这说起来总觉得量刑太重了点儿，是不是还有说不出来的理由杀了李宪呢？

　　还好，有个《李宪墓志》可看，闻《李宪墓志》清朝同治间在河北出土，打听后得知尚在赵县文管所保存，因拟往观此志之原石。然几经联系，均不能获允，据云此志在文管所地库，从未有"外人"进入。经与国家文物局、河北省文物局几回协商，均因文物保管律绳所约而不能如愿亲见原石。但可以让我看他们拍的原石照片，此亦网开一面（尽管我一直没有看到原石的拍照），也让我能知此石确实仍在人间。

　　现在《李宪墓志》可在赵万里《汉魏南北朝墓志集释》中看到拓片，于赵超《汉魏南北朝墓志汇编》第 328 页可见该志释文。

　　此志是清同治年间出土的，能保存到现在，实属不易。《李宪墓志》出于赵县封斯村，一说段村，而赞皇县是李氏祖茔地，在那里李宪子李希宗、李希礼墓志晚近亦出土，又一子李骞，亦名李希骞者，其墓志亦被盗出，现流落民间不知存在何处，只有《东方艺术》杂志有人为此志写跋，谓之于友人处得见。未知此"友人"究属何氏？河北省文物局博物馆处处长李宝才先生屡问我知不知道李骞志在谁手，我自不知，但也说明大家都很关注此志去向。此志拓片在叶炜、刘秀峰主编《墨香阁藏北朝墓志》（上海古籍出版社，2016 年）中可见，其中也可给出许多史料供吾人参考。今李宪父子墓志可知者总有四方，若都能由博物馆收藏自是好事，当然若能提供观看并进行研究更是求之不得。当下博物馆管理律规谨严自是应该，但能有一个对研究者开放的"绿色通道"就更好。吾华文物众多，保护自是第一位的，但保护不是唯一目的，利用才是更重要的，如果只是藏之深闺不见天日，则在其出土之后亦如复入土中，王静安所谓可利用之地下文献又将无利用之途也！

　　2017 年 5 月 8 日上午 9 时由北京出发向石家庄，车上又读毛汉光先生《北魏东魏北齐之核心集团与核心区》一文，未读一半即已到石家庄，下午受邀做讲座，完毕后准备明天去赵县、赞皇……

晚饭在藁城"海马大酒店"用餐，老板是我的一个表亲，这里酒肴菜品一应俱全，没有明显的菜系，只是家常风味。然而吃着你会有两个"一塌糊涂"的感觉，即这饭菜便宜得一塌糊涂，好吃得一塌糊涂！

想千余年前，赵郡李氏也是这一方土地上的高门大户，竟能吃得这种饭菜否？这次来河北，实际上要看的是赵郡李氏家族相关的一些遗存。李宪一支就在此地生活，祖茔亦尚在，今晚在藁城海马酒店把酒言欢，亦将明日访李氏墓一事作了计划。这一顿饭也多蒙酒店老板精心布置，其中或有一点为我心中所想的意思，就是先遥祭李氏宗族，但愿明天我能看到李宪及其子希宗、希礼旧茔，亦能看到唐相李德裕墓。如有可能，或在元氏县还能看到李氏远祖李左车墓的遗存也未可知也！

5月9日上午驱车去赞皇县的南邢郭村，经高邑县城，很洁净，梦珍告我此县甚小，人或云"一条大街八个灯，一个喇叭全县听"。但这个县城也真是"虽小犹好"！很快进入赞皇县界，也很快就到了南邢郭村。

打听了半天，才找到李氏墓群，当地人叫"五疙瘩"，但现在只能看到三个大土堆，没在一片麦田里。倒是有河北省立在那的一个碑，标示着这是李氏墓群，是省重点文物保护单位，但是看不出任何保护的绩效。

在田边与一位高姓青年问起墓群的状况，他却一再说你们曝曝光吧，这里简直没有任何有效的保护措施，虽有一两处摄像头装在电线杆上，也都形同虚设。他同我们讲，前些年墓前还有点石人石马，后来都让人弄走了；大疙瘩周围，平地上也有人来盗挖。我也看到东侧或是李希礼墓上的盗洞。

我问他政府没有委托他们看护吗？他说没有，他们只是凭良心护着，但有时真的是防不胜防！我问他知道不知道这里埋的是谁？他摇摇头。我问他知道"李宪"吗？他仍是摇头。其实人或谓这里的李宪墓并非真身墓，真墓在赵县高村乡的段村村东，也就是文献中说的封斯村。我问他知道附近还有一座李德裕的墓吗？他说东北方向还有一个"单疙瘩"，不知是否是你说的那个墓。

我们按小高指的方向去找那个"单疙瘩"，在路边问了一个老人，他说你们若是正经事我就告诉你，梦珍指指我说，北京来的教授，做研究的，想看看。他才说你们走过了，向回走看到一棵大梧桐树就是了，什么东西都没有了。我们返回在路边看到一棵大梧桐，以为就是了，还拍了若干照片，可是总觉得不对，连个土包也没有。我曾在资料上看过是有个土堆的，且刚才那位农民青年小高也说有个"单疙瘩"，怎么成了一块平地呢？而刚才那位老人明明说什么也没有了，怎么回事呢。结果再向回走问了一位浇水的农民，他竟像躲瘟疫似的跑向一边，边跑边说他不知道。结果我们往南看竟看到一个大土堆隐在一片树林里，跑过去才看到确实和刚在南邢郭村见到的三个土堆相同的一堆聚土，这就是所谓的"单疙瘩"了，这就是唐代"牛李党争"的代表人物李德裕的坟茔吗？

这里连一个文物保护单位的标牌都没有，真的是十分孤漠，十分凄凉！可是想想刚才那位老人的言语与那位浇地农民的躲闪，忽然觉得他们是把我们当作盗墓的了，至少没把我们当好人看。他们这也是一种保护啊，尽管无力，但他们不愿意有外人对这里的历史遗存有任何伤害，我于是暗暗对他们心生一份敬意。我和梦珍说，这里真是让人看不下去了，也看不出什么东西了，趁着时间还早，咱们去看看元氏县的李左车墓吧。结果到了元氏县北褚镇北褚村，更令人失望，那里是一片麦地，什么也没有。

　　我们问一个干活的农民：“这是李左车（chē）墓吗？”他说："李左车（jū）吧！""哪还有墓啊！"这里还读"车"若"居"。我幼时听京剧《淮河营》有句词儿是"左手拉住了李左车，右手再把那栾布拉"。"车"是读"chē"的。当地人读"jū"，应该是古来如此。《后汉书集解》卫飒传引王伯厚云："古车本音居，至《说文》有尺遮之音，乃至后汉而转其声。"可见当地人读"居"音、我们读"尺遮"音，都不算错。那位农民说，十年前这里尚有一些神道旧物，是一些石像，后来都不知被谁弄走了。他说原来这地头上还有一块政府立的李左车墓的碑牌，现在也不知弄哪去了。他还说，这李左车墓好几个地方都有，这里是真的吗？我同他说，史料载李左车是生在元氏北褚的，我在元氏志中看到的一些描述，觉得在这个地方的可能性挺大，但我也不能确定。元氏县应是李氏远祖所居之地，史谓李左车生在元氏北褚村，此在《元氏县志（同治）》中有记载，或非无据。据称，现在元氏县的百余村中有李姓后裔，他们或称东祖之后，或称西祖之后，至今李氏仍为元氏县第一大姓。于是我总觉得这位韩信也挺佩服赵国谋臣李左车，又被认为是赵郡李氏的祖先，他的墓在这里还是有些道理说得过去。

　　离开那片也曾有些李左车墓遗物的广阔麦田，我坐在车里就想，我们的文物保护工作真是太过粗糙，就连政府树在这里的碑牌没有了也没人来管，还谈什么保护？或许我们历史上的人物太多太多，已经多得让我们不暇顾念太多太细了？怎么想也说不过去啊！原本还想探问一下关于赵国大将李牧的事情，他也是元氏县人，《北史》上记着："赵郡李氏，出自赵将武安君牧。当楚汉之际，广武君左车则其先也。"有史可依，查无实处，望着那一片麦田也再无心绪，比李牧年代近的李左车都只是个传说，李牧就更不会有什么遗存可看了。

　　离开北褚村，我们前往赵县，明知道赵县文管所不会让我们看李宪墓志的原石，我还是想去看看这个放着原石的地方。午饭时我们进了赵县，在一家据说评价不错的驴肉馆外的树荫下，支起一方小桌，要了一盘上好的驴肉，还有一盘当地特色的"焖子"，外加几个小菜，洒上几碗啤酒便用了一顿挺实在的午餐。其间梦珍想联系去文管所看看，哪怕碰钉子，但迟迟联系不上他的朋友。在等朋友回电话期间，我们去看了在街中心的宋朝铁塔，又匆匆转了一下柏林禅寺，这是汉献帝建安年间建的，据说唐初玄奘法师西天取经前曾在这寺中修行过，这也是座千年名刹了！梦珍的朋友回复，说不要去文管所了，他可以介绍一位行家给我们看《李宪墓志》的拓片，我自然也很高兴，既然不能看原石，不得已求其次，看看拓片也好，因为在赵万里的《汉魏南北朝墓志集释》中，《李宪墓志》拓片缩印在那里很是看不清楚。在梦珍朋友的朋友家，看到了拓片，真是挺清楚，拓工尤好。保藏者吴先生不无夸耀地说他这幅精拓世间少有！

　　5月10日上午去省博物馆，馆在市里，占地甚大，闻之社会车辆不能在内停车，未知何故，博物馆本是向社会开放的，不让人家停车，本就是拒人于门外。又闻电视等媒体曾经批评，但并无任何作用。于是我想到我们的博物馆真是没有太考虑大众，博物馆的价值先就失去大半了。我是本知道在省博是不能看到我所欲见之李氏姻亲崔昂等墓志的，因为它并不展览，则必是锁于库中，库门深似海，外人是极不易进的，所以我只有等待机会履行程序再去看了。在这里只看了中山靖王墓的出土文物，还有古中山国的文物，又看到了北朝壁画展，看到如如公主，及高氏几个墓中的壁画，真的很精彩。这座省博物馆给我好印象的是：一、硬件设施非常好；二、有一些志愿讲解员安排在那里随时为观众讲解，比过去所设专门讲解员好在不刻板；三是这里的纪念品商店还好，一些纪念品虽价格不菲，但总是自家特色。

下午去隆兴寺，主要去看《李公碑》，这个原在元氏县开业寺中的《李公碑》是唐高宗开耀二年（682）李公后人立的，1965 年移至隆兴寺。在寺中我先去看了《龙藏寺碑》，这是隋代名碑，是开府长史兼行参军张公礼撰文，究为谁书，尚无定谳。

问了很多人，都不知道这寺里还有《李公碑》，最后在一大殿里问一工作人员，他也说不知道，我们才待离去自己寻找，他忽然问，是从元氏运来的那块碑不？我甚喜，大声答曰是。他便指点在寺东北角一座碑楼里的便是。我们自是喜出望外，跑到那碑楼处，果然有说明牌上写着"李公碑"。入内看碑，大部漫漶不清，先前曾见过该碑图片，虽然当时这碑还没有被碑楼护起来，但碑上的字迹还是颇完整清晰的，怎么眼前这碑就那么地模糊？不过在几行能看出笔画的字上看，这碑的书法功力极好，似与《龙藏寺碑》相近。

在《李公碑》上可见："公讳裔，字微伯，赵郡元氏人也。"这个李裔，是赵郡李氏西祖房李劲的第六代孙，和我们要访看的《李宪墓志》之志主李宪应算一辈人，不过李宪他们是东祖房一支。尽管李氏诸房都在赵郡（或古常山郡），但李宪一支或移至赵县南的平棘，而李裔一支仍在元氏县。这个李裔《魏书》《北史》均有传，传记稍简略，《李

《李公碑》碑楼

公碑》中说的礼佛的事很多，他的玄孙李崇哲也是从礼佛方面为其先祖立碑，碑文是李崇哲的从侄李尚一写的，李尚一是李义的哥哥，《旧唐书》有《李义传》记载："兄尚一，清源尉，早卒。"那这通碑的碑文应该是出自一个年轻人的手笔。李裔有两个儿子，一个是李子旦，即上面提到的李崇哲的曾祖父；一个是李子雄（《隋书》作李雄）。李雄《隋书》有传，在那个周隋之际的动荡时期，他弃文习武，跟着北周太祖，是一员虎将。北周与北齐的邙山之战，北周军队被北齐的美男子将军兰陵王高长恭打得落花流水，独独李雄的部队无伤。隋朝建立后，李雄也很受隋文帝赏识，晋王杨广镇并州，隋文帝特意让李雄辅佐，传中有一段记载曰：

　　晋王广出镇并州,以雄为河北行台兵部尚书。上（隋文帝）谓雄曰:
"吾儿既少,更事未多,以卿兼文武才,今推诚相委,吾无北顾之忧矣。"
雄顿首而言曰:"陛下不以臣之不肖,寄臣以重任。臣虽愚固,心非木石,
谨当竭诚效命,以答鸿恩。"歔欷流涕,上慰谕而遣之。雄当官正直,
侃然有不可犯之色,王（杨广）甚敬惮,吏民称焉。

　　《隋书》上说李雄是赵郡高邑人,也是元氏一系。

　　元氏县,是赵国公子元的封地,汉置县,属常山郡,两汉之常山
太守均在元氏县办公。后汉明帝生于元氏县,帝纪云:"世祖光武皇
帝建武四年（28）,光武北征彭宠,阴后从行,生孝明帝于元氏传舍。"
后来元氏县、常山郡的官吏常以明帝出生地为由请求朝廷免租税。[1]

　　元氏县,北齐废县或并入平棘,故当时凡元氏人均称为赵郡平棘
人。《魏书》载李灵为赵郡人,而书其从父弟李顺则曰赵郡平棘人,
李灵虽不书县,亦当时元氏并入平棘的人,与李顺无异。其实李顺也
应是元氏一支,云其"平棘人",或谓其父李系曾为平棘令,因谓李
顺为平棘人,似觉牵强。今往赞皇县看赵郡李氏墓群,赞皇、高邑、
元氏诸县比邻,则《北史》称李子雄为平棘人,《隋书》称李雄为高
邑人,实"子雄"与"雄"为一人。则一说平棘、一说高邑,或皆一
处也,都在常山郡辖区,故赵郡李氏,亦有称"常山李氏"者也。[2]

　　关于赵郡李氏,亦说平棘人,亦说居柏仁（人）,其地均在现河
北邢台市的隆尧县。柏仁（人）即隆尧县,平棘属焉。说起柏仁,原

---

[1]　王自尊《元氏碑记》中记有明帝诏书。见《石刻史料新编》第三辑,第二十四册,
台湾新文丰出版社,1986年。

[2]　参见杨夕群《赵郡李氏分支——常山李氏始居元氏考》,作者为元氏县地方志办公
室编辑。

名柏人，还有个典故，即汉高祖尝自平城过赵，赵之贯高曾欲胁持高祖，高祖问此地何名，答曰"柏人"，曰："柏人者，迫于人也！"因去而弗宿。据《元和郡县图志》，后魏（即北魏）改"人"为"仁"。隋文帝时属巨鹿郡，炀帝时改属赵州，至唐玄宗天宝元年改称为尧山县，当即今之隆尧县也。《元和郡县图志》说到赵州（亦赵郡）时云："汉为常山郡平棘县地。"其面积为"东西二百五十里，南北一百一十七里"。所辖九县，曰："平棘、元氏、临城、柏乡、高邑、赞皇、昭庆、宁晋、栾城。"这也正是赵氏大家族各分支所居住的范围。元和志还有相关李氏的记载：

李左车墓，县西南七里。

赵君李氏旧宅，在县西南二十里。即后汉、魏以来山东旧族也，亦谓之"三巷李家"，云东祖居巷之东，南祖居巷之南，西祖居巷之西。亦曰"三祖宅巷"也。三祖李氏，亦有地属高邑县。

封斯村者，李氏旧茔多在封斯。

民国牛宝善著《柏乡金石志》记："李宪墓志载，李宪柏乡人，官北魏大将军，卒葬赵州城西段村村东。清同治八年村人掘土见此墓志……此墓志铭系一方石，约长二尺有半，厚一尺余。"[1] 这就是知其在赵县而不得观的《李宪墓志》，只有以后再寻机缘去看了。所以，这次河北之行，就是一次明知与《李宪墓志》失之交臂还是去了的访碑经历。

2017 年 5 月 10 日写于河北石家庄

---

① 《石刻史料新编》第三辑，第二十五册，台湾新文丰出版社，1986 年。

凡三顾乃见的《李宪墓志》

　　说起《李宪墓志》，我已于 2017 年 5 月去赵县欲观此志石而未遂愿，12 月，又经河北经贸大学人文学院院长张金桐教授引荐，信誓旦旦说可以按程序见到墓志原石，18 号我匆匆买好车票往石家庄，转宿藁城，第二天往赵县，可还是没能见到志石，据说是因为手续不完备而不能得见。不得已只好去赵县段村访看李宪墓。车在一麦田边上停下，看到一个大土堆，说是李宪墓，我和金桐院长、梦珍队长一起围着土堆转了一圈也没有看到任何标志，也不知这是否是李宪墓，后来我在土堆背阴处的一个角落发现了被砸毁的河北省文物保护的碑牌，上书"李宪墓"，才能确知这即我们要看的李墓封土。当时我在笔记里写下几句话：

　　想想这种保护，连文物保护的石牌都弃毁于墓侧，这又是什么保护呢？而李宪墓志是被保护了，可就是不让人看，说起这我和张院长与梦珍唏嘘不已。看来与李宪墓志石尚无缘见，待第三次来或许有望见到耶？（2017 年 12 月 19 日）

　　2018 年 8 月 17 号，与研究生陈越君驱车往石家庄，第三次奔《李宪墓志》去，希望这次不会再白跑一趟。老天保佑，贵人相助，让我们如愿以偿，在赵县文管所看到了《李宪墓志》。想想以前读赵万里先生《汉魏南北朝墓志集释》，云：

　　《李宪墓志》，志高 90.5 厘米。四十七行，行四十七字。正书。出赵县，移置县署，今不知存否？

　　赵先生著书时不知此志尚在人间否，而今知此志尚在，存赵县文物管理部门，只不过不易得见也。今竟能见到，一是仗着我的执着，更重要的是有河北省专业部门的支持。

　　说到李宪，他是北魏时期的官员，是赵郡李氏东房祖李叡六世孙，是李顺的孙子，李顺、李宪祖孙于《魏书》《北史》都记在同一传中。

　　按：志称李宪长子希远妻广平宋氏，孙祖牧，祖牧女阿范。与《魏书》李宪传"希远子祖悛"异。而《北齐书·魏收传》云："安德王延宗纳赵郡李祖收女为妃。后帝幸李宅宴，而妃母宋氏荐二石榴于帝前。"则"收"与"牧"形近，当依志作"牧"，而《魏书·李宪传》作"祖悛"，或非是。志之拓片"孙祖牧，字翁伯"，字迹清晰，我们这次特别观看原石，此处亦是"祖牧"，清晰可见。而"祖牧""翁伯"，名、字相偕，"祖"可对"翁"，而"牧"可对"伯"也。

　　又，志云"第四女季嫔，适司空公安乐王（下残）铨"，赵万里认为所残三字为"元鉴父"，全句应该是"安乐王元鉴，父铨"，志文所残缺的字，都是因为原石左下角有一块残缺，这次我们在原石处特别对照了一些所缺字的位置。

　　李宪志后半部分将其子孙及姻亲罗列不厌，再结合后来出土李氏子孙的墓志，赵县李宪一支的家族关系基本可窥全貌，这是墓志较史传记录更详细的地方。这个墓志上说到元鉴时，是"司空公"，这是因为元鉴死后朝廷给他平了反，在庄帝初给他恢复了爵位，又赠了"司空"，既然志上写了"司空"，志文一定是作于庄帝初元鉴得到司空的赠官之后。北魏孝庄帝元子攸建义元年做皇帝之初，是公元 528 年，他也就做了三年的龙廷，所以赠元鉴司空，应该就在建义元年，此距李宪被赐死有两年时间。同时，志石亦可与史传互勘而厘定一些史实，此志石之文献价值也！

　　读《魏书》《北史》的李宪传，有两处未若志石记录之详，一是他的一些任职，志中特标其年龄而传中不记；二是他的家族子孙记录甚详，而传中稍疏略。以子孙记录为例，传中记："子希远……希远兄长钧，……希远第二弟希宗……希宗弟希仁……希仁弟骞……骞弟希礼。……希远庶长兄长剑……"而志中与此有异者二，一是长子即希远，下面才是长钧、希宗等，而未书"庶长兄长剑"。传中记到"长钧"时说"希远兄长均"，记到希宗时说"希远第二弟"。而志中记长钧前只冠一"子"字。希远是"长子"，希宗是"第二子"，骞是"第四子"，希礼是"第五子"。揆之传中记"希远庶长兄长剑"，《魏书》校勘记认为长剑、长钧实为一人。（《越缦堂文集》卷七跋《李宪墓志》，《八琼室金文补证》卷八十一亦主长钧、长剑实为一人）则"长钧"是庶子，依《传》，则长钧是希远之兄；依《志》，则长钧排在希远之后，唯书"子长钧"，而他子均书排序如"长子""第二子""第三子"云云。则长钧为庶子无疑，但他是比希远大还是比希远小，一时难定。因为传中明言"希远兄长钧"，《魏书》著者魏收是李宪四公子李骞"亲友"，谅不至误记，而《志》中只言"子"未排序，虽在希远之下，未必较其年幼，或从正庶考虑，把希远列在前头书为"长子"，是嫡长子也。罗振玉先生亦考之曰，长钧乃宪庶长子，故碑列在长子之后，次子之前。（《雪堂金石文字跋尾三》）这个"长钧"，就是《李宪传》中说的"乃遣子长钧率众逆战。军败，长钧见执"的那个人，当时李宪是把这个儿子派遣到战场上御敌的，结果他兵败被俘了，后来李宪也投降了。应该是李宪请求梁主萧衍放还时，他们父子一同回了北魏的吧。

　　《志》中李宪履历初常书年龄，如"年十有二，为秘书内小……""年

諜陽万邸無已作鎮陵輔式過艱虜加安西將軍岑

而外朝迁乃卷東顧曰吴忩浪曰公爲征東將軍長蛇蒋食憑陵清

兼诔□□時而功秊世出尋除使持節都督楊州諸軍事征東將軍東討都督清

人雅抱风襟義而還之乃盤水挈缨曰子拘司敗雖人生而積勢若

器局峻昭窮不改己其節风雨無易其音耕道狷德异人生而藉萋而

易移淹爲忠昭圓□御己都督定豫從政故曰德秀生民聲動天下四日而

陵乃贈使持節忠鄉動夢歸本成礼越曰元爲元秊十二月廿四日

徽範貽託思世其铭曰

巖巖秀嶺造浩豊原既稱世禄亦号儒門揚风上緒揩羑来昆

費非齒而尊捨爵而賞藝貫鄒鲁聲傳梁魏摶风上摶风上遹戾道言

《李宪墓志》拓片（局部）

故使持節侍中都督定冀四州諸軍事驃騎大將軍定

諱德字仲朝趙國柏仁人也自姬水開原商工肇構或后咸

葉布而彌芳大文太尉宣公位隆庶尹功高列辟故已流芳

存舊老公稟川嶽之秀氣資展曼之乃靈琬琰積而成德成

方軫忘身慕程嬰之高範懷李善之忠節恩斯朝我同舉偉器

明行成規矩業備香韓辭兼鄭儔落落有千刃之姿堂堂

還興平十有二為秘書內小投刺公卿附鹽街巷等

而不遠本十七繼立為漢陽侯尋除散達侍郎晚德隨郡

自息非及念切閣井始露旦裕終迴白曰乃除巡五嶺親御六師

夏去任復徵為太子中庶子後除驃騎為治而水火兼行亭弘且

徵左尚書左丞復回舜不延後貴臣舊難為治而水火兼行亭弘仍

海微朱遠子摯壟譽於後芳靈壟在日出為使持節都督兗州諸

十七，继立为濮阳侯……"云云，而《传》中不书少年事。《传》中常书皇帝年号事，而《志》中不书。

《志》《传》记叙体例之不同，还表现在对一些相关历史事件书写之异，如李宪父辈被杀及他自己被杀，即有记述之不同。关于李宪父辈被杀事，《志》中仅记"初在庚寅，构家多难"。这当是指皇兴四年其伯父李敷、父李式、叔李奕被杀之事。而该年岁次"庚戌"，此云"庚寅"，或是误书。李宪父辈并被诛，事在显祖皇兴四年（470），《传》中有较详之记载：

（李）敷既见待二世，兄弟亲戚在朝者十有余人。弟（李）奕又有宠于文明（冯）太后。李䜣列其隐罪二十余条，显祖大怒，皇兴四年冬，诛敷兄弟，削（李）顺（李宪祖父）位号为庶人。

这一次显祖献文皇帝拓跋弘一下子杀了李家很多人，李顺一共有四个儿子就有三个并诛于此案。这到底是为什么呢？这个事《传》上说是"李䜣列其隐罪二十余条"，那就是李䜣揭发了李敷。李䜣为什么要揭发李敷？他们虽然都姓李但非一地一族之李，他们原来关系很好，为什么要揭发呢？查《李䜣传》可知，这里面也有人挑唆，实际上也是一个政治阴谋，牵扯到拓跋宏和冯太后的矛盾。冯太后虽为"太后"，但那时还很年轻，政治上是个强人，她对北魏初期政权之巩固功莫大焉。史谓她好男宠，李宪的叔父李奕是冯太后喜欢的，李奕"美容貌，有才艺"，有宠于冯太后。这自然是冯太后让人诟病之处，但似也无关大局。关键是显祖拓跋弘要与冯太后争权，其中一个重要的事是各自削弱对方的"人力资源"。在《李䜣传》中可以看出，李䜣是世祖时就被重用的，到显祖朝更是"既宠于显祖，参决军国大议，兼典选举，权倾内外，百僚莫不曲节以事之"。这自是在李敷兄弟被诛之后的记载，但在此前，李诉的话显祖也确实是很重视的。所以李诉在当时也颇骄矜，甚至贪污，引起百姓告发，但都被李敷遮掩过去了，因为他们从小关系就很好。但李诉为什么又告发李敷呢？《李诉传》上说，因李诉罪重，显祖闻其罪状，便逮捕了他，要"拷劾抵罪"。在此背景下，《李诉传》云：

> 时（李）敷兄弟将见疏斥，有司讽（李）诉以中旨嫌敷兄弟之意，令诉告列敷等隐罪，可得自全。

其实李诉并不想为了自保去揭发李敷，而是"有司"暗示甚至指点他去做。他大概还是做了，虽然传里记得挺模糊，但结果是他罪本应死，却因"纠李敷兄弟，故得降免"，不过配为厮役。不管怎样，李诉的为人总是有问题的，人家李敷为他遮掩，他却为了自保把人家李敷兄弟弄得"并诛之"。可是李诉本不欲这样做，传中说"深所不欲"。可怎么就把原本不欲行的事却行成了？李诉自保之心是个原因，可为什么能让李诉这么干呢？这可能就涉及显祖与冯太后争权的问题了。李诉是显祖看中的人，李敷虽没有明显的"站队"问题，可他弟弟李奕是冯太后的相好啊！再加上他们李家"兄弟亲戚在朝者十余人"，这就是一股势力，统治者对这样的大族势力，不能为我所用，则必欲根除之。这纯粹是政治斗争所致，所以魏收在《魏书·李敷传》中说：

> 敷兄弟敦崇孝义，家门有礼。至于居丧法度，吉凶书记，皆合典则，为北州所称美。既致斯祸，时人叹息之。

李诉固然因条举李敷而免死，后来也过了些好日子，但最终还是让冯太后杀死了，其实他死得也冤。

李宪他们家遭了这些祸，可在墓志上也只写了八个字。他们也不敢细写啊！言多而失，不知何时就会引来灭族之灾！李宪的父辈被冤杀，他的爷爷李顺也可以说是被冤杀，尽管李顺有错误，但罪不至死，可是他裹进了和崔浩的斗争中，崔浩当时红极一时，李顺自不是对手。李顺死后，崔浩也被冤杀，那时汉人大族没有多少是善终的。李宪父祖皆被冤杀，他自己的被杀，也是冤。他爸那辈赶上冯太后，他这辈赶上胡太后（亦称"灵太后"），他死在胡太后的命令中。明面上的原因是他的女婿安乐王元鉴据相州谋反了，作为老丈人的李宪被牵连赐死，志中说：

> 虽蘡蕠异人生，而祸从地出。知与不知，莫不衔涕。

当然，在牵连到元鉴谋反案之前，李宪率部与萧梁的一场战役中，儿子被俘，自己投降，后来被梁朝放还，自然也要伏法。但是这件事，《传》和《志》的记载方式也不同。《传》曰：

> （孝昌）二年，萧衍遣其平北将军元树、右卫将军胡龙牙、护军将军夏侯亶等来寇寿阳……宪谓不先破元树等，则夏侯亶无由可克，乃遣子长钧率众逆战。军败，长钧见执。树等乘之，宪力屈，以城降。因求还国，（萧）衍听归。既至，敕付廷尉。

《志》曰：

> 梁氏举吴越之众……国家经营内难，非遑外图，故载离寒暑，而终于沦陷。吴人雅挹风概，义而还之。乃盘水氂缨，自拘司败。

在《志》里，《传》中的"宪力屈，以城降。因求还国，（萧）衍听归"。那种窘态看不到了，只说了个"沦陷"，那可是把"以城降"的"主动"写成被动的破城了。求人家放了自己，写成人家"义而还之"，好像是人家主动地把他送还北朝。同样写一件事，志、传说法，各异其词。

李宪就是投降，也是迫不得已，回来付有司审查也罪不至死。可是女婿反了，依连坐之制，他就这么被牵连在元鉴的谋反案中被灵太后一纸诏书赐死了。但他一定该死吗？也未必然，此前他的父、祖一干人被杀就该死吗？人家清河崔家的崔浩该死吗？可是都被杀掉了，为什么呢？这就牵扯到元魏的统治者对汉人大户的矛盾心态，他们对汉族官僚是又要用，又不放心。这也是出于骨子里的不自信，不自信而有权的人，通常是以高压和恐怖的手段使得人人自危，以此来显示自信、掩饰自卑。

赵州李氏一族，在北魏统治者那里，既是很倚重的世族大户，也是处处提防动辄缴杀的汉族官僚。虽经不断斩杀，但终未灭族，时有鹊起。我们发觉，到了北齐末文林馆中，李家有不少人因有文学才能而入馆待诏。《魏书·李宪传》对李宪是否好文学并无记载，而《李宪志》中却记着"以诗赋为锦绮，用经典为膏腴"的话。北齐后主武平三年（572）设文林馆，北朝大族好经史文学者多为待诏。赵郡李氏李宪一支下，即有李希礼之子李孝贞、李孝基，他们是李宪的孙子。其他还有李德林、李元楷、李骞，皆赵郡李氏族人。

其实李氏一族多在经典文章上用意，此与当时的大户崔、卢两家不同，崔、卢两家还在书法上享名天下。李宪一支，在其父辈，李敷即"性谦恭，加有文学，高宗宠遇之"。李宪父李式也是"学业知名"。李宪叔李奕是"美容貌，有才艺"。李宪的子辈，希远"涉猎书传，有文才"；李骞"博涉经史，文藻富盛"。从《李宪志》上看，李宪亦有文学，因此可见他亦上承父辈而下传子息。若只从传上看，李宪也只有"清粹，善风仪，好学，有器度"这类记载，并未见有学问文章的描述。则志在此可辅史传之不足也！

李宪一生，所历多难。第一难就是刚出生就赶上父亲李式被逮捕，他被人藏匿起来才得免祸。这个在《志》中有记："有客汲口，勇义忘身。"这个姓"汲"的"客"是谁呢？李慈铭考证，引了《魏书·节义传》云：

> 汲固，东郡梁城人也。为兖州从事。刺史李式（按即李宪父）坐事被收，吏民皆送至河上。时（李）式子（李）宪生始满月，式大言于众曰："程婴、杵臼何如人也！"（汲）固曰："今古岂殊。"遂便潜还，不复回顾，径来入城，于式妇闺抱宪归藏之。及捕者收宪，属有一婢产男，母以婢儿授之。事寻泄，固乃携宪逃遁，遇赦始归。宪即为固长育至十余岁，恒呼固夫妇为郎婆。

这简直就是又一出《赵氏孤儿》，搜孤救孤，千余年的重演。所以《志》中说："事切赵孤，获全鲁保。"并赞汲固"慕程婴之高范，怀李善之忠节"。从上引《汲固传》上看，汲固夫妇把李宪养至十余岁。《志》上说"年十有二，为秘书内小"（李慈铭说："即秘书中散，盖当时之俗称。"），应该说李宪在出任秘书中散之前，都是由汲固夫妇养育着。

第二次罹难应该如传上所说在为兖州刺史的永平四年（511）"坐事除名"，以及"后以党附高肇，为御史所劾"。墓志上记云："既尔萋斐内构，瘢疵外成，反顾三河，龙门日远。"语焉不详。此事在《高聪传》中有记：

> 肃宗践祚，以其（高聪）素附高肇，出为幽州刺史，将军如故。寻以高肇之党，与王世义、高绰、李宪、崔楷、兰氛之为中尉元匡所弹，灵太后并特原之。（《肃宗纪》：元匡为中尉在熙平二年）

这次的政治风险还是灵太后帮助解除的。这里面自然有帝党、后党相争的原因。可是第三次风险李宪没躲过去，最后让灵太后把他赐死了。理由如上所说应该是有两个，一个是李宪曾投降梁朝，一个是李宪的女婿元鉴据相州谋反。第二次危机时灵太后是出面"特原之"了，因为那是肃宗孝明帝元诩一派"制造"的危机。《灵太后传》中说她和儿子孝明帝元诩"母子之间，嫌隙屡起"，"肃宗所亲幸者，太后多以事害焉"，这也就如同说，凡是肃宗反对的，太后就拥护；凡是肃宗拥护的，太后就反对。其实当时肃宗就是个小孩子，他与太后之争实际上就是佐命大臣与太后之争。现在根据史料，可以开列一个当时朝廷命官的名单，其中一些微妙关系还是看得出来的。

前说李宪孙辈多文学人才，这是男性，儿孙辈女性则多与皇室结亲。如《北史·李顺传》云："诸房子女，多有才貌，又因昭信后，所以与帝室姻媾重叠。"这里的"昭信后"即北齐文宣皇后李祖娥，她是李希宗之女，李宪之孙女。这是一个很有故事的北朝时期的皇后。北齐高家做皇帝的那几个男人都或多或少、或真或假地跟她有些关系。这是一个美人，也是一个命运多舛的女人，最终在妙胜寺出家。她的侄女李难胜因她的意愿成为她儿子、当时的太子高殷的妃子，结果难胜后来也入了妙胜寺。今存有《高殷妻李难胜墓志》（1978年出土于磁县申庄乡）可参。另据《李骞墓志》，李骞第五弟李希礼的大女儿李□华，也做了□帝的嫔妃（见《墨香阁藏北朝墓志》第87页），但《李希礼墓志》只云"长女字元淑"，未云做帝妃也。[①]

李祖娥是李宪的孙女，史书上未记她的生卒年，但是我们知道她的儿子高殷是天保元年（550）立为太子的，那年他六岁，他是生于东魏孝静帝武定三年（545）。《李宪墓志》上没有李祖娥的名字，至

① 中国文物研究所、河北省文物研究所编《新中国出土墓志》河北卷壹，上册，文物出版社，2004年，第17页。

少李宪死的时候，她还没出生，李宪是北魏孝明帝孝昌三年（527）被赐死的，李祖娥自是生在此后；也有说元象元年作《李宪墓志》时，祖娥可能也没生呢（参见清人李宗莲撰《怀岷精舍金石跋尾》）。祖娥的父亲李希宗是兴和二年（540）死的，祖娥自是生在此前。祖娥嫁给高洋时，李希宗还在世，则其嫁时最迟也要在兴和元年或二年（539—540），李希宗活了40岁，他夫人崔幼妃比他小一岁，他们夫妇有十个孩子，祖娥上有一个姐姐，《魏书》上说，希宗有长子祖升，今从《李宪墓志》上看他是老大，还有一个老二叫祖勋，祖娥的姐姐叫祖猗，志云："孙女祖猗，适安乐……"下面原石残缺了，残缺的四个字李宗莲《怀岷精舍金石跋尾》认为应该是安乐王元鉴之子，全句应为"安乐王鉴子某"，那么祖猗是嫁给了四姑的儿子？可是《资治通鉴》卷一百六十六有一个记载："故魏乐安王元昂，李后之姊婿也。"这个"李后之姊"是不是李祖猗呢？其婿不是"安乐王"而是"乐安王"呀，《李宪墓志》上是"安乐"下泐数字，不是"乐安"。所以《资治通鉴》上说的这个"李后之姊"应该不是李祖猗。李祖猗的丈夫或许就是元鉴之子，而那个乐安王元昂的太太是李祖娥另一个姐姐。但是《北史》上说到李希宗时，谓："文宣帝纳其第二女为皇后。"这话又怎么解释呢？祖娥既是"第二女"，那她上面只会有一个姐姐呀。有没有可能《李宪墓志》的"安乐"是"乐安"之误呢？或《资治通鉴》的"乐安"是"安乐"之误？现在也一时难有定论。只是如果《李宪墓志》不误，那么现在很多地方都说李祖猗的丈夫是元昂这就不对了，因为这个嫁给元昂的是另外一个人，《资治通鉴》自是认为她是祖娥的姐姐，可会不会是妹妹呢？那个元昂会不会是祖娥的"妹婿"而误作了"姊婿"呢？反正不是《资治通鉴》有误，就是《李宪墓志》和《北史》有误。《北

《元昂墓志》拓本（局部）

史》所说"第二女"是否有误？查祖娥母崔幼妃的墓志，说到北齐神
武帝高欢为他第二个儿子娶李希宗和崔幼妃的"第□女"，"第"字后
不知是什么字，泐损得厉害，所以李祖娥到底是李希宗的第几女，还
不好说，那么我们现在到底是依《资治通鉴》还是依《李宪墓志》或《北
史》，一时也无从定谳，在这种情况下，我们还是先以《李宪墓志》"安
乐"为准吧。同时这个乐安王元昂与那个景穆皇帝拓跋晃曾孙的元昂
（494—528）也不是一个人，这个乐安王元昂死于高洋的宫殿上，那
个元昂死于更早一点的"河阴之变"。那个元昂的墓志已出土，2011
年《中国国家博物馆刊》第9期上有胡海帆先生《元昂墓志及北魏阳
平幽王嗣息之探析》一文提到《元昂墓志》近年出于河南洛阳，现藏
河北民间，保存完好，一字未损，刻于北魏孝庄帝永安元年（528）。

　　据今存山西平定县摩崖石刻《李清报德造像碑》可知希宗夫妇生
了十个子女，与李宪一样，都是五男五女。（碑曰："各产子十人，五
男五女，再世如一。"）祖娥是第几个孩子不可知，但《北史》上说她
是李希宗的"第二女"，从《李宪墓志》上看还有一个叫祖猗的孙女，
那时祖娥这个"第二女"可能因为没出生或没出嫁，没有写在她爷爷
的墓志上。看来希宗40岁死的时候，祖娥应该也就10岁左右[1]。从《北
齐书》祖娥传上看，她嫁给高洋时高洋是"太原公"，高洋是武泰元
年（528）生人，李希宗死的时候他也就13岁，如果这门亲事就是希
宗死前结成的，祖娥的年龄大概也应该和她的夫君高洋差不多，再依
李宪终年（527）推算，祖娥应该生在武泰元年（528）或后。需要说
明的是，《李宪墓志》上说元象元年（538）李宪葬归故里，那么志文

---

[1]　参见清人丁绍基撰《求是斋碑跋》。

应该是元象元年写的？那怎么没有孙女祖娥的名字呢？难道是女孩未婚嫁者俱不列名？若如上引李宗莲《怀岷精舍金石跋尾》所说元象元年（538）祖娥尚未生人，这不大可能，如果是这样，就算她生于元象元年，那么她儿子高殷出生时她才七八岁，这说不过去。我们在《李宪传》上看到："永熙中，赠使持节、侍中、都督定冀相殷四州诸军事、骠骑大将军、仪同三司、尚书令、定州刺史，谥曰文静。"以此可以推断，永熙中，李宪平反了，国家又给了他赠官和谥号。"永熙"是北魏最后一个皇帝孝武帝元修的年号，用了两年，为公元532至534年。李宪平反就在这几年中。志文也应该是这个时候写的，因为志文中有这些赠官和谥号，四五年后归葬，镌刻墓志时又加上"越以元象元年十二月廿四日合葬于旧墓……"等字。只不过没把祖娥的名字加上，或许那时祖娥尚在闺中，若她已经嫁给高洋，按道理应该写上她的名字。从这里也可推知，她嫁给高洋，应该是李宪归葬之后的兴和元年（539），因为再过一年她父亲李希宗就死了。

所以，李祖娥应该是在爷爷李宪死后不久出生的，在父亲李希宗死前不久出嫁的。那么再依高殷生年算来，她生高殷的时候应该不到20岁。

李祖娥是个美人，《北齐书》她传上说"容德甚美"，他父亲李希宗也是"仪貌雅丽"（《魏书》希宗传），母亲崔幼妃是"容止端丽""婉淑自然"[1]，祖娥自有父母遗传。但是她命运多舛，高洋对她还真好，尽管高洋对别人十分暴虐。但天保十年（559）高洋死后，她就如入人间地狱了，她的故事可以写部电视剧，此处不遑细述。后来她的两个儿子都死了，又被小叔子武成皇帝高湛百般凌辱，差点被打死，就出

---

[1]　见《齐故博陵郡崔太妃墓志铭》。

家到妙胜寺为尼了，隋朝时放归赵郡故里，那时她也应该是个年近六十岁的老妪了。

现在赵州李氏尚能见到的墓志已出土不少，如《李希宗墓志》及其妻《崔太妃（幼妃）墓志》《李希礼墓志》《李骞墓志》等。而与李家结亲的崔氏、郑氏、邢氏等亦出土了不少李氏姻亲志，约略可知已有如下数种。

《崔昂墓志》，北齐天统二年（566）。

《崔昂妻卢夫人（修娥）墓志》，北齐天保二年（551）殁，天统二年（566）制。

《崔昂后妻郑仲华墓志》，隋开皇八年（588）。

再早一点的《邢伟墓志》，北魏延昌四年（515），邢伟的母亲是赵郡李氏，外祖父李祥，安东将军、定州刺史，平棘献子。李祥是李孝伯之兄，李安世之父；李宪的叔祖。

关系再远一点的《元诞墓志》，东魏天平三年（536）。元诞有妃郑氏，父敬祖，与崔昂后妻郑仲华或为亲姊妹？并郑文恭（道昭）两孙女耶？因郑氏亦与崔昂有亲，崔昂与赵县李氏有亲，则元诞亦与李氏有较远的姻亲关系。元诞以天平三年（536）薨，享年仅22岁，则其生于延昌四年（515），崔昂后妻郑仲华死于隋开皇七年（587），六十六岁，则其生于北魏孝明帝正光元年（520），较元诞小五、六岁，则其姊或妹亦应比元诞小四到八岁耶？其实荥阳郑羲一族与赵县李家早有姻亲关系，郑羲的妻子就是李孝伯之女，也就是说郑道昭的母亲即赵县李氏，是李宪的族姑。

李慈铭说全谢山曾作《历朝人物亲表录》，并说："盖衣冠门地，世为婚姻，亦别流品者所不可不知，故详著之，以资采摭。"①全谢山是清代浙东派著名学者全祖望（1705—1755），他的《历朝人物亲表录》没见过，读来一定很有意思。

此外，与《李宪墓志》及赵郡李家有些关系的还存有一块摩崖石刻文字，即前举在山西平定县石门口村西南金牛山下长国寺内的悬崖上所刻的《李清报德造像碑》。这次我们去赵县看《李宪墓志》之前，先去平定的长国寺，梦珍的朋友刘大兵打听到寺内老和尚生病了，寺门锁起，他请当地朋友约好石门口村的一位老人为我们开门。我们从藁城驱车一个多小时就开进了山西，长国寺就在国道边上，依山建寺，狭长形，我们在寺外等了片刻，那位王姓老者被接来给我们开门。他拄着拐杖，步履还健实，我问他高寿，他说八十岁了，我们对他很感激。他开了锁，把我们引入寺中，门房好像是个歇息的地方，老和尚大概就在这里居住，老人告诉我们老和尚八十一岁了，前此不小心摔了一跤，住医院了。我们到院中，迎面是正殿，虽无名刹的高台广厦，倒也整洁。院内西崖壁上建有碑亭，我们拾级而上就看到了《李清报德碑》，那位王老伯不时地说这是一千五百多年的宝贝。

《李清报德碑》碑高1.5米，宽1.1米，一千三百多字，碑字今已漫漶不清了，幸有拓片可存原貌。这是北齐天保六年（555）刻的，书碑人叫"释仙"，不知其事迹，应该是当时书法很好的僧人，今观是碑，书法真是很好，朴素天然，入大雅之境，难怪《金石萃编》说它"书法高深，为北朝杰作"呢！碑成于北齐天保六年（555），上距李宪被害近三十年，距李希宗死也有十多年了。李清是魏末齐初的人，

①　赵万里《汉魏南北朝墓志集释》第六册"李宪墓志"条，广西师范大学出版社，2008年。

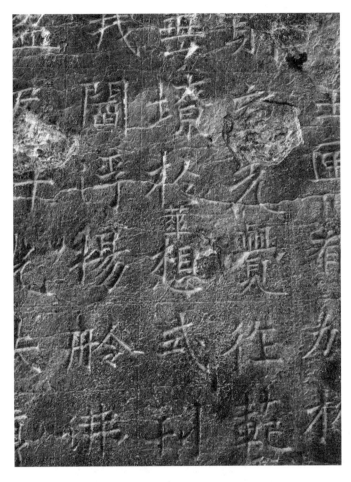

《李清报德造像碑》原石（局部）

他报德的对象是李宪和其子希宗。希宗又是北齐第一个君主高洋的丈人，嫁给高洋的希宗之女就是那个古代名后李祖娥。

现在可看到的李氏一族的墓，李宪的在赵县，李希宗、李希礼兄弟们的在赞皇县，余皆曾亲往拜访过的。现在又看到李清的这方摩崖刻字，李氏一族的相关文献又多了一件。造像报德，北朝之常有，一般用于佛道，然亦有对世间人物的，李清之报德，感恩于李宪父子，然李宪父子已去世若干年，天保六年正是高洋做皇帝时，而高洋是李希宗的女婿，李宪之孙婿，那时他还应该算个不错的皇帝，所谓"始则存心政事，风化肃然，数年之间，翕斯致治"①。人或以为李清在这里也未尝不是拍高洋的马屁。对李家是直接的感恩，对皇帝有些许间接的拍马，两者并存也未可知呢！

此次河北之行，了却一桩心愿，《李宪墓志》深藏馆中，凡三往乃见，天佑斯文，赵县文管所功莫大焉，若能展示出来供人研读欣赏那就更好了。

2018 年 8 月 25 日记于散净居

---

① 〔唐〕李百药《北齐书》卷四，中华书局，1972 年。

雨中往磁县拜谒兰陵王墓

——读《高长恭碑》的感怀

我知道兰陵王高长恭（肃），是因为上大学时研究周邦彦词，有一首著名的《兰陵王》，当时查了《北齐书》和《北史》，知道《兰陵王》这个曲子是由高长恭而来，仅此而已，并没有对这位古代的战神美男有太多的关注。2018年8月，我和研究生陈越君往赵县看了《李宪墓志》，回来的晚宴上与河北省文物局的李宝才处长说起李宪的孙女李祖娥，就说到了北齐那几个神经质的帝王，而那个高澄的王子高肃，也就是被封为兰陵郡王的高长恭（他也叫高孝瓘），就他还比较正常没毛病，而且为人谨驯，有战功。李处长建议我去磁县看看高长恭碑，说是保存得还好，梦珍也让他的朋友刘大兵找了当地的人先去看了一下，说是没有阻拦，随便观览。这样，我们就决定第二天走趟磁县。去磁县那天一路大雨滂沱，从藁城到磁县200多公里，走到磁县刘庄村的兰陵王墓，雨竟然停了。陵墓有围墙围着，院门上有篆书匾额"兰陵忠武王"，进了院子左侧有石碑写着"全国重点文物保护单位（后四字脱落）磁县北朝墓群"字样，是1988年立的。这个所谓"北朝墓群"，是否还包括李庄那边的高翻、高盛的墓地？这里有所谓"磁县三高碑"，即高翻、高盛和我们今天要看的高肃碑，据说是清光绪二十年（1894）时任直隶总督兼北洋大臣的李鸿章路经磁州（即今之磁县）时发现的。现在高翻、高盛二碑不在原地了，应在磁县文保所收藏。

我们在刘庄这里看到的这座大墓，是兰陵王高长恭的，墓前有汉

磁县兰陵王墓园 高长恭像　　　　　　　　《高长恭碑》碑楼

白玉的高长恭雕像。前有甬道，大概 30 米处有小碑楼一座，是一个
地穴式的碑楼，这应是因为周围积土渐高所致，碑楼内有兰陵王高长
恭碑。碑楼是个砖砌的四方小房，有个铁栅栏门，因为碑石半在地下，
我们可以从栅栏门底下钻进去，里面光线不太好，但是能比较完整地
近距离抚看这千余年的丰碑。

　　《高长恭碑》为隶字书写，小拳头大小，有篆笔遗存，也有一些
楷书的意思；刀口颇深，至今看来仍很坚实。碑阳的字迹基本清楚，
碑额篆书四行十六字："齐故假黄钺太师太尉公兰陵忠武王碑。"是方
笔篆字，装饰性很强。碑额为半圆形，较碑身稍宽，额高 124 厘米，
宽 124 厘米，碑身高 220 厘米，宽 118 厘米，厚 33 厘米。上刻六条盘龙，
每条龙口张开，露出 4 个牙齿含着碑身，形象极为生动；两侧面刻忍
冬草和兽头组成的图案式花纹，雕刻精美。碑阴的字大多漫漶不清，
所以高长恭的生平事迹在这里看不完整了。倒是碑阴的额头清楚地刻
着他弟弟高延宗写的一首诗。

《高长恭碑》原石碑额

今人说到兰陵王高长恭，都在说他是个美男子，把他和宋玉、潘安、卫玠并称为"古代四大美男子"，未知何时开始这样并称的。前些时有个电视剧《兰陵王》，一些年轻的人都看过或知道，我问陈越，她就看过，而且还能说出饰演兰陵王的是哪个漂亮男演员。

因为兰陵王漂亮，又因为不知道他母亲是谁，所以就有很多好事者猜测说兰陵王的母亲可能是那个美丽皇后李祖娥。这种捕风捉影也不是一点依据没有，依据大概就是在《北齐书》高澄的皇后元氏传中，高洋霸占了亡兄高澄的皇后元氏，且说"吾兄昔奸我妇，我今须报"。他说他哥高澄曾经奸污过他老婆，他老婆又是李祖娥，所以有可能就有了私生子高长恭。我是不太赞同这种猜测的，倒不是完全不相信高澄曾经对弟妇李祖娥不轨过，只从年龄上看，这种猜测实在靠不住。我们刚从赵县看了《李宪墓志》，李祖娥是李宪的孙女，可是李宪的墓志上没有写祖娥的名字，祖娥的两个兄长和姐姐的名字都有，那么只能说李宪死的时候，祖娥还没生，或者很小。李宪是北魏孝明帝孝昌三年（527）被赐死的，李祖娥应是生在此后。永熙中李宪平反时，祖娥也可能还小，所以《李宪墓志》里也没写上她。祖娥的婚事是父亲李希宗在世时定的，李希宗是兴和二年（540）死的，所以祖娥自是生在此前。从《北齐书》祖娥传上看，她嫁给高洋时高洋是"太原公"，高洋是武泰元年（528）生人，李希宗死的时候他也就13岁，从《魏书》希宗传和希宗夫人崔幼妃的墓志上看，这门亲事就是希宗死前结成的，《李希宗传》曰：

献武王擢为中外府长史，为齐王纳其第二女。希宗以人望兼美，深见礼遇。出行上党太守。寻而遘疾，兴和二年四月卒于郡，年四十。

李希宗妻《崔幼妃墓志》曰：

高祖神武皇帝位居二相，身眺八维，意切过庭，礼求盛族，乃为第二息聘第□女焉。地接九天，庭罗百两，高门转阖，洞户增辉……俄而逝日忽流，惊川易远，鸣环徒想，举案不遒。

李《传》中说"寻而遘疾"；崔《志》中说"俄而逝日忽流，惊川易远"云云，都表明祖娥之婚嫁是在李希宗去世之前。再依李宪终年（527）推算，祖娥的年龄大概也应该和她的夫君高洋差不多，她应该生在武泰元年（528）或稍后。

需要说明的是，《李宪墓志》上说元象元年（538）李宪葬归故里，那么志文应该是元象元年写的？那怎么没有孙女祖娥的名字呢？难道祖娥生在元象元年之后？这不大可能，如果是这样，就算她生于是年，那么她儿子高殷出生时（545）她才七八岁。所以，我们推断，《李宪墓志》的志文应该早在李宪去世时就写了，到李宪平反后完成，四五年后归葬时又加刻上"越以元象元年十二月廿四日合葬于旧墓"一些字。这种加刻也是有的，类如叶昌炽《语石》中所说是"预留待添"之制。只不过添刻时没把祖娥的名字加上，或许那时祖娥尚幼，若她已经嫁给高洋，按道理应该写上她的名字。从这里也可推知，她嫁给高洋，应该是李宪归葬之后的兴和元年（539），因为再过一年她父亲李希宗就死了。

所以，李祖娥应该是在爷爷李宪死后不久出生的，在父亲李希宗死前不久出嫁的。那么再依高殷生年算来，她生高殷的时候应该不到 20 岁。

高长恭的生年一般是根据高孝琬的年龄推知的，《资治通鉴》在大同七年（541）有这样的记载："东魏尚书令高澄尚静帝妹冯翊长公主，生子孝琬，朝贵贺之。"高孝琬应该是出生在东魏孝静帝兴和三年（541）前后，高长恭应该也出生于这一年前后。史书上说高长恭是高澄的"第四子"，《高长恭碑》上说他是"第三子"，一般认为高澄的嫡子高孝琬是第三子，人或以为这是因为嫡庶原因，以嫡为先，史书上就把高孝琬放在前面了，这在当时是常有的事。我们拿《李宪墓志》和《李宪传》对比，其庶长子李长均就放在嫡子之后，所以说高长恭可能和高孝琬同年出生。如果我们相信高长恭碑上的记载，那他就比高孝琬大一点，所以书作高澄的"第三子"。如果他是公元 541 年出生，那时李祖娥刚嫁给高洋两年左右，年龄在十三四岁，若说是祖娥生的高长恭，是不是有点说不过去？

坊间还有一种说法我觉得有一定道理，他是从高洋给他兄长的儿子们封王这方面说的：天保元年，高洋封孝琬、孝瑜为王，一个是嫡子，一个是庶长子。天保六年，高洋封孝珩、延宗为王，封老二是顺着下来的，封高延宗是因为高洋特别喜欢这个孩子。有人因此推测高洋不喜欢老四孝瓘（即高长恭），再进一步推测老四是李祖娥生的，实在没有什么凭据。因为高洋特别喜欢高延宗也不能说明他就厌恶高长恭。不过，到了高殷统治的乾明元年，高殷封孝珩为广宁王、长恭为兰陵王。注意，高孝珩在天保六年就已经被封广宁王，为什么高殷又封他一次呢？肯定是在天保六年至乾明元年之间他的王位被废过。他母亲王氏就是个贱妾，他本人又没有高延宗那本事讨高洋的喜欢，所以才被高洋封了又废。兰陵王，直到高殷才给了他个郡王，这位郡王的母亲如果有身份有地位的话，他何至于在天保年间始终默默无闻呢？他母亲的情况，就算留下姓名，也和那个王氏差不多吧。

我倒觉得这样推定较合乎实际，首先兰陵王高长恭不是李祖娥的私生子；再者，他可能就是一个不知名的女子为高澄生的一个儿子，也有人从高长恭的长相上分析，他的母亲可能是一个胡人，这也就是无可无不可的说法了，因为无法证其实，也无法证其伪。

我们现在看到的这一通《兰陵忠武王（高长恭）碑》因为碑阴的部分磨泐不清了，所以在碑上我们只能从碑阳看到他的一些官职，这里有许多事是史传上没有的，自可因之而补其不足。碑上有一句说兰陵王："应含宝之粹气，体连辞之英精。风调开爽，器彩韵澈。"这自是对兰陵王的颂扬，碑阳上没有说到他的战功，只是按年月记录了些官职和封爵，中间也夹杂了些赞颂的句子，但基本上没有具体事功的记录，所以说兰陵王的故事，还需结合《北齐书》等史料，才大略可以看到兰陵王其人其事。

兰陵王是美男子，史书里并没有像现代人那么地渲染，《北齐书》卷十一有高长恭的传，也就是八个字形容他的美："貌柔心壮，音容兼美。"《旧唐书·音乐志》中说他"才武而面美"。《隋唐嘉话》说他是"白类美妇人"。他应该是长得柔而白，"柔"就是"嫩"，应该就是现在所说的"小鲜肉"那类的吧！他又"音容兼美"，声音也好听，是否也是现在"小鲜肉歌手"那样的声音诱人？唐人刘𝔰在他的笔记小说《隋唐嘉话》里说高长恭长得像"美妇人"，或许他也像司马迁因见过画像而说张良"状貌如妇人"？总之，高长恭应该是长得很好看。他不光好看，还很勇武，还很善良、很厚道，还跟他的父辈不同，他不好色。"貌柔心壮"，是说他相貌姣好，心理健康，这在北齐王朝那些皇帝、皇子及国戚中也真是可以称得上是污泥未染的佼佼者了。

北齐的王室，从高欢算起，到文襄皇帝高澄、文宣皇帝高洋、武成皇帝高湛、后主高纬，从道德操守上说真是乏善可陈，而且几乎都有心理疾病，几乎都是分裂人格、歇斯底里人格，他们的"性变态""杀人狂"，在历代帝王中允称翘楚。他们政治上不是没有成就，但人格上真是禽兽不如。在这样的一个皇族中，有一个兰陵王，出淤泥而不染，他是怎么做到的呢？也真是个不解之谜。

高长恭英勇善战，在历史上也算得上是一个战神。说他的勇武，自然不能不说邙山之战，北齐河清三年（564）秋，北周伐齐，十二月，北周晋公宇文护东征北齐，尉迟迥率军进攻北齐重镇洛阳，把洛阳包围起来。齐武成帝高湛急招并州刺史段韶商议对策，并派兰陵王、斛律光一同前往救援，段韶为左军，斛律光是右军，高长恭作为中军。长恭以五百骑兵冲过周军的包围圈，到达金墉城下，城上的人本不知他是谁，不敢打开城门，但当看到高长恭脱去甲胄露出自己的面孔，欣喜异常，群情激奋，于是双方合力，将周军打得落花流水。《资治通鉴》记载周军"丢弃营寨，自邙山至谷水，三十里中，军资器械，弥满川泽"。此战被称为"邙山大捷"，又称"金墉解围"，是高长恭最著名的战绩。战士们为此大捷鼓舞歌唱，颂扬兰陵王，号称《兰陵王入阵曲》。当然，他还为北齐打过很多仗，因此也被朝廷不断封官授爵。邙山大捷使兰陵王名声大振，当时的皇上已经是北齐后主高纬了，可能是在庆功会上，高纬还和他的这位堂兄弟兰陵王说："你冲入敌阵太深，要是有个闪失后悔都来不及。"兰陵王说："我把这当自家的事，也就没怎么多想。"这其实是很平常的话，不过表示兰陵王把国家的事当自家的事去办，那个时代本就是家国同体的。可是后主就疑心这位兰陵王想篡位，高纬认为"国"是他的"家"，而不能是别人的"家"，这自然是他骨子里的自卑，可他是皇上，有了这猜疑，兰陵王自然就会倒霉。后来尽管兰陵王一直低调，事事小心，甚至不惜犯错误自污，但都没有用，最后在武平四年（573）五月高纬还是把他赐死了。高纬让御医徐之范送去毒药（《徐之范墓志》今存山东省石刻艺术馆），兰陵王妃郑氏还劝他找皇上申诉，兰陵王自知无用，就饮药含恨而终了。他的传上是这样写的：

长恭谓妃郑氏曰："我忠以事上，何辜于天，而遭鸩也！"妃曰："何不求见天颜？"长恭曰："天颜何由可见。"遂饮药薨。

兰陵王享年三十多岁，对于北齐来说，兰陵王高长恭的被杀，也就预示着国将不国，离灭亡不远了，果然在兰陵王死后五年北齐被北周所灭。说到这里，不由让人想起战国时期李牧的故事，这也是发生在今河北这个地方的事情，而且李牧也是河北人，是赵国柏仁的，说起来还是赵州李家，也就是李祖娥家的远祖，《史记》上记载着他的故事，他是赵国名将，也是与白起、王翦、廉颇并称为"战国四大名将"者。说到他的重要地位，有"李牧死，赵国亡"之称，也就是李牧在则赵国在，李牧亡则赵国亡。《史记·廉颇蔺相如列传》上这样写着：

赵王迁七年，秦使王翦攻赵，赵使李牧、司马尚御之。秦多与赵王宠臣郭开金，为反间，言李牧、司马尚欲反。赵王乃使赵葱及齐将颜聚代李牧。李牧不受命，赵使人微捕得李牧，斩之。废司马尚。后三月，王翦因急击赵，大破杀赵葱，虏赵王迁及其将颜聚，遂灭赵。

同样的一个战神，同样的一个昏君，同样的一次自毁长城，赵国亡于秦，北齐亡于北周，历史就是那么无情地相似。贤臣良将遇到昏君，你贤良，你就越不能善终。兰陵王的悲剧，不是他一个人的悲剧，这是贤良遭遇昏君时共有的悲剧，甚至有时候君王不是那么昏也一样有这样的悲剧，这在中国历史上不是个案。因为没有力量能够限制君王，所以君叫臣死，臣不得不死，没有道理可言！

我们在兰陵王墓碑的背面碑额上看到一首诗，那是高长恭的弟弟安德王高延宗在兰陵王死后的一年经过他的墓时写的，诗云：

夜台长自寂，泉门无复明。

独有鱼山树，郁郁向西倾。

睹物令人感，目极使魂惊。

望碑遥堕泪，轼墓转伤情。

轩丘终见毁，千秋空建名。

这诗写得真是伤感，北朝诗到了北齐时才有可看的，这首诗无疑在北朝时期是不错的诗。高延宗写这首诗时应该有很多的悲慨，他的两个哥哥都死在北齐皇帝的手中，一个是高孝瑜死在皇叔高湛手中，一个是高长恭死在皇弟高纬手中。高孝瑜死于谏，《资治通鉴》卷云：

帝使（和）士开与胡后握槊，河南康献王孝瑜谏曰："皇后天下之母，岂可与臣下接手！"孝瑜又言："赵郡王叡，其父死于非命，不可亲近。"

由是叡及士开共谮之。士开言孝瑜奢僭，叡言："山东唯闻有河南王，不闻有陛下。"帝由是忌之。孝瑜窃与尔朱御女言，帝闻之，大怒。庚申，顿饮孝瑜酒三十七杯。孝瑜体肥大，腰带十围，帝使左右娄子彦载以出，酖之于车。至西华门，烦躁投水而绝……诸侯在宫中者，莫敢举声，唯河间王孝琬大哭而出。

而高长恭死于战，不是死在战争中，而是死在战功上。两个兄弟都死在这个变态的王朝里，他高延宗一定有许多的悲愤。其实这个高延宗小时候也很乖戾，后来好了，他的妃子应该是李宪之子李希礼的孙女。高延宗临危做了北齐最后一个皇帝，不到一个月就被北周灭了。

高长恭的故事是很悲感的，北齐皇家好像就这么一个正常的好人，当然还可以算上高孝瑜，可是下场都十分悲惨。他的妃子郑氏后来出家了，有人说她应该是荥阳郑家的，或许是吧，郑大车不是就嫁给高欢做妾了吗，生了冯翊王高润，不过兰陵王妃郑氏比郑大车名声要好。据说兰陵王是有后人存世的，1999年洛阳龙门石窟千佛洞发现兰陵王孙高元简在唐永隆二年（681）造地藏、观音像龛，说明兰陵王虽死而血脉犹存，子孙或许是郑氏为兰陵王生育的吧？也或许是武成帝高湛为他买的那个妾生的也未可知。

我和陈越、梦珍、大兵在兰陵王塑像前谈了许久，这是个生前曾辉煌，死得委屈无奈的北齐王爷，是个后世影视作品中的美将军，是个能编出不少故事的传奇人物，可是他的陵园却乱草丛生，无人问津，历史真是挺残酷的，是非功过转头空，一个"土馒头"，就盖住了当年金墉城下那英迈的驰骋……

2018年8月27日于散净居补记

河南访碑录

仰观神兽说宗资

——南阳画像馆之神兽刻字"天禄""辟邪"

石兽"天禄"

2017 年 7 月 19 号到南阳,稍歇即往南阳之汉画馆,即石刻博物馆,馆长委托一很好的讲解员带我们参观石刻艺术。

这个汉画馆是南阳人的骄傲,实际上也可以说是骄傲于那些汉代画像石的"海量",相比较,山东嘉祥的画像石不如这里的多。这里的画像石我看过多次,这次来,主要是为了专门看看"天禄""辟邪"二石兽。赵明诚《金石录》卷十八曾记载"天禄""辟邪"字在南阳宗资墓前石兽膊上。那二石兽原是在宗资墓前的,现在这二兽立于汉画馆的一进门处。而且现在只能在二兽之一兽身上看到"天禄"二字,"辟邪"只有兽而不得见刻字矣。欧阳修在《集古录跋尾》中说:

今（宗资）墓在邓州南阳界中，墓前有二石兽，刻其膊上一曰"天禄"，一曰"辟邪"。余自天圣中举进士，往来襄邓间，见之道侧，迄今三十余年矣。其后集录古文，思得此字，屡求于人不能致。尚书职方员外郎谢景初家于邓，为余摹得之，然字画讹缺，不若余见时完也。

看来欧阳修是见过宗资墓和石兽上"天禄"和"辟邪"刻字的，只是后来谢景初（1020—1084）给他摹拓去的拓片上已经不清晰了。我曾问讲解员，此二兽既在宗资墓道上，那宗资墓现遗踪何在呢？答曰，早已毁弃不得见矣。故今所及见者，只有二石兽也。

天禄、辟邪二兽，后汉汝南太守宗资墓道所立者，距今已近两千年矣。《后汉书》无宗资传，《东观汉记》卷十七自《文选》卷五十五刘峻《广绝交论》的李善注辑得《宗资传》数语云：

汝南太守宗资等任用善士，朱紫区别。

又，《后汉书·党锢传》李贤注引谢承《后汉书》云：

宗资字叔都，南阳安众人也。家代为汉将相名臣；祖父均自有传。资少在京师，学《孟氏易》《欧阳尚书》。举孝廉，拜议郎，补御史中丞、汝南太守。署范滂为功曹，委任政事，推功于滂，不伐其美。任善之名，闻于海内。

查《后汉书·范滂传》，亦有宗资相关事迹也。范滂是被苏东坡奉为楷模的，史称他是"登车揽辔，慨然有澄清天下之志"的人，只是生不逢时。但就是在那个政治不清的时代，他也是大胆地与贪腐官员做斗争的斗士，铁面无私，为人敬畏。宗资举荐他，任用他，有知遇之恩。但有一次中常侍托宗资给一个功臣（李通）之后找个官儿做，这人还是范滂的亲戚，宗资答应了可过不了范滂的关，宗资很生气，痛斥下面办事不力，下官说，范滂正气凛然，您就是打死我，我也要照范滂的意思办，宗资也没有办法，史文也没说宗资对范滂有什么责怪。史书上是这样记载的：

太守宗资先闻（范滂）其名，请署功曹，委任政事。滂在职，严整疾恶。其有行违孝悌，不轨仁义者，皆扫迹斥逐，不与共朝，显荐异节，抽拔幽陋。滂外甥西平李颂，公族子孙，而为乡曲所弃，中常侍唐衡以（李）颂请（宗）资，资用为吏。滂以非其人，寝而不召。资迁怒，捶书佐朱零。零仰曰："范滂清裁，犹以利刃齿腐朽。今日宁受笞死，而滂不可违。"资乃止。

范滂真的很牛，宗资也真的能容。

在南阳石刻馆的显眼处，陈放着宗资墓道上的那两个大石兽，左边的石兽上面有篆字"天禄"。天禄、辟邪与麒麟是古代祭祀的三大神兽，皆似鹿，一角者为天禄，二角者为辟邪，可攘除灾难，永安百禄。看到这兽，看到这字，遥想墓主宗资，亦联想到宗资任用的汉家良吏范滂，真是觉得汉人活得有气象，死得有风骨。

记得几年前在台湾买了本刘昭瑞著的《汉魏石刻文字系年》，录有《宗资墓天禄辟邪字》，引《广川书跋》云："邓州南阳北有东汉太守汝南宗资墓，墓列二兽，其高

石兽膊上"天禄"二篆字

八尺，角而鳞，分鬣曳尾，过壮大，左曰'天禄'，右曰'辟邪'，皆刻膊上。字不尽为隶法，盖篆之变也。"刘先生引罢此文，便说："今佚。"

按：今二兽赫然立于南阳石刻馆，盖刘氏未尝见，因说"今佚"邪？抑此二兽或尝暂离人间隐于暗处为人所不知邪？

说宗资还要说说他的祖父宗均，古籍上多写作"宋均"，误也！

谢承《后汉书》有宋均传，何焯说："案《党锢传》注引谢书'宗资祖父（宗）均自有传'，则'宋'字传写伪也。又《南蛮传》叙受降事，亦作'谒者宗均'也。"胡三省曰："赵明诚《金石录》有《汉司空宗俱碑》，按后汉《宋均传》，均族子意，意孙俱，灵帝时为司空。余尝得宗资墓前碑龟膊上刻字，因以后汉帝纪及《姓苑》《姓纂》诸书参考，以谓自（宗）均以下，其姓皆作'宗'，而列传写为'宋'，误也。"胡三省所引赵明诚的话，在《金石录》卷十八"汉司空宗俱碑"条，其实，赵明诚考出"宋"字之误，是在"汉宗资墓天禄辟邪字"一条中。赵氏先引欧阳修《集古录》说《后汉书》有宋均传而无宗均传，所以欧阳公怀疑"汉时有宗、宋二族，而字与音皆相近，遂至讹谬耶"。赵氏认为"此说非是"，并进一步考之曰：

余按《后汉书》（宗）均族子（宗）意传云"意孙（宗）俱，灵帝时为司空"，而《灵帝纪》建宁四年书"太常宗俱为司空"，注云"俱字伯俪，南阳安众人"，延熹二年书"司空宗俱薨"。又《姓苑》载南阳安众宗氏云："后汉五官中郎将（宗）伯，伯子司隶校尉、河内太守（宗）均，均族兄辽东太守（宗）崇，崇子司隶校尉（宗）意，意孙司空（宗）俱。"《元和姓纂》所书亦同。则均姓为"宗"，可无疑者。当章怀太子为注及林宝撰《姓纂》时，尚未为谬，-至后来始转写为"宋"尔。余既援据详审，遂于家藏《后汉书·均列传》用此说改定云。

当时赵明诚见到过《宗俱碑》，说："碑已残缺，不成文理，而官秩、姓名、乡里，特完可考。"他看过《宗俱碑》后，才有了前揭胡三省注中说的那番话，而且在那番话的后面还有一句："后得此碑（指《宗俱碑》），亦知前言之不谬。"所谓"前言"就是指的上引"汉宗资墓天禄辟邪字"一条中的那段话。

按：谢承《后汉书·宗均传》云：

宗均为监军，与马援征武陵蛮，临沅水而兵士多病。均惧众军疫病，勒兵围城，矫诏降之，遣还本居。归，自劾矫诏之罪，帝甚善之。

宗均为九江太守，五日一视事，夏以平旦。

范晔《后汉书》卷四十一也有宗均传，亦写作"宋均"。曰："宋均字叔庠，南阳安众人也。父伯，建武初为五官中郎将。均以父任为郎，时年十五，好经书，每休沐日，辄受业博士，通诗礼，善论难。至二十余，调补辰阳长。其俗少学者而信巫鬼，均为立学校，禁绝淫祀，人皆安之。"诸先贤已考证"宋均"为"宗均"之误，范书《宋（宗）均传》较谢书记之更详，可以与《司空宗俱碑》（见《金石录》卷十八与《隶释》卷十七）互勘。

我们现在知道宗资的祖父是宗均，与曾做过汝南太守的宗俱比，宗资应该小一辈，因为宗俱的爷爷宗意，是宗均的"族子"，就是同族的子辈，是宗资的族叔，则宗资自是宗意的族叔也。如赵明诚所考："司隶校尉河内太守（宗）均，均族兄辽东太守（宗）京，京子司隶校尉（宗）意，意孙司空（宗）俱。"由此可见较清晰的宗氏代际关系。

宗均在东汉初年为国家立过功，与伏波将军马援去平定过蛮族的叛乱，所以谢承《后汉书》中说宗资"家世为汉将相名臣"。宗均确是个干将能臣，这一点遗传给了宗资。宗均为官清正，为百姓拥戴，年轻时做过上蔡令，后迁九江太守，在九江那里有很多凶暴的老虎，屡次成为百姓的祸患，官府常常征集、设立捕兽的栅栏、陷阱，却仍然有很多人被伤害。宗均说："虎豹在山上，龟和鳄鱼在水里，它们各自有生活的处所。况且江淮之地有猛兽，就如同北方有鸡、猪一样。现在成为百姓的祸患，罪过在于残忍的官吏，而不辞辛劳地张网捕捞，不是顾怜（百姓）的根本做法。一定要斥退奸邪、贪婪的人，考虑提拔忠诚、善良的人，可以全部去掉栅栏、陷阱，免除赋税。"这件事过了以后有传言说老虎都相互结伴向东边渡过长江了。这与《法雄传》中述法雄在南郡太守任上治理虎害的方式很相似。传云：

永初中，多虎狼之暴，前大守赏募张捕，反为所害者甚众。雄乃移书属县曰："凡虎狼之在山林，犹人之居城市。古者至化之世，猛兽不扰，皆由恩信宽泽，仁及飞走。太守虽不德，敢忘斯义？记到，其毁坏槛阱，不得妄捕山林。"是后虎害稍息，人以获安。

这个法雄虽是陕西人，但他当过南阳郡平氏县的县令，在任时为吏民敬畏，当时的南阳太守鲍得还上报朝廷，使法雄迁官宛陵。这大概是汉安帝永初元年前后的事。

宗均治蝗虫也挺神的。本传记载他做九江太守时"山阳楚沛多蝗，其飞至九江界者，辄东西散去，由是名称远近"。

还有一则故事很有意思，也是在九江任上，当时巫师祀山神，强迫百姓提供男、女青年以配山神，而且这男女若被选上就再也不能婚嫁。宗均以前的官员都不敢管，可能怕触犯山神，但宗均不怕，他下令说："以后为山神娶者，皆娶巫家，勿扰良民！"于是这种"风俗"遂绝矣！

宗均十五岁因其父（宗）伯在朝为大官就被选为郎官，那时是光武帝建武初，应该是公元 26 年前后，他死在汉章帝建初元年（76），这样他的享年大概也就六十五岁左右。不过他晚年多病，皇帝让宗均的儿子宗条搀扶着他，这个宗条是否就是宗资的父亲呢？不得而知。《宗均传》上有一段话这样说：

> 均性宽和，不喜文法，常以为吏能弘厚，虽贪汙放纵，犹无所害。至于苛察之人，身或廉法而巧黠刻削，毒加百姓，灾害流亡，所由而作。

颇觉此人较通脱，用现在的话说就是"不装"，也"不僵"。为官者只知按条文办事，基本上就是个庸官，不过是个机器，倒是可能不犯什么错误，当然，就是犯了错误都不一定知道是怎么犯的，比如他们的"巧黠刻削，毒加百姓"完全是自认为在照章办事，所以宗均说"灾害流亡，所由而作"。这类官也基本上是干不出什么名堂来的，在"政治正确"的旗号下，有时候也干出些伤害百姓的事，可是你都没办法找他"问责"，因为他可以说他是"照章办事"。这类官自古以来多如牛毛，所以古来行政效率之低大多拜此类庸官所赐。多有这类庸碌僵化的官，正是专制体制所造就的。宗均不是这种官，所以招人爱戴，他的孙子宗资也不是这种官，所以能容范滂。若知宗氏一家为官之经历与风范，则宗资墓道上的"天禄""辟邪"两个大石兽，看着就能遥想当年宗资太守之弘厚，若再详读相关史传，今人能不愧对古人哉？站在那两个大石兽前，对那些千古风流人物不禁心向往之！

2017 年 7 月 19 日写于南阳访碑途中

东汉南阳的人与南阳的碑

2017 年 7 月 19 日，自京飞抵南阳，天甚闷热。先去汉画像馆看宗资墓前的"天禄""辟邪"两个大神兽，主要是看其膊上的刻字。从汉画馆出来以后，便思再去看一个地方，与研究生梦雨商议，可否去张衡墓，便驱车去了。到那里以后大门关着，人家已下班了，找了人才特例放我们进去。

在南阳，有一种身处于"东汉发源地"的感觉，汉光武帝刘秀出生于此，发迹于此。东汉初年，这里很多精英跟着光武帝刘秀"闹革命""打天下"，我们在汉画馆里看到天禄、辟邪二石兽的墓主宗资，他爷爷宗均就是早年跟着刘秀建国的人物，虽到不了开国元勋的地位，但总是个建国初期的干将能臣。南阳这个地方，到了东汉后期的桓、灵之际，也出了些历史的名人，一个"党锢之祸"，就有许多南阳这地方的人和这地方的官被卷进去。

今天来看张衡墓，墓主人也是文学史、科技史上响当当的人物，他是南阳郡西鄂人，西鄂即今淅川县。淅川有丹江水库，北京人都应该感谢这个水库，南水北调，这是一路源头，北京人现在吃的水有一部分是从这里去的，饮水思源，北京人能不知道淅川吗？

淅川不光有让北地饮用的水，还有一个影响中国文学史和人类科技史的人物，就是张衡。说他文学史上的影响力，是因为他较早地写了七言诗，还有他的《二京赋》；说他在科技史上的影响力，是因为他发明了浑天仪、地动仪。张衡所处的时代，是汉安帝时，天下承平日久，日子还算好过。张衡从小就爱写文章，又到京师（洛阳）观太学，遂通五经、贯六艺。《后汉书·张衡传》上说他"虽才高于世，而无骄尚之情。常从容淡静，不好交接俗人"。一看就不是一般人。

张衡墓现在是个博物馆，进去是个甬道，两侧有石像，龙、虎、羊、马，还有石蟾蜍。迎面是"享堂"，堂后是个圆形大墓，墓门内有明朝人重修张公墓时立的碑，门两侧亦有两碑，有碑亭，有护栏，也是明朝人立的，有一方是抄的崔瑗文，《全后汉文》中有崔瑗这篇文章，名为《河间相张平子碑》，碑文书法无甚可说，只是明朝人的端庄与正式。书碑刻字人的名姓亦可见，此唐及以前碑上少有者。崔瑗这篇碑文原来的刻石是不是赵明诚在《金石录》中著录的《汉张平子碑》呢？其曰：

> 右《汉张平子碑》，按《后汉书·列传》云"平子永元中举孝廉，连辟公府，不就。安帝雅闻（张）衡善术学，公车特征，拜郎中"。而《碑》乃云"举孝廉，为尚书侍郎"。《传》云"再迁为太史令"，而《碑》乃"一迁"，《碑》云"迁公车司马令，遂相河间"，而《传》不载其为公车司马令。《传》云："在河间三年，上书乞骸骨，征拜尚书，乃卒。"而《碑》不载其为尚书。此数事皆当以《碑》为据，惟《传》云"顺帝初，再征为太史令"。其事见平子所为《应间》，可信不疑。而《碑》无之，岂平子初尝罢免，后复拜此官，而《碑》不书欤？

赵氏比照《后汉书》张衡传说：传云……举孝廉、连辟公府不就……公车征拜郎中，而碑乃云："举孝廉，为尚书侍郎。"查崔瑗碑文，正是"初举孝廉，为尚书侍郎"。赵氏又云：《传》云'再迁为太史令'，而《碑》乃一迁，《碑》云'迁公车司马令，遂相河间'，而《传》不载其为公车司马令。"查崔瑗碑文正有"迁公车司马令，遂相河间"二句。赵氏所录传中若干句，崔瑗文中皆无，则赵氏所见张平子碑，应该就是刻着崔瑗文的张衡碑。所以明朝人又找来崔瑗碑文勒刻上石，立在张衡墓前。

张衡墓的墓道两侧有他发明的浑天、地动仪器的模型，座上刻着他的《二京赋》，右为《东京赋》，左为《西京赋》。《后汉书》说他是仿照班固《两都赋》写的，是因为天下承平，自王侯以下，莫不逾侈，张衡写下两赋因以讽谏。这两赋是他"精思傅会，十年乃成"，看来是费了工夫的。那时人都不写大赋了，张衡能写，的确了不起。在中国赋史上，张衡的《二京赋》也确实是个重镇，但他的文字之功，似还在他的《四愁诗》、七言吟咏等诗歌创作上，要比曹丕的七言诗早得多。还有他的《思玄赋》一类的小赋，做得更好。

张衡也做了中央的官，但他似不太愿意做，更愿意做发明，所以他在安、顺二帝时期，把更主要的精力放在了科学实验，发明了浑天、地动二仪，传之永远，影响天下！记得张衡还写过《南阳文学传》，我过去考校东汉郡守任职年月，曾经引用过，特别是考南阳郡守任职时间，此文帮助很大。

从张衡墓出来，唯一的遗憾是没有看到东汉时期记录这位奇人的碑刻，如前说，崔瑗是写过张衡碑的，但现在只能看到明朝人刻的崔文，看不到崔字，也看不到当时人的书法刻工了。要看东汉时的书法，还要去看武侯祠内的三块汉碑。

到南阳总要拜访诸葛孔明祠，祠中有古碑几百通，而尤以祠之东侧汉碑亭里《张景》《赵菿》《李孟初》三通后汉碑为贵。

《张景碑》全名为《张景造土牛碑》，后汉桓帝延熹二年（159）立，1958年出土。人或以为与《史晨》《礼器》《曹全》相伯仲，属汉碑中

武侯祠东侧汉碑亭

隽永秀劲一派。又谓《史晨碑》端庄有余逸态不足，《曹全碑》逸态
有余端庄不足，《张景碑》兼两者之美，中和二碑。

　　按，评价高则高矣，亦非溢美之词，然须考问者，《史晨》《礼器》
《曹全》皆大有名头，《史晨碑》(169 年立) 是鲁相史晨祀孔子庙的奏章；
《礼器碑》(156 年立) 是另一位鲁相韩敕修孔庙，增礼器的记述；《曹
全碑》(185 年立) 是一个县令 (邰阳) 的颂德碑，曹景完往上能和汉
初相国曹参拉上关系，而他也曾有攻城野战之功，遭汉末动乱，逢张
角黄巾起兵幽冀，曹全为邰阳令，遭乱而不忘百姓，逢凶而仍能理政，
也算一个乱世循吏了。碑文书刻者的选择，总还是要讲究一些吧。

　　《张景碑》不过是一个县政府的告示性公文书，准许张景做某种
营生以保其不受饥寒，免其世代差役之事，这是给张景的一个官府

凭据。这个碑的文献价值自有可说，亦由此可见当时人民之疾苦，营生之艰难。《张景碑》又叫《张景造土牛碑》，什么叫"土牛"呢？这关乎中国古代的一种农耕风俗，《礼记·月令》上说"（季冬之月）命有司大难（傩），旁磔，出土牛，以送寒气"。所谓"出土牛"，就是"造土牛"，一开始，人们在冬末举行仪式，捏造个土牛，为的是"送寒气"。后来就和"春牛"合起来了，象征着送寒迎春，民间"打春牛"之俗就是从"出土牛"之俗演变而来的。这自然和农耕有关，具有"岁时"与"促耕"的意义。作为农耕文明的国度，那时上至朝廷、下至郡县，每年春始，都要搞这种仪式性的活动，有这样的活动，就要制作像"土牛"这类的"道具"，费工、费时，自然也费钱，若碑中所言："并土人、犁、耒……功费六七十万。"那个南阳人张景就写了报告要求自己出钱做这些土牛之类的"道具"，不让县政府费心，但他向政府承诺造土牛，他的置换条件是不再服各种徭役。这实际上是张景与县政府做的一个"交易"：张景承包制作土牛等物的"项目"；政府免除他的一应杂役，县里同意了，发了这么一个文件，就像立了一个字据。这通碑的内容至少告诉我们三个方面的信息：一者，后汉时有造土牛送寒气迎春时的风俗，使得造土牛这营生成为一个"产业"，放在今天，大概可以归在"文化产业"一类；二者，张景这类县民平时是有杂役负担的，但是他们可以用他们的手艺减免应服的徭役，这种手工业生产者会比农民少了些杂役负担；三者，张景还弄了个"承包制"，专造土牛，而且和官府还有了一个制造合同。这应该是此碑的文献价值。这是不是能对中国古代手工业史的撰写提供点挺有意思的材料呢？这应该是真实的东西，千余年的石头总不会骗人。

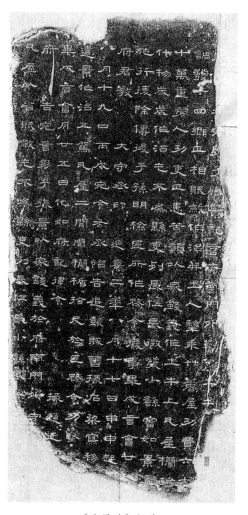

《张景碑》拓片

这样一个公文，书法造诣却那么高，值得深加关注。汉碑书手基本不留名姓，但绝非不谙书法者，通俗点说，能写到、刻到碑上的，可以说都是当时、当地的高手。从现在能看到的东汉时期的碑刻书法，没有哪一方是很拙劣的。所以可以这样推论，写碑的人，字一定要好，如果当时有一个约定俗成的标准，即没什么书写功底的人就没资格书碑，因此也可以说不管碑上文字的内容是什么，刻成碑的，那书写者至少不能"丑书"。由此我们也大致可以窥探后汉桓、灵时代的审美标准。

另外一通《汉宛令益州刺史李孟初碑》，是桓帝永兴二年（154）立的，乾隆时出土，后又入土，道咸间又经水冲出。碑下残泐处有咸丰十年（1860）金梁所刻题记，写到这碑的出土情况和后来保存情况。今有南阳市博物馆姚军先生《"李孟初神祠碑"考》①一文论之甚详，良可参校。姚先生考碑中有"部劝农贼捕掾李龙"一句，认为当时下级官吏一人可同时兼任"劝农掾"与"贼捕掾"两个职务。不知道这里的"贼捕掾"是否与《张景碑》中那个"追（即槌）鼓贼曹"的长官一致？《张景碑》作"宛令右丞？告追鼓贼曹掾石梁写移"，汉代郡县设有"贼曹"，长官为贼曹掾，秩百石。《李孟初碑》作"贼捕掾"，《张景碑》作"追鼓贼曹掾"，或即一种官职的不同叫法？后查得郑业斅《独笑斋金石文考》第二集卷三考《李孟初神祠碑》曰"贼捕掾即贼曹掾"。郑氏在这里主要是驳翁方纲《两汉金石记》中的一句话，翁说"贼捕掾"这官名"不见于史志"。郑氏举了《续汉书·百官志》《汉书·张敞传》《晋书·职官志》等证明翁方纲之失。最后把俞樾也捎上说："俞曲园云，非得此碑，贼捕掾之名遂亡，则因翁说而甚其词，而不知其不然也！"

《李孟初碑》与《张景碑》立碑时间相隔不久，而书法亦颇相近似，且碑中都有一字竟如汉简笔法，《张景》之"府"字，此碑之"年"字，垂笔特长，十分惹眼。翁方纲《两汉金石记》云："详其笔势，盖以当穿未得放笔，故于穿下不嫌过垂以申其气，此不独可悟书法，亦文章蓄泻之理耳。"就是说那个"年"字正好在碑的圆孔（碑穿）处，不得伸展，就写在孔下，一鼓作气。以文喻书，这说法也是古人艺术批评中常用的手段，可是我总觉得不是这么简单。翁方纲说的意思就

---

①　姚军《"李孟初神祠碑"考》，《南阳理工学院学报》，2015 年 5 月，第 7 卷第 3 期。

《李孟初碑》拓本（局部）　　　《张景碑》拓本（局部）

是写到那了，遇到碑穿难以放笔，就到碑穿下面"放"去，这至少可以说书家有些意气用事。如果是这样，那别的碑穿下面的字也应该"放"一下吧？似非都如是。揆之汉简上的书写，像"年""府""命"这类字皆有往下拉长的笔画，往往有"垂笔特长"的样子，大概就是汉代的一种书写习惯，也可以说是一种"审美习惯"使然。所谓"书写习惯"及"审美习惯"有时代性，有地域性，有家族传承，有师门授受，有个人喜好。而时代和地域的书写习惯往往会覆盖到一个时地所有书写者的笔法之中。那种"垂笔特长"的形态或许也是一种时代或地域的书写习惯及审美习惯使然，对于这种"垂笔特长"所具有美术意义的笔画形象，古人的解说则往往是建立在文献学和文字学的基础之上，所以就总觉有"望文生义"之失。

这里还有一通是《汉故郎中赵君之碑》，是赵菿的碑，"菿"音"到"，是一种大草。2000 年的《碑林集刊》有一则摘自马宝山《书画碑帖见闻录》上的记载，说是 1958 年，马先生到南阳拓汉画像，偶于乱草丛中发现了《赵菿碑》和《张景残碑》，因其珍贵，故建议建亭保护。一说"1937 年春，《赵菿碑》由南阳城东李相公庄农民犁地时发现，仅留碑首及上部碑身。碑首呈半圆形，刻有三条弧线纹饰，碑身偏上部有穿，小篆题额'汉故郎中赵君之碑'"。或许 1937 年发现此碑，后又埋没荒草间，1958 年又经马先生辨得，从而建议建亭保存的吧？未知详细，且待更考。

赵菿其人史籍不载，今人推测立碑时间在汉灵帝时，依据是碑文书法有点像蔡邕，蔡邕的字到现在也没有人能说出哪通碑是他写的，怎么就说像蔡字？先师启功先生曾说："又闻蔡邕能书，曾写鸿都门下石经，于是汉世诸碑之书者又俱归之，虽书风歧异，年代乖舛，不顾也。"[1] 再说就是像蔡邕就一定是蔡邕那个时候的人写的吗？此碑碑首从上到下第三条弧线上有隶体阴刻，残余碑文内容是歌颂赵菿功德的。人或评其书法"行笔遒劲饱满，结体沉稳静穆而匀整宽博。章法疏朗，字形紧密，笔势方劲深厚，是汉末八分隶书的典型风格，为东汉末期汉隶达于鼎盛时之制"。这样说也就可以了，何必非要扯上蔡中郎以定其立碑年月呢！

2017 年 7 月 20 日写于南阳访碑途中

[1]　见《启功丛稿·题跋卷》，中华书局，1999 年。

群臣上尊号，万国观受禅

——繁城镇访献帝庙与受禅台

这些天在信阳，由老友河南财经政法大学的杜福磊副校长陪同参观博物馆，里面楚国的青铜器让人震撼；又去了古江夏渑地，也就是现在的罗山境内，本是想去访一访李充他们家是否还有什么遗踪旧迹，却索然一无所获。今天早上七点许离开罗山，向漯河与研究生梦雨君集合去看繁城镇的受禅台。在漯河休息站与杜校长作别，稍等了一会儿梦雨开车就到了，稍事休息，出临颍收费口，便由当地张主任领着向献帝庙村，汉献帝庙就隐在村内。

请了一位胡姓老人为我们讲解，我们来这里主要看的当然是《受禅表》和《上尊号》两块碑，二碑在正堂中，有钢铁架子与栏杆护持，碑皆圭形，均有穿，是汉碑样式，碑座看不出什么了，碑高据胡老说是九尺五寸，以谐"九五之尊"的意思。

二碑比较，《上尊号》存字较多亦清晰，《受禅表》漫漶得厉害些，但是隶势又较《上尊号》强些，胡老说《上尊号》是隶、楷递变之时，隶意已弱，楷势已具，故云此碑为楷书之祖。人或谓此碑由钟太傅书，或因是钟书，才说它是楷书之祖？其实仅就此碑书势，说它是楷书之祖还稍勉强。《上尊号》的碑阴字也还清晰，只是不完整了，亦似是劝进之词，但书法与正面稍异，未如正面之工整。其碑侧有宋代元祐六年的一个题记，因被加固的钢架隔断，看不全题记的全文了。

关于《受禅表》和《上尊号碑》一般说许昌西南之临颍县繁城镇

有汉献帝祠（原为魏文帝祠），其实现在临颍县在漯河市内，繁城镇距许昌很近。献帝庙今存《受禅表》及《上尊号》两通汉碑，已是魏人所制也。唐刘禹锡谓《受禅》为"三绝"云：王朗文，梁鹄书，锺繇镌刻，堪称三绝(《刘宾客嘉话录》)。欧阳修有《读繁城受禅碑》与《读受禅碑跋》，传为曾刻石立碑为纪，今不得见。倒是欧阳修《集古录》中有魏《受禅碑》的跋尾，考出《汉献帝纪》和《魏志》都把汉魏禅代的时间搞错了，应该依照碑中所记是"十月辛未"而不是《汉献帝纪》的"十月乙卯"，也不是《魏志》的"十一月"。欧阳文忠公最后说："禅代，大事也，而二《纪》所书如此，则史官之失以惑后世者，可胜道哉！"以此可见，早在宋代，学者就已经指出了碑志可补史传之不足、可证史文之舛误的道理。

然《受禅碑》之书者究为"梁鹄"还是卫觊，尚有可说，欧阳修说"传为梁鹄书，而颜真卿又以为锺繇书，莫知孰是"。康南海以为归卫氏，后世亦有曾子丁详考为卫氏所书。《受禅》为卫觊书，应是闻人牟准在《卫敬侯碑阴》上说的，而且说《上尊号》是锺繇所书。徐邦达先生说牟准之文是后人伪托，不足信。曾丁子先生《受禅表与"金针八分书"刍议》一文坚持牟准文绝非伪托，考证博洽，言之成理，谓《受禅表》为卫觊之作无疑。① 曾子丁先生所论有理，无可辩驳。曾氏为南京大学卞孝萱先生之高足，撰文亦得卞先生指导，谅非轻率之言也。

这里的《上尊号碑》传为锺繇所书，勘看文字内容，当是《三国志·文帝纪》裴注所引《献帝传》所记华歆等上的一篇劝进表文。《隶释》所载与《三国志》稍异，《隶释》当与碑同，当以碑为是，碑首曰：

---

① 见《卫门书派研究文集》，山西高校联合出版社，1992 年，第 186—198 页。

相国安乐卿侯臣歆、太尉都亭侯臣诩、御史大夫安陵亭侯臣朗、使持节行都督军车骑将军□□臣仁、辅国将军清苑乡侯臣若……

和《上尊号》并立的《受禅表》的书法古来多有美誉。关于《受禅表》的书法，《石墨镌华》中有王世贞一段话可参：

余始喜明皇《泰山铭》，见此而恍然自失也。汉法方而瘦，劲而整，寡情而多骨；唐法广而肥，媚而缓，少骨而多态。

比那些动辄即评曰"骨气洞达""探穆渊雅"之类的评价要平实且准确得多。杨守敬说得亦好，《学书迩言》云：

（《上尊号》《受禅表》）下笔如折刀头，风骨凌厉，遂为六朝真书之祖。

后世多云《受禅》与《上尊号》二碑书法极相近，但观原石与拓片，二碑用笔结体皆非相似，谅不出于同一人或同类风格之人的刀、笔之下也！说《受禅》是"雍雍雅度，衫履自饰"（郭宗昌语）稍可当得，而《上尊号》就拘谨得多，要之，《受禅》还有些汉家气象，还称得上康南海说的"雄伟冠时"，《上尊号》写得倒是工整，但总觉底气不太足，格局也不甚大。老觉得"劝进"劝得不那么合法似的。《受禅表》，清代严可均编《全三国文》把著作权归在卫觊名下，此文不仅如前揭曾子丁所说是卫觊书丹，也是卫觊属文了。那么刘宾客所谓"三绝碑"也不能算数了。（后来闻人牟准就说是卫觊撰文并书，严可均从其说）这一通碑的内容，可参看《隶释》卷十九，这是记录曹丕代汉受禅的全过程，有极大的文献意义。书法又好，则亦有极大的书法价值。

这篇东西叫"受禅表"倒不如叫"受禅记"，"表"是上给皇帝的，这个《受禅表》明显不是上奏给汉献帝的，而且"表"中凡称曹丕处皆书作"皇帝"。可碑额上就有篆书"受禅表"三字，所以这个"表"

不该是通常"章表奏议"的"表"，大概就是个"表记"，《礼记》郑玄注"表记"云"以其论君子之德见于仪表。揆之《受禅》一文有'故立斯表，以昭德□义焉'"云云，亦是记录受禅这种德义大事也。表文的内容，也都是美化曹丕代汉的话，什么"义莫显于禅德，美莫盛于受禅"；又"尧舜之事，复存于今"；什么"齐光明，材兼三极"；还有"皇帝（指曹丕）谦退，让德不嗣，至于再，至于三"。类如是语，不一而足。

《受禅表》拓本（局部）

看完《受禅表》与《上尊号》二碑，胡老带我们向后院看明朝许州知州邵宝坏魏明帝祠而改的汉献帝庙，据说当时把曹丕塑像的头砍去，又塑献帝铜质头像放在曹丕原像的身子上，并立了"汉愍皇帝之神位"，牌位四周雕龙皆四爪，今放置在套院里。

胡老说，五爪龙是皇帝用，三爪龙有大臣用，而给汉献帝用四爪龙，说明他虽是个傀儡皇帝，又是个退了位的皇帝，但"级别"亦在臣工之上。这不原本人家曹丕封他为山阳公时就这么定了的吗，虽非以龙爪计，但意思大差不多！

据本镇李书记和胡老说，原来献帝庙占地很大，现在只有一小块地方了。现在看这个献帝庙的确小得可怜，殿屋似皆新修，无雕梁画栋，亦无匾额楹联，除了刚才在院后供桌上放的献帝雕龙牌位还有点皇家遗荣，剩下的都如献帝退位时的寒俭无生气。

汉献帝真是个命运多舛的皇帝，汉祚四百年，到他这儿也真是气数尽了，可他还苟延残喘三十余年，只是曹家还没有腾出工夫来篡。曹孟德在那挡着，别人也争不来天下，所谓："设使天下不有孤，不知几人称霸几人称王。"献帝刘协居于许昌皇宫的皇帝岁月，虽然也可能胆战心惊，心有不甘，但怎么也算太平安好。气数尽了，你就是想有作为，也无机会了。汉家、曹家都觉得刘协该让位了，所以不让就有些不识时务了。献帝凡四下诏禅位于曹丕，说是曹家逼迫的，倒不如说是上天不许他再在那个位子上"垂拱而治"了。大势所趋，非要说人家曹子桓篡汉，人家子桓一让再让，又说人家假惺惺。其实这"假惺惺"也是不得不尔，子桓不是董卓，他还有点文化；他还要士族跟着他一统天下，不做做样子说不过去。汉献帝已经稀泥上不了墙了，留着他人家也会骂子桓跟他爹一样挟天子令诸侯。也有人保献帝，刘皇叔就保，可那也未必是真的，喊几句政治口号也掩盖不了他也想"称霸称王"的野心。陈寿等史家也是因述史之立场，褒刘者多抑曹者狠，所以从谁为正统的角度考虑，自然曹丕代汉，就一定说为篡，曹丕三让，就一定说作是假惺惺。

受禅台，今犹在，是个汉魏政治交接的历史物证。《三国志·魏志》上说，献帝告祠高庙，就是请示了他的祖宗汉高帝刘邦，使御史大夫张音持节奉玺绶禅位，正式颁发册文（应该是整个大汉朝四百余年最后一道皇帝文书了），让曹丕"飨兹万国，以肃承天命"。于是乎曹丕就不再辞让了，"乃为坛于繁阳（后来叫繁昌县，现在叫繁城镇）。庚午，王（曹丕）升坛即阼，百官陪位。事讫，降坛，视燎成礼而返。改'延康'（献帝最后一个年号）为'黄初'，大赦"。

陈寿记这个事就这么简单。而裴松之注引《献帝传》就隆重些：

魏王登坛受禅，公卿、列侯，诸将、匈奴单于、四夷朝者，数万人陪位，燎祭天地、五岳、四渎。

而人家曹魏自己的史官在《魏氏春秋》里则记之曰：

帝升坛，礼毕，顾谓群臣曰："舜禹之事，吾知之矣！"

透着那种替曹子桓的得意！

倒是应该说曹丕称帝后对汉献帝还算客气，《魏志》上说：

黄初元年十一月癸酉，以河内之山阳邑万户奉汉帝为山阳公，行汉正朔，以天子之礼郊祀，上书不称臣，京都有事于太庙，致胙；封公之四子为列侯。

据说今之汉献帝庙，原来是魏文帝祠，明时许州知州废文帝祠改献帝庙，真是"拥刘反曹"，后继不乏其人也。后世再怎么"拥刘"，汉献帝也把大汉让给了曹魏，他即位时的年号叫"永汉"，禅位时的年号叫"延康"，实际上是"汉"也没"永"，"康"也未"延"。不过后世有些传说，汉献帝禅让之后，曹丕并没有斩尽杀绝，献帝在山阳也就是今之河南焦作那里过了一段悬壶济世的平民医者的生活。这个受尽了委屈、担惊受怕的末代皇帝，到了不当皇帝的时候，倒是过了一段平静舒心的日子，也算得了个善终，魏明帝青龙二年（234）三月庚寅，汉献帝也就是后来的山阳公刘协寿终正寝，魏明帝曹叡率群臣亲自哭祭。八月壬申，以汉天子礼仪葬于禅陵，陵在今河南修武。

胡老又带我们去看献帝庙南的受禅台，现在不过是个大土堆，原来的三层高台现在只能看到两层，最下一层已埋入地下四米深处。最底层是四面各八十步的方台，至最上面一层是圆的，谓之天圆地方。胡老说，此地原无台，是从西南数里处取土筑成，现在那里留有一个大坑，叫"饮马坑"。他说受禅台南边数里有一村名"司马村"，人或谓是司马懿的老家，这自是误传，自古及今那个地方也没有姓司马的。为什么叫"司马村"？传说当时司马懿在那里驻兵，现在那里还有叫"前营""后营"的村子，即司马懿之军营，据说驻军二十万。把"饮马坑"那地方的土挖来筑台，工期也就是个把月，都是那些军士的劳动成果。中国自古以来，最高统治者想建个什么，说个工期，肯定能如期或提前完成，因为这是举全国之力的"政治任务"。"集中力量办大事"，自古就有这个制度优势。

胡老在受禅台上侃侃而谈，如数家珍，一会儿说当年受禅大典之隆重；一会儿说曹丕篡位积心日久；一会儿说国内禅位遗存仅此一台；一会儿说当地对文物失于保护，村民取土烧窑破坏了受禅台体。近年来走过很多地方，访寻古代遗迹，常常听到当地像胡老一样对古物的熟谙与对保护不利的感伤。

中国人对文物保护这个事儿，有史以来基本上是乏善可陈。阿房宫，三千里，让楚霸王一把火烧了个干干净净。熹平石经，让董卓弄到长安，后来又徙来徙去，到后来碎如瓦砾，最大的那块今在西安碑林，存字也是百不余一。蔡中郎他们辛辛苦苦搞的这个浩大的正定经典的工程，最后成了碎片化的遗存，倒是挺有象征意义，后人读经典，也都是碎片化而不求完整了。说是盛世收藏，天下晏然的时候总会保护得好些吧？可是盛世的人偏愿意把旧的拆了建新的；也有所谓恢复旧制的，却往往是造了些假古董，这种做法古人常干，所以我们就看到一些宋代的秦汉"旧物"，比如《峄山碑》等；更不用说那些造旧如旧的青铜器和名人字画了。所以我和胡老说，也别那么感伤，中国人那么讲"长久"，可是古老的东西我们却不爱护，而且还有意无意地毁坏，再造点假的一则自娱自乐，一则卖了骗人。咱讲的这个"长久"是啥呢？胡老看着我，迟疑了一下，苦笑了一下，轻咳了一下……

2017 年 7 月 25 日撰于河南访碑途中

由尹宙思及尹吉甫

——许昌鄢陵县中学访《尹宙碑》

　　2018 年 7 月 13 日，我与研究生卢梦雨、崔笑二贤契往许昌鄢陵中学看存在那里的《尹宙碑》，鄢陵文管所所长陈垒先生为我们介绍，在文庙戟门旧殿，我们看到了这块汉碑，已用玻璃四围罩起。陈所长对这块碑很熟悉，你问起哪个字，他都能快速找到指给你看。比如"傿陵"，比如"福德"。说到要看"流僊"二字时，他说现只剩下"流"字，"僊"（即"遷"）字已破损了。现在"流"字下有一大块损毁，陈所长说这是锤拓所致，现在碑石一些地方敲击一下可听出下面虚空，如果不保护起来，再任由人们锤拓下去，这碑就可能大片大片地垮塌了。当我说想看看"正色立朝"几字在哪块时，陈所长说是"立朝正色"。随即在左面偏上的地方指给我，我记成"正色立朝"是因为《续书断》说到颜真卿书法"如忠臣义士，正色立朝，临大节而不可夺也"，我还以为陈所长记错了，一看石上果然是"立朝正色"，他真是把这块碑的所有文字及所在部位烂熟于心了。我问他此碑算几级文物？他说因为此碑不是馆藏文物，所以不定级，它被称作"保护文物"，现在还不是国家级保护文物，只是河南省级保护文物。他告诉我们，今年准备把《尹宙碑》申请为国家级保护文物。我们都认为这太应该了，无论其年代、完好状态以及其书法艺术价值和文献价值，都应该成为国家级保护文物。

　　关于《尹宙碑》，《金石萃编》记云：

《尹宙碑》碑额"从""铭"二字

　　碑高八尺一寸，广三尺九寸，十四行，行二十字，额二行，残阙，止存"从铭"二字，篆书。今在鄢陵县孔庙。

　　按，此碑《隶释》似未著录，所谓物之显晦固有时也。而此碑元朝皇庆元年（1312）正月尝被达鲁花赤发现并得保存于鄢陵孔庙中。元皇庆三年（1314）鄢陵人刻碑记其事，就刻在了《尹宙碑》的背面，今此碑阴尚在，字迹也有些磨泐不清了。皇庆元年，作为汴梁路的军政官达鲁花赤奉诏到鄢陵县追封孔子为"大成至圣文宣王"，物色石材立碑于泮宫，从洧川得一碑石，竟是尹宙碑。达鲁花赤自己出钱买了来，想把碑磨掉再刻一块封孔子大成至圣文宣王的碑，但他旋即改变了主意，碑阴记录云：

既而幡然改曰："碑历一千二百余年，故物举一废一，有所弗忍。"遂议更以新石，并旧石附立庙庑……

多亏了这位蒙官"有所弗忍"，才把这方东汉时的碑石留了下来。自古废旧立新的事常有，多少千年题刻被后人磨灭！所以这位达鲁花赤的好古尚贤、成就美事的行为为人所称道。鄢之士民称颂他说："仁哉忠显，治绩在鄢。事师古始，德崇哲先。更新修废，二美得全。写之琬琰，以求其传。"① 此碑后因地震没于土中，明朝时又于鄢陵地中得之，《金石史》有记载。现在此碑仍保存在许昌鄢陵县的一所中学内，皇庆三年至今也有七百余年了，多少天灾兵燹，多种文化劫难，竟能完好地保存至今，真是天佑斯文也！

尹宙，汉灵帝熹平六年（177）卒，年六十二岁，生于汉安帝元初三年（116），是东汉后期的一个地方官吏。但他为官为人皆有善誉，且其先祖，是周宣王时的尹吉甫，这便使得尹宙的宗族先烈，让人每每称羡。再加上东汉以来立碑颂德成为一种时尚，即如叶昌炽《语石》所谓"东汉以后，门生故吏，为其府主伐石颂德，遍于郡邑"。此碑于东汉时固非奇异，然流传至今，且原石犹在，此所以珍贵者也！

观《尹宙碑》，其可说者大抵有三，一是尹宙之家世先祖，有尹吉甫，有汉之酷吏尹赏（字子心）；二是碑文中一些文字学的问题；最是这方汉碑书法在汉魏书法史上的意义，及它对后世的影响力。

---

① 〔清〕翁方纲《两汉金石记》，上海古籍出版社，2020 年。

先祖问题

立碑者恒欲夸示远祖，此碑自无例外之理。碑云："其先出自有殷。乃迄于周，世作师尹，赫赫之盛，因以为氏。"他们"尹"姓是从殷商至西周时因世代为"太师"之官，便以"尹"为氏了。而《诗·小雅·节南山》："赫赫师尹，民具尔瞻。"《毛传》："师，太师，周之三公也。尹，尹氏，为太师。"似是原本尹氏就是做太师的。

到周宣王（？—公元前783）时出了一个名人就是尹吉甫（公元前852—公元前775）。这个人在政治、军事上自有其丰功伟绩，在文化上亦是一位居功至伟的人，因为他编了一部当时的诗集，就是我们现在读的《诗经》。台湾大学的一位老先生叫李冬辰，原是从大陆过去的，他更是主张整部《诗经》都是尹吉甫写的，他把诗三百联系起来做了统计与考辨，得出结论说：

……连贯起来后，使人名与人名，地名与地名，时间与时间，事件与事件发生了关系而组成了一部整个故事。这故事的中心人物就是尹吉甫。他是这部故事的连系者，也是整个故事的写作者。[1]

此说虽绝对，但吉甫之于《诗经》著成，自是一个重要的参与者和推动者，当无疑议。

尹宙在汉代还有一位先祖叫尹赏，字子心。碑中云："汉兴，以三川为颖川，分赵地为钜鏕，故子心腾于杨县，致位执金吾。"顾炎武《金石文字记》引《汉书·酷吏传》云，尹子心（赏）为杨氏人。杨氏县属钜鹿郡，而河东郡有杨县，认为"于文不当省'氏'字"。碑文中说完"分赵地为钜鏕"，后说"故子心腾于杨县"，这当是杨氏县之误。因为从文脉上，这里的"杨县"是属钜鹿的，所以，可能是

---

[1]　李辰冬《诗经研究》，台湾水牛图书出版事业有限公司，1990年。

碑文漏书"氏"字，把杨氏县写成杨县了。《汉书补注·尹赏传》引周寿昌曰："(尹)宙殆(尹)赏之同族后人也。"《尹宙碑》写到尹赏，自然也是把尹赏当作尹宙的先人，且在汉成帝时，尹赏捕盗除暴也是一个能吏。所谓："(尹)赏视事数月，盗贼止，郡国亡命散走，各归其处，不敢窥长安。《汉书·薛宣传》上记载了尹赏的一件事，也说他是巨鹿人，说的是薛宣曾经把栗邑县令尹赏和频阳县令薛恭对调，因为薛恭治小县还行，尹赏治大县更好，以述薛宣知人善任，传云：

> 频阳县北当上郡、西河，为数郡凑，多盗贼。其令平陵薛恭本县孝者，功次稍迁，未尝治民，职不办。而栗邑县小，辟在山中，民谨朴易治。令巨鹿尹赏久郡用事吏，为楼烦长，举茂材，迁在栗。宣即以令奏赏与恭换县。二人视事数月，而两县皆治。宣因移书劳勉之曰："昔孟公绰优于赵魏而不宜滕薛，故或以德显，或以功举，'君子之道，焉可诬也'！属县各有贤君，冯翊垂拱蒙成。愿勉所职，卒功业。"

我们可以从《薛宣传》中以薛宣的视角看，尹赏是个能吏，再结合《酷吏传》中《尹赏传》之"左冯翊薛宣奏赏能治剧，徙为频阳令……后以御史举为郑令"一段文字，可见尹赏在任地方官时是有治理能力的。尹赏官至执金吾，"督大奸猾，三辅吏民甚畏之"。这个尹赏为官一定是非常酷烈，所以他曾经以"残贼"之罪名被免官，但很快又被启用了。"残贼"语出《孟子》，是说不仁不义谓之残贼，这里可能是说尹赏为官处理政事不管什么"仁"啊"义"的，不惜用酷烈的手段快刀斩乱麻地把事办了，办起事来从"法"不从"儒"。结果或许是事办了而名声不好，所以就被免职了。尹赏对他的所谓"残贼"之罪似乎并不觉得怎样，临死时和他的儿子们说起，戒之曰："丈夫为吏，正坐残贼免，追思其功效，则复进用矣。一坐软弱不胜任免，终身废弃无有赦时，其羞辱甚于贪污坐臧。慎毋然！"他是不屑于软弱为官的，不知他的儿子听后有何感想，反正四个儿子都做到了郡太守，其长子还做了京兆尹。

但尹赏是否就一定与尹宙有家族延续关系，就像尹吉甫与后世姓尹的人是否就一定有亲缘关系，实在不好说。但吾人为什么一定要在碑志中认领一些祖先呢？自然是当时人物品藻之标准以世族为高，以今人的视角论其更有意义的则是绍祖追宗，使得历史上的名人事迹亦得永传！

文字问题

此碑元明以后题跋评论者，不乏其人，而于碑中的文字问题，关注者亦很多，从这些对文字书写之正误，用字写法之然否的考辨中，看出题评者对文字书写之关心，有的是出于文献上的考虑，有的是出于书写上的考虑，兹举数例如下。

比如"流遷"写作"流僊"；"鄢陵"写作"傿陵"；"副德"写作"福德"；"钜鹿"写作"钜鏕"；等等，先贤皆有考据，认为这都不是异写，而是有据可依的，王昶之《金石萃编》卷十七述论《尹宙碑》之文字书写，可以给我们许多文字发展变化的启示。如其所引海宁人陈奕禧撰之《金石遗文录》有这样一段文字：

"家于傿陵"，"傿"字去邑从人，《前汉书》"傿陵"师古注："傿"音偃，本从人。《后汉书》作鄢陵，观碑知后汉时仍作"傿"写。今范史乃俗学传改之误也。

又如其所引王澍的《虚舟题跋》说到"钜鹿"之"鹿"作"鏕"和"副德"的"副"作"福"云：

顾宁人以"钜鹿"之"鹿"不当从金。顾南原云《广韵》言"钜鏕，郡名。《汉书》只作'鹿'",宁人谓不当从"金",非也。又宁人以"位不福德","福"字为"副"字之误。南原云:"福"与"副"同。《广韵》:"福衣一福也。今作副。"《史记·龟策传》"邦福重宝",徐广曰:"福音副,其字从衣。俗本《史记》讹作福。"魏《上尊号奏》"以福四海欣戴之望","副"亦作"福"。

这里说的"顾宁人"就是顾炎武;"顾南原"是著有《隶辨》的清朝学者顾霭吉。顾霭吉在这里一一驳了顾炎武。可顾亭林(炎武)先生也是学富五车的人,都错了吗?后来也有人出来替顾亭林说话,说《玉篇》说过"钜鹿,俗作'镹'"。所以顾亭林说"钜鹿之鹿不当从金"也没什么错。

此碑中除了一些文字写法上可看到汉时文字书写之常例和俗写以外,在用词上也有的可说,今亦举一例云,碑中述尹宙仕历,"州辟从事,立朝正色,进思尽忠",这个"立朝"用得对吗?他不过做至州从事,没有做过中央级官员,怎么能写"立朝"呢?先贤做了解释,全祖望说:"(尹)宙以州辟为从事,而碑以'正色立朝'称之,盖即指州治为朝。汉唐人皆如此,宋以后不敢为此语矣。"[①] 郑业敩《独笑斋金石文考》卷六说到这个"朝"还有一句"纲纪本朝"时说:"皆指州治为朝",并举证若干古文献,古代郡守官府不但可以称"朝",就是私家亦得言之。看来还轻易不能说人家《尹宙碑》用词不当,语涉僭越。汉唐人本无此讳,到了宋朝以后,文网渐密,才不能随便说话,也就是在哪儿说哪儿,不能称大个儿的。避讳也是越往后来越显严格,就像"朕"字是皇帝自称,那是秦汉以后的事,屈原就自称朕呢。

---

① 引自全祖望《尹宙碑跋》,见王昶《金石萃编》卷十七,陕西人民美术出版社,1990年。

书法问题

前贤多云此碑书法与《孔宙碑》（延熹六年，公元163年）可同观之，世亦谓之"双宙"云。今往观《尹宙碑》原石，又合勘前此往曲阜孔庙之"汉魏石刻艺术馆"看《孔宙碑》原石的照片，则"二宙"确属汉碑中的精品，其书法是一种十分成熟的隶书形式，而其风格是属灵动飘逸的一类，亦与《曹全碑》的风格颇可归为一家眷属。

然而前贤也有所谓《尹宙》不及《孔宙》远甚的说法，虽不能说"远甚"，但《尹》不及《孔》也是一看便知的。这可能与《尹》碑书刻时与《孔》《曹》二碑有异相关，此又可别文细说者也。但是不管怎样，《尹》碑那种洒脱还是让人能读之感动的，然而无论规整还是飘逸，总还是觉得终逊《孔》碑一筹，而《孔宙》又稍逊《曹全》，如启功先生所说，《曹全》体势开张，点画沉劲，远在《孔宙碑》之上。①但《尹宙碑》也已是相当精美的汉碑遗存了，与今存汉碑相较，放在上品，当无疑议也！

若说该碑已具楷法，还须谨慎，若说汉碑中有楷笔的不在少数，《孔宙》《曹全》等碑上也能找出几笔，但说它们已有楷笔倾向或有楷书笔意，似还嫌不足，若前贤所说，此碑还是略有篆意遗存。诸碑还是成熟隶书的楷范，也是汉隶的代表形象。

今《尹宙碑》全名是什么呢？因为现在的篆额只存两行最下两个字即"从""铭"，令人不知所云。后人因其历官至"从事"（汉代刺史的佐吏），所以认为此碑篆额应该是"汉故某州从事尹府君铭"十字，今上面八字损，唯余下面"从""铭"二字矣。翁方纲认为尹宙

---

① 见《启功丛稿·题跋卷》，中华书局，1999年。

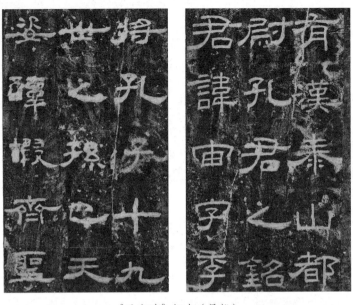

《孔宙碑》拓本（局部）

《曹全碑》拓本（局部）

既然是颍川人，本州即豫州，所以他认为碑额应为"汉故豫州从事尹
君之铭"，或"尹君碑铭"。而其他文献中则称"豫州从事尹宙碑""汉
从事尹宙碑""州从事尹宙碑"等等，这些都不准确。

　　元代皇庆三年碑阴有一篇碑文，记着"达鲁花赤"那个蒙古官员
把尹宙碑给保护起来的事，因为在这块颂扬达鲁花赤的碑文上说到此
碑为"东汉熹平六年故豫州从事尹君讳宙者之碑也"的字样，所以翁
氏就说："是碑记重立尹宙碑事明言其为豫州从事，可见元皇庆移动
置学宫时，其额尚完也。"①其实元代人在碑上说那是汉之豫州从事，
也可能与翁方纲一样是从碑文中考辨出来的，怎么就能一定认为元朝
时碑额尚完且碑额上就一定写的是那些字呢？

　　我们在鄢陵中学看到的原碑是"从""铭"二字上再无存石，是
横断开的，鄢陵文管所陈垒所长说有一本曾国藩存的宋拓《尹宙碑》，
是个剪裱本，亦只有"从""铭"二字，设若是宋拓，那么宋时碑额
既已断去，若翁方纲所猜测元皇庆间碑额尚完是对的，则陈所长所说
曾文正所藏之拓本断非宋拓。若果然是宋拓，则翁氏的猜测也只能算
异想了。而马衡先生跋吴石潜（隐）所存拓片云："疑此额或别为一
石冒置碑首，嘉靖出土时偶未寻得，非石有所断裂处也。"以马氏此
跋证之此碑原石，符节尽合，因为碑石"从""铭"二字之上边沿非
常整齐，不像断裂开的。马说"别为一石冒置碑首"，或即如此。若
果如是，是元皇庆间碑首之石或尚在，则翁氏所说"碑额尚完"也未
必是妄断矣。可是曾国藩的宋拓又怎么解释呢？或许宋人拓碑时，"别
为一石冒置碑首"的另一块石头也可能"偶未寻得"呢。

---

① 参见王昶《金石萃编》卷十七，陕西人民美术出版社，1990年。

　　离开鄢陵中学，告别了陈所长，我们驱车赶往南阳，在南阳宿一夜，第二天我们去湖北房县访尹宙的先祖尹吉甫的故里。七月十四日早上出发，车行200余公里，中午时分到达房县的青峰镇，午饭后稍事休息便驱车向尹吉甫故里，据说那里就叫尹吉甫镇，故里有纪念尹吉甫的宝堂寺。从尹吉甫故里山门进去就全是山路了，十分难走，将近一个小时，九曲十八弯地走到一个路的尽头，车不能行，我们拾级而上到达一个平台之上，那就是宝堂寺了。宝堂寺是明朝人修建的，就是

尹吉甫故里——宝堂寺

为纪念尹吉甫这位"中华诗祖"的，此寺下有殿而上有窟，均有吉甫石像被供奉着，下面殿里的一尊石像还是完整的，可攀登到上面石窟中，无论居中的还是两厢的洞窟中，都是无头石像，亦未知何时被砍斫下去的。寺外有一块房县复修宝堂寺碑记，其中有"年久失修，文革殆尽"数字，看来这石窟之中的精美造像大抵也是毁于那场浩劫的。

《尹宙碑》上说尹吉甫是尹氏先祖，也是诗之祖，到了秦并天下，尹氏就被拆分了，离开故土，一支迁往钜鹿，一支迁到颍川。尹赏（汉之酷吏）是钜鹿杨氏县人，自是钜鹿一支，尹宙自是颍川这一支。前读《后汉书·张禹传》知邓太后因灾异策免太尉徐防，又免司空尹勤，查《东观汉记》，尹勤是南阳人，似应是颍川尹氏的一支。尹氏一些名人亦因《尹宙碑》有这样的连接，让我们以身量地，在空间的跨越中，也与不同时代的尹姓历史人物有一种遥相揖问矣。

2018 年 7 月 16 日写于郑州旅次

张禹之碑的粗糙与张禹之死的蹊跷

——偃师商城博物馆访《张禹碑》

初读《张禹碑》拓片，就总想起汉中石门那块东汉永平六年（63）的摩崖石刻《大开通》，固然《大开通》行、列依石而刻，横也不成行，竖也不成列，较之半个世纪之后东汉永初七年（113）的《张禹碑》自然太不规整。但是其方正之造型却也存些仿佛之处。在偃师博物馆看碑，倒是立在《张禹碑》之侧的《老僳买田券》（建初二年，公元77年）有一些像是它们二者的中间状态，合三者而观之，颇能看出隶书发展的一个大概脉络。《大开通》可以说是隶型已具而隶笔未现，《张禹碑》则隶型隶笔兼具矣，只不过隶笔还显"年轻"而已。（倒是传说刻于永元元年（89）的燕然山勒铭，与《大开通》颇觉相近。）

《张禹碑》是1993年出土的，当时开掘了一座晋朝的墓，这通碑被当作了墓门。那是一座在偃师西南20公里处的小型晋墓，或是当时人就地取材把《张禹碑》用作墓门了。以往偃师出土汉碑，也有类似情况，似未易考其由来。可是这碑发掘出来后，洛阳方面的学者依据全碑残存的331字，考定这是汉太傅张禹的墓碑。碑在人家的墓中，做了人家的墓门，亦如原河南大学校长王广庆先生1939年时说的："东京文物炳蔚，碑刻应亦不少，而今存汉碑，稀如晨星，殆由魏晋以后之制，禁毁弃而已……近出《甘陵相》《皇女》诸残碑，皆魏晋之间

《张禹碑》残石（局部）

折为墓门。"① 汉墓旧物虽被晋人移动了原位，但学者们认为，这座以《张禹碑》作墓门的晋墓，应该距离碑主张禹的墓穴不会太远。

　　现在此碑就存放在偃师商城博物馆内，已残损不规整，馆内用木架托起，略具方形而已。拓墨已将残碑染得乌黑透亮，但尚未泐损的字迹还是十分清晰的，包括石质之粗糙、有些字刀刻之草率不完整，都历历在目。

　　《后汉书》卷四十四有《张禹传》，传中未书张禹生年，只记了卒年而未书享年。查碑中首记"□□□七年八月廿五日丑薨"，人以《张禹传》勘照，以为前所泐三字当为"惟永初"，而碑中记其七十六"构疾不豫"，此即其享年，以永初七年（113）七十六岁向上推算，张禹

① 　见郭玉堂《洛阳出土石刻时地记》"序二"，大象出版社，2005 年。

应生于光武帝建武十四年（38）。按照《后汉书·张禹传》说，他是
永平八年（65）举孝廉步入仕途的，那时他也就二十七八岁。碑中说
"□自赵举"，就是说他是家乡赵国（今河北地，都邯郸）举孝廉的。
传中说"举孝廉稍迁"，碑中说"□自赵举，入仕紫宫"。那么"稍迁"
指升迁到什么官呢？传中没说。碑中说"入仕紫宫"，不过说升迁到"中
央机关"了，也颇显模糊，唯《东观汉记》卷十六张禹传载：

> 张禹，字伯达，作九府吏，为廷尉府北曹吏（姚本作"永平六年"，
> 未知确否），断狱处事执平，为京师所称。明帝以其明达法理，有张
> 释之风，起迁非次，拜廷尉。

按，廷尉为九卿之一，那么年轻就做到廷尉，这大概就是碑中所
说的"入仕紫宫"的意思吧。碑中"入仕紫宫"之下句为"出司二
州"，自是传中所载"建初中（76—84）拜扬州刺史"和"元和二年
（85）转兖州刺史"，这是张禹四十多岁时的履历。碑中对其"出司二州"
有个总的评述云"敦德配哉，嘉政四流；述职行县，至于海阳；前人
所艰，靡不悉周；幽隐得理，帝命宣修"云云。这与传中所记"历行
郡邑，深幽之处，莫不毕到，亲录囚徒，多所明举"云云，都是说他"出
司二州"皆有清平之称。而传中记载他过江巡查的一个故事挺有意思：

> 当过江行部，中土（民）皆以江有（伍）子胥之神，难于济涉。（张）
> 禹将度，吏固请不听，禹厉言曰："子胥如有灵，知吾志在理察枉讼，
> 岂危我哉？"遂鼓楫而过。

于此颇能看出张禹办事之果敢，且相当自信。他认为他是正义的，
他是为民"理察枉讼"的，虽伍子胥的冤灵也不会危及他。这应是
他在扬州刺史任上的事。元和三年，他在下邳相任上也有一些惠政
的记载：

三年,迁下邳相。徐县北界有蒲阳坡,(李贤注引《东观记》曰:"坡水广二十里,径且百里,在道西,其东有田可万顷。""坡"与"陂"同。)傍多良田,而堙废莫修。禹为开水门,通引灌溉,遂成孰田数百顷。劝率吏民,假与种粮,亲自勉劳,遂大收谷实。邻郡贫者归之千余户,室庐相属,其下成市。后岁至垦千余顷,民用温给。(李贤注引《东观记》曰:"禹巡行守舍,止大树下,食糒饮水而已。后年,邻国贫人来归之者,茅屋草庐千户,屠酤成市。垦田千余顷,得谷百万余斛。")功曹史戴闰,故太尉掾也,权动郡内。有小谴,禹令自致徐(县)狱,然后正其法。自长史以下,莫不震肃。

张禹在和、安二帝朝位高权重,也极得安帝初主持朝政的邓太后邓绥(81—121)的信任,可是《张禹碑》,用石极粗糙,碑面也不平整,且刻字也似较匆忙,有些字都没有刻实,呈一种双钩状,人或以为这可能是当时刻碑的一种常见现象,进而猜测这可能与当时的审美标准有关,并举《微山桓孱食堂画像石题记》《东安汉里刻石》等石上的双钩字为例,说颇不稳,余颇难以遽从也。我还是认为这碑立得有些仓促,所选石料及刻前打磨都比较疏简,究其原因,一个可能是与邓太后尚节俭有关,一个可能与张禹死得突然有关。

要探究这个问题,似应该说说邓太后的执政经历。邓太后主政时,也就是二十五六岁,但这是一个相当能干也有一定政治谋略的女人。从《后汉书·邓太后传》上看,她是一个个子高高、姿色美丽的女子,所谓"后长七尺二寸(按,东汉一尺有二十三厘米),姿颜姝丽,绝异于众,左右皆惊"。十六岁入宫为贵人,汉和帝永元十四年(102)她二十岁时被立为皇后,便开始了她"母仪天下"的政治生涯。

公元106年汉和帝驾崩,邓皇后把和帝的幼子殇帝刘隆扶上皇位,

不一年即夭折，她就与其兄车骑将军邓骘于禁中定策选中了汉章帝之
孙、清河王刘庆之子刘祜立为皇帝，是为汉安帝。如果揆之《邓骘传》
《张禹传》《徐防传》等，邓太后在禁中最后决定由刘祜继皇帝位，参
与定策的有邓家兄弟数人，还有张禹、徐防、尹勤等大臣。张禹当时
是太傅，徐防是太尉，尹勤是司空。那么大的事儿，应该是"集体讨
论决定"的，当然这里面邓太后起决定作用。有意思的是，新皇帝册
立的当年，有定策之功的徐防、尹勤就因为边境有兵燹、国内有天灾
被免了官位，《徐防传》上说："凡三公以灾异策免始自（徐）防也。"
找了理由免了他们，则背后一定还有不好明言的原因。从《徐防传》
上看，他被免之后不久就去世了；以同样理由免官的尹勤也很快病卒
了。[1] 张禹没有被免，但好像是兔死狐悲，他心不自安，请求退休，
未获允准，又拜他为太尉，应该是以太傅兼任太尉吧。太傅在三公之上，
所谓"每朝见特赞，与三公绝席"者。虽然张禹一直身任要职，求退
不得，但到了永初五年（111）却因"阴阳不合策免"。什么叫"阴阳
不合"呢？也是因为天象？就像徐防、尹勤之被免是因为灾异者然？
袁宏《后汉纪》就记作"太尉张禹以灾异策免"。还是如人所说，是
政治上派系的矛盾而使得朝内官员政见不合，政治势力失衡了吗？查
《张禹传》，他被策免之前有一个征税的建议，那是为了对付连年的灾
荒导致的"府藏虚空"。国库没钱了，他建议预征赋税以解燃眉之急，
这或许触动了"地主阶级"的经济利益？未可知也。关键是邓太后和
汉安帝是批准了张禹的建议的，施行了一年就把他免了。两年之后，
张禹就在家"构疾不豫"了，七十五六岁的人，大概还是有点想不通
而导致速病速亡了。

---

[1] 〔南朝宋〕范晔《后汉书·陈宠传》，中华书局，2000 年。

可是读了《张禹碑》，后面有这样几句："居高思危，满□□□，□□□举，谢病退去。"好像他是有病了才被策免的，在中医里"阴阳不合"也就是有病了。但真的是有病吗？中国历史上"因病"而退出政坛、或免去职务往往是说给人家听的，是一种隐讳的说法，"病"是说出的理由，往往不是真正的理由。但也可能是真的病了，他老处在"内不自安"的"惶恐"状态，又加上年龄已越古稀，精神上萎靡昏聩也未可知。

我想真正的理由，还是跟张禹参与了邓太后"禁中定策"，选择了章帝孙、清河王子刘祐继承大统，而没有选择汉和帝之子刘胜有些关系。很多传中，描述到刘胜都说他是"少有痼疾"。他是汉和帝的长子，在和帝驾崩之后，他是最有资格的继承人，但邓太后没有让他继承，原因就是他有"痼疾"。什么叫"痼疾"？就是好不了的病，可人家刘胜到底有无"痼疾"呢？前所说与徐防一起被免的司空尹勤的继任者周章就说刘胜并无痼疾。《后汉书》卷三十三《周章传》中记载：

（周章）永初元年代魏霸为太常，其冬（钱大昕以为应为"秋"），代尹勤为司空。是时中常侍郑众、蔡伦等皆秉执豫政,（周）章数进直言。初，和帝崩，邓太后以皇子（刘）胜有痼疾，不可奉承宗庙，贪殇帝孩抱，养为己子。故立之，以（刘）胜为平原王。及殇帝崩，群臣以（刘）胜疾非痼，意咸归之，太后以前既不立，恐后为怨，乃立和帝兄清河孝王子（刘）祐，是为安帝。（周）章以众心不附，遂密谋闭宫门，诛车骑将军邓骘兄弟及郑众、蔡伦，劫尚书、废太后于南宫，封帝为远国王（到较远的封地为王），而立平原王（刘胜）。事觉，策免（周）章自杀。

这个周章是在这里胡闹吗？大抵无风不会起这么个大浪吧！《后

汉书》的作者在周章的传里写他是个有一定政治敏感力的人，是个"数进直言"的人，是个死后"家无余财"的人，可是他怎么就那么胆大妄为呢？从传上看，他是要保刘胜做皇帝的，他至少是认为邓太后不让刘胜继承皇位的理由是站不住脚的。而且不光是他这样认为，朝中大臣也是这样认为的，所谓"群臣以（刘）胜疾非痼，意咸归之"。而且，邓太后不同意刘胜即位的理由更是有问题，她说第一次选殇帝时没选刘胜，怕他有怨气，所以干脆这次也别让他当皇帝了。这是个什么理由呢？这不是拿着国家大事当儿戏吗？

尽管邓太后在政治上也还是做出些成绩的，但在选皇帝这个问题上，她一定是有私心，所以她的理由就显得很苍白无力，这就不由得像周章这样的耿直大臣反对她。周章在这个问题上是既反外戚，又反宦官。可他的动机是什么呢？其实不过就是争一个道理，可是在那样一个制度里，臣下和皇太后能理论得清楚吗？最终肯定是落个悲惨结局。可是《后汉书》的作者范晔却说他是"身非负图之托，德乏万夫之望"，简直就是"创虑于难图，希功于理绝"，说白了就是一个小马非要拉大车，本不可为而必欲为之，这不是在干没谱的事吗！可周章说的那些邓太后的事是凭空捏造还是确有其事？他位在三公，也算人臣之极了，就是性格再直率、再好直言、再疾恶如仇，也不至于捕风捉影就敢图谋废立吧！所以我也怀疑史传上所说他要诛邓氏、废太后、徙皇帝的政治密谋，也可能就是后来朝廷追加给他的罪名。这种事不是没有，前汉淮阴侯韩信的谋反罪不就是吕太后他们硬加给韩信的吗！给你个谋反的罪名你还能活得成？其实，"谋反"是说给天下人听的，真正的原因就是你周章太不听话！

揆之太尉徐防、司空尹勤的被免；又上来一个司空周章"被"自杀；后来还有一个叫杜根的被杀，杜根的被棒杀原因是劝邓后不干政，还政于安帝。同样参与皇位定策的张禹也"心不自安"，虽然没被免，但不会跟"没事人儿"一样吧？碑中说他"若涉渊水，临事而惧"，说他"居高思危""谢病退去"云云，至少可以看出他时时处在一种"恐惧"之中，甚至有可能处在一种"抑郁"的人格体验中。那些一同有定策之功的同事远离了他，尽管不是他们想这样做，但事实上他们是离开了，这意味着张禹就"独自一人"了，有一种"被抛弃"之感，也就坠至忧郁的谷底，悲观而绝望。这至少说明，他骨子里与邓太后及邓家是不一致的，还算良知未泯。他屡屡"乞骸骨"请求退休，一方面是想尽快地远离政治漩涡，另一方面是否也有一种要与被免出官场的同事们追求一种心理上的亲近呢？这种人格害怕伴侣的疏远，害怕被孤立、分离以及被抛弃。

尽管张禹与徐防、尹勤，甚至周章的"分离"是被动的，但张禹仍处在一种"过意不去"的恐惧中，他不想再留在朝廷，进一步说就是他不想再让人感觉他和外戚们是一丘之貉，尽管邓太后对他很好，他对邓家也没有表示出什么对立，甚至还做过一些为邓家谋利的事（参见《陈宠、陈忠传》）。但他的本心还是害怕与大臣们的疏离，他害怕人们说他晚节不保。我甚至疑心他就是在这种恐惧与抑郁中去世的，而且有可能是在人们不认为他会马上去世的时候就匆匆撒手人寰了。所以张禹墓碑之粗糙，刻字之双钩不实，都让人感觉到他们张家出于国家倡导节俭而对碑石与刻字本没想太讲究，同时也没来得及讲究。

2018 年 7 月 15 日写于郑州

颍川"荀氏八龙"的一个后人
——偃师商城博物馆访《荀岳墓志》

　　《荀岳墓志》今存河南偃师商城博物馆。该志 1917 年由村民刘德发在家田掘井时获得于邙山脚下。1978 年由偃师老城武亿（清代学者，字虚谷，1745—1799）后人捐赠给博物馆；在偃师商城博物馆内，此志之保存应该说是十分用心。《荀岳墓志》的书刻很有意思，碑阳、碑阴及左右两侧均有文字，碑的阳面（正面）略写荀岳世系履历，并有两道诏书附其后；碑阴详记其名字、生日及历官年月，后又记其夫人氏族及子女嫁娶情况；左侧记夫人之卒葬日；右侧补记其子荀隐之官职及孙子之名字。这在我们所见之志石中，还是少有的一种书刻方式。

　　因为荀岳史书无载，所以读此志就对荀岳这个历史人物有了一个较完整的了解，对颍川颍阴荀氏族谱的丰富与校正也有很大帮助。颍川颍阴的荀家，是汉以来名门望族，往上可以追溯到先秦的荀况，到了汉末，最有名的要算荀淑，荀淑有八个儿子，当时号称"八龙"，其中荀爽（字慈明）最知名，所谓"荀氏八龙，慈明无双"。

《荀岳墓志》原石碑侧

　　如果从荀岳这辈往上数，他爸叫荀祈（亦作"昕"①），或应作荀斫。他爷爷叫荀衢（字世安），是荀攸的叔父②，他的曾祖是荀昙，荀昙的父亲是荀淑他哥，不知名。也就是荀岳的高祖和荀淑是兄弟，荀淑应该是荀岳的从高祖，著名的"荀氏八龙"是荀淑的儿子。荀岳虽然不是荀淑的嫡系子孙，但那"八龙"也是他八个有名的叔伯老爷爷（亦即"从曾祖"）了，"名人之后"他还是当得的。荀淑是后汉末有名的耿直之臣，虽当时名臣如李固、李膺都对他十分敬重。李膺曾说："荀君（淑）清识难尚，陈（寔）、锺（皓）至德可师。"（参见《世说新语·德行》）《魏书·锺繇传》注引《先贤行状》也说："时郡中先辈为海内所归者，苍梧太守定陵陈稚叔、故黎阳令颍阴荀淑及皓。"说的是荀淑、陈寔、锺皓是当时享有令名的真君子。这三个人有名，其孙辈也不让先人，荀淑的孙子荀彧，陈寔的孙子陈群，锺皓的孙子锺繇，都是曹魏时的重臣，哪个不是响当当的人物！

　　《世说新语·德行》讲了个事，说陈寔带着儿孙去荀淑家做客，真是德星会聚，真人东行。书曰：

　　陈太丘（寔）诣荀朗陵（淑），贫俭无仆役。乃使元方（寔长子陈纪字元方）将车，季方（寔之子陈谌）持杖后从。长文（陈群，寔之孙）尚小，载著车中。既至，荀（淑）使叔慈（荀淑第二子荀绲，

---

① 余嘉锡《世说新语笺疏》排调第二十五笺云，《晋书·陆机传》吴士鉴注曰："荀岳墓碣云：岳字於伯，小字异姓（应为'妊'），乐平府君之第一（应为'二'）子也。……案《世说》注引《家传》：'岳父昕，乐安太守。'当据碑作'乐平'以正之。……考《魏志·荀攸传》：攸叔父衢。裴注引《荀氏家传》曰：'衢子祈，字伯旗，位至济阴太守。'疑昕与祈即一人，因字形相近而误。或曾历济阴、乐平两郡，而碑与传各举其一耳。……乐平君（即荀岳父）以其字伯旗推之，当是斫常之斫。作祈与昕者，皆传写之误。"中华书局，1983年。
② 〔西晋〕陈寿《三国志·荀攸传》，中华书局，2006年。

字叔慈）应门，慈明（荀淑第六子荀爽字慈明）行酒，余六龙（荀淑有八子，号"八龙"）下食，文若（荀淑孙荀彧）亦小，坐著膝前。于时太史奏："真人东行。"

这段记述，夸饰之情溢于行间。其实算算时间荀淑与其孙荀彧是不可能同时在场的，因为荀淑卒十四年后始有荀彧。但人家就这么说了，为的就是说陈、荀两家几辈都是英才；至于枉顾史实、反见矫诬而在所不惜！

从荀淑开始算，到荀岳连身是第五代了，荀岳已入晋，死时是中书侍郎，家贫以至丧葬无资，皇帝特赐葬地一顷、钱十五万，后又有追加，以供葬事（均见《荀岳墓志》）。这个荀岳倒是颇有乃祖乃曾祖之遗风，被皇帝称作"体益弘简，思识通济"。但是较之祖上，他没有政治上的刚正不阿、嫉恶如仇的记录。他的曾叔祖荀淑，祖父荀昙，叔祖荀昱，都是具有"刚方直大之气"的人，敢冒权臣，遭逢党锢，是正气凛然的人。其实与荀淑同辈的陈寔、锺皓都是这类人，还是有气节。到了孙子辈虽然都是有能耐的人，可是除了荀彧还心存汉室，其他的也就"识时务者为俊杰"了。朱熹《答刘子澄书》有段话挺有意思，说荀家的事，也可旁及陈、锺两家。朱子曰：

（司马温公光）……但知党锢诸贤趋死不避……而不知建安以后，中州士大夫只知有曹氏，不知有汉室，却是党锢杀戮之祸，有以敺（驱）之也。且以荀氏一门论之，则荀淑正言于梁氏用事之日，而其子爽已濡迹于董卓专命之朝。及其孙彧，则遂为唐衡之婿、曹操之臣，而不知以为非矣。盖刚大直方之气，折于凶虐之余，而渐图所以全身就事之计。

按，朱子这一番话也不尽合史实，也颇觉只是站在汉帝立场上，

晉故中書侍郎潁川潁陰荀君之墓　君以元康五年七月乙丑朔八日壬申歲在乙卯薨　君諱岳字樂平府君之第七安惠其第七曰惠異省十二日照墓田一頃錢十五　卒者多聖諡其別安惠措於河南洛陽縣之東陌葬焉諡　川潁陰縣之北嘉其悼惠異省十二曰大雨過一項錢十五　場以供葬事之石異丰十月戊辰朔廿二日庚辰葬焉諡　而以供葬事之石異丰十月戊辰朔廿二日庚辰葬焉諡　文知左陵道之　書中書侍郎荀岳體量弘簡思識通邈不幸嬰此疾悼　諡之異賜錢十萬以供喪事　故惜定墓遇水賜異家居貧約　以舊墓定中聞水泲於此下權葬異賜葬地一頃錢十　也而供舊葬事　皇帝聞中書侍郎荀岳卒遣謁者戴瑞書　尚饗遣謁者戴瑞以少牢祭具祠敕中書侍郎荀岳

《荀岳墓志》原石

言之略显迂腐，我想他可能是有感而发，在时势异变之际，人之不肖其父、祖，有时也是逼不得已，有时有可能就是面对扶不起的天子就不愿去扶了，革故鼎新也不能说他们不守汉节就罪该万死！

荀家的政治人物很多，为官做宰代不乏人。荀岳虽然也算不得多么大的官，但死了有皇上特批丧葬费用，而且还陪在先皇陵侧而窆，也算是给了很高的政治待遇了。

荀家有大官，也有大学者，也有大名士，还有一个不能不提的人就是那个荀粲（字奉倩）。记得旧读周邦彦词有"才掩江淹，情伤荀倩"的句子。这个"荀倩"就是荀奉倩。他是荀彧的小儿子，是个玄学家，主张老、庄那一套哲学，这也是魏晋时期的时尚。关于他，后世人大抵感兴趣的是他的所谓"爱情故事"。他主张"妇人德不足称，当以色为主"，所以当他听说曹洪将军的女儿有美色，就把她娶过来相敬如宾，专房欢宴。曹氏生病发热，时在寒天，他就跑到外面把自己弄成个冰人回来抱着媳妇给她降温。①曹氏去世之后他痛悼不已，岁余亦亡，二十九岁就跟着爱人逝去天国。这样的爱情故事不是很感人吗？而且在那个时代，孔老夫子曾说"未见好德如好色者"②，当然孔夫子是不满意人的只知"好色"而不知"好德"，汉家几百年的主流意识形态是儒家学说，孔子的话也须如皇上的话要认真学习、深刻领会、遵照执行吧！可人家荀粲就直接说自己是个"好色者"，他就说"妇人德不足称，当以色为主"。或许这个荀奉倩认为女人的"德"是后养的；"色"是天生的。天生的才是真，后养的总不免有些假，所以他说看一个女人，"德不足称，当以色为主"。实话实说，也见出荀奉

①〔南朝宋〕刘义庆《世说新语·惑溺》，中华书局，2007 年。
②《论语·子罕》中华书局，2006 年。

倩是个纯粹的人，是个真诚的人，是个不迷信圣贤教导的人，是个敢于挑战主流意识形态的人，不光在那个时候，就是现在这么说话也得掂量掂量吧！

这个"爱情大王"是荀岳叔叔辈的人。荀岳的儿子荀隐也是个奇人，荀隐字鸣鹤，《世说新语·排调》载着一则故事云：

荀鸣鹤、陆士龙二人未相识，俱会张茂先（华）坐。张令共语，以其并有大才，可勿作常语。陆举手曰："云间陆士龙。"荀答曰："日下荀鸣鹤。"

陆士龙是陆机的弟弟陆云，陆氏兄弟都是孙吴北上洛阳被"统一"过来的大文人。人家陆云说"云间"陆士龙，云间是松江府的别称，松江府治所在地是华亭，在今之上海，徐筬《世说新语》："华亭古名云间。"荀隐就说是"日下"荀鸣鹤，"日下"就是天子脚下，即首都洛阳，这就盖了人家一头。当时西晋一统后，"归顺"的文人在洛阳常遭奚落，这也是北人以势压人。表面上显得比人家有才，其实骨子里还是自卑，要不怎么那么夸张人家孙吴才子二陆的囧态呢？《世说新语·简傲》记得更过分，说：

陆士衡（陆云的哥哥陆机）初入洛，咨张公（华）所宜诣，刘道真（即刘宝）是其一。陆既往，刘尚在哀制中。性嗜酒，礼毕，初无他言，唯问："东吴有长柄壶卢（葫芦），卿得种来不？"陆兄弟殊失望，乃悔往。

这也是张华"导演"的，这不等于要人家二陆兄弟玩吗！所以，读着荀鸣鹤那个"日下"云云，也真觉得他胜之不武！《荀氏家传》还美之曰："（荀）隐与陆云在张华坐语，互相反复，陆连受屈，隐辞皆美丽，张公称善云。"

荀岳墓志把颍川荀氏的家族谱系补得较完整了，这应是此志在文献上的贡献。《世说新语汪藻人名谱》及王伊同《五朝门第》作的荀氏谱系图，均未录入荀岳，《五朝门第》之谱更粗略。有了荀岳墓志的参照，可以知道，后汉名臣荀淑和他的哥哥（不知名字）分为两支传下来，荀爽、荀彧、荀粲、荀勖这些荀氏名宦名人都是荀淑那一支的。荀昙、荀昱、荀攸、荀岳、荀鸣鹤等，都是荀淑哥哥这一支的。所以荀淑之兄这一支有时虽然辈分低，但年龄可能还大些，比如同是曹操重要僚佐的荀彧、荀攸，攸应称彧为叔，然攸较彧为年长。从谱系上看，荀彧是荀岳的祖父辈，荀攸、荀粲是叔伯辈，荀勖是荀岳的同辈。

在荀岳志中还写了他的妻子刘氏是东莱刘仲雄之女，刘仲雄即西晋名臣刘毅，今山东莱州（原掖县）人。《晋书》上有他的传，说他是汉初朱虚侯刘章之后，幼有孝行，少厉清节，好臧否人物，王公贵人望风惮之。他是个能吏，曾经在杜预他爸杜恕那里当过功曹，至人谓不知太守，唯知功曹。他原来是尊曹魏的，后来不得已归了司马氏，晋立国后司马炎曾问刘毅，他司马炎可比汉代哪个帝王，刘毅说也就是个桓、灵二帝那样的，司马炎当然不服，刘毅说，桓、灵卖官，钱入官库，陛下卖官钱入私门，你还不如桓、灵二帝呢！司马炎大笑说，桓、灵时听不到这样的话，现在能有你这样的直臣，自然比起桓、灵来，我还是不一样！司马炎之自信，或许他是觉得至少我朝还算有些"言论自由"的。《晋书·刘毅传》记载这段事还加上当时一个大臣叫邹湛的对刘毅和司马炎的褒扬，今录于下：

> 帝尝南郊，礼毕，喟然问毅曰："卿以朕方汉何帝也？"对曰："可方桓灵。"帝曰："吾虽德不及古人，犹克己为政。又平吴会，混一天下。方之桓灵，其已甚乎！"对曰："桓灵卖官，钱入官库；陛下卖官，钱入私门。以此言之，殆不如也。"帝大笑曰："桓灵之世，不闻此言。

今有直臣，故不同也。"散骑常侍邹湛进曰："世谈以陛下比汉文帝，人心犹不多同。昔冯唐答文帝，云不能用颇牧而文帝怒，今刘毅言犯顺而陛下欢。然以此相校，圣德乃过之矣。"帝曰："我平天下而不封禅，焚雉头裘，行布衣礼，卿初无言。今于小事，何见褒之甚？"湛曰："臣闻猛兽在田，荷戈而出，凡人能之。蜂虿作于怀袖，勇夫为之惊骇，出于意外故也。夫君臣有自然之尊卑，言语有自然之逆顺。向刘毅始言，臣等莫不变色。陛下发不世之诏，出思虑之表，臣之喜庆，不亦宜乎！"

看来荀岳的岳父也是个敢说真话的人，而司马炎能听真话，所以邹湛说他是个了不起的皇帝。可是能听真话的皇帝也真是凤毛麟角，就是这种凤毛麟角也不一定什么时候都能听真话，他一旦翻脸，说真话的就躲不过血光之灾。

荀岳他们家还应说的一个人就是同辈而不同宗的荀勖，他是荀爽的曾孙，父、祖都不甚知名，他与荀岳算是同族兄弟。"勖"（xù），有勉励的意思。荀勖是个学者，通音律、文学，也是个藏书家，也是官员，且是西晋的开国功臣。跟着司马昭，与裴秀、羊祜共掌机密。这个人做事谨慎，也善于奉迎，与贾充、张华共事，修订法律，整理典籍，还立了书学，专门培养书写方面的人才，教材选用的是他叔伯舅舅锺繇和胡昭的字。这些都可以说荀勖在晋初文化建设上确实多与力焉，可是他与贾充的关系却是让人诟病的。泰始七年（271）贾充要外任镇守关中，可贾充本不愿意去，荀勖也怕贾充走了他就会失势，所以就想了个馊主意让司马炎给他的太子司马衷娶贾充女贾南风，且把丑女贾南风夸得跟花一样，竟使司马炎放弃了原想娶卫瓘女的打算，为那个傻太子司马衷娶了贾南风为妃。南风若只是丑女也罢了，可她又坏又狠，司马炎后来要废掉这个太子妃的时候，又是荀勖出来回护，没有废成。《晋书》卷三十九本传记之曰：

> 帝（司马炎）将废贾妃，（荀）勖与冯纨等谏请，故得不废。时议以（荀）勖倾国害时，孙资、刘放之匹。

这里说的孙资、刘放，也算曹魏时的忠臣干将，但是在曹叡死前推了无能的曹爽和阴险的司马懿，曹魏后来被司马家篡了，《晋书》的作者是唐代人，或许认为孙、刘二人推荐司马懿，也算是"倾国害时"。可是说"时议"有些说不过去吧，当时还是司马家的天下，"时议"荀勖"倾国害时"犹可，当时人把荀勖比作孙资、刘放恐怕不敢吧！说到荀勖，尽管他也做了不少好事，为政也还算勤勉，但他与贾家这点事儿，让他声名甚坏。因为这个贾南风真是西晋倾覆之乱阶，没有她，"八王之乱"就是有也不会来得那么快吧！固然晋室之乱不能没有晋惠帝（司马衷）这个傻子的原因，但贾后之力绝对是一个重要原因，所以"保"贾南风的荀勖自然就不会有人说他好，如《晋书·荀勖传》曰：

> 勖与纨伺帝间并称"充女才色绝世，若纳东宫，必能辅佐君子，有《关雎》后妃之德"。遂成婚。当时甚为正直者所疾，而获佞媚之讥焉。

荀勖有私，说了假话，自然颇遭物议。荀勖是太康十年（289）死的，比荀岳早死了五六年，现在不知道荀勖的生年，在他的传里说他比锺会（225—264）大，那他应该比荀岳（246—295）要大。如前所述，荀淑那一支一般是辈分大年龄小，荀勖是那一支的，他又和这一支的荀岳同辈，可荀勖又比荀岳大了二十多岁，看来他们荀家经过几世，代际年龄有了些变化，到了荀勖、荀岳这一辈，和原来不一样了。

《荀岳墓志》的志文有点特色，一个是刻上了两封诏书，一个是不厌其烦地刻上了墓主荀岳的工作履历。对荀岳的评价性话语只在诏书里，志文的作者在对墓主的评价上未置一词，这一方面与早期墓志尚未形成统一的写作规范有关，即如马衡先生所说："文体虽似琐屑，而皆据实真书，无繁缛之铭语，铺张之谀辞，可谓得作志之本旨矣。"①再一个有可能是一种"借势"的写法，就是让诏书替撰者说话。为什么要拉这个大旗呢？我猜想，或许有两种解释，一种是颖川荀氏因有荀勖而声名不怎么样，荀岳的葬地是特批的，说是祖坟那发水毁了。其实祖坟之毁到底是天灾还是人祸？还是三分天灾七分人祸？真是说不清楚。应该是有天灾，晋惠帝纪中记载，此年荆、扬、兖、豫、青、徐六州大水，水祸自然有，人祸也未尝没有。皇上批给了那么大一笔丧葬费，荀家或许也自知对墓主大颂谀辞招人嫉，就拿皇上的话来顶，也是对物议的一种规避吧。

第二种解释或许更说得过去，要知道荀岳死的时候，是晋惠帝元康五年（295），得到过荀家恩惠的贾南风还是皇后，正是专权之时，那些以惠帝名义发给荀岳家的诏书及批拨的葬地丧资，大概也不是出于傻惠帝之手，说不定贾南风专门批给丧葬费，让荀岳葬在洛阳是一种恩宠的表示，只是荀家不想张扬，招惹物议，也就尽量低调处理了。不过这可以看出荀家不佞，也可以看出撰写墓志的布置巧妙。马衡先生认为这墓志是出于荀岳之子荀隐之手，他说："盖墓志之作，本以陵谷变迁，使后之人识其墓处。故六朝志多无撰书人名，大半皆出自子孙之手，不似后世假手他人，以褒扬先德也。"②荀隐如此作志，自可能是依俗，亦未尝不是显其智也。

再看墓志的书法，在拓片上看，也是觉得颇显一般，原石就好一些，

① 马衡《凡将斋金石丛稿》，中华书局，1977 年。
② 马衡《凡将斋金石丛稿》，中华书局，1977 年。

晋人的隶书也有写得比这好的。罗振玉先生说这个墓志的书法是"隶法甚精，与三体石经同"。吾甚觉没有"精"到哪儿去，可是从原石上看，刀刻之功也还说得过去。然以荀氏家族的名望，且荀勖也是懂书画的，不能不对荀氏家族有影响，荀勖主张学习锺繇、胡昭（见《书断》引张华语），荀家也不至于那么没有鉴赏眼光吧。之所以志文不置颂词，书法不过工稳而已，我以为还是荀岳及其家人为事比较谨慎，不太张扬，荀家还是有这种传统的，干什么，心里总是有数。就像荀彧虽然为曹操效力，但心中并未曾忘了汉室；再加上这时荀家有权势的如荀勖已不在了，荀岳自己的岳父，当朝重臣刘毅也死了十年了，他们心里还没数吗？心里有数，自然能不张扬就不张扬，有了两封诏书，有了陪附皇陵的待遇，已经有可能引来嫉妒、招来物议了，再在葬仪志文上大事张扬就显得太不"懂事"了。

　　丧葬赐钱，是西晋常例，就像唐代的赐米粟布帛，但是因墓坏而别赐墓田一顷，倒是非常之事。[1]能得到惠帝贾后的赐田，应该是因为荀家对贾后有恩，因为没有荀勖的前后鼓荡，贾南风也选不进宫，选为太子妃后也会让她公公司马炎废掉，这恩德总是记着的，报在荀岳，也说得过去。且荀岳一直在为司马玮办事，贾南风靠着这位楚王也干了许多剿杀朝臣、巩固势力的事。尽管后来把司马玮也杀掉了，但司马玮都为贾后、惠帝办事，他的死，也是为贾后做了替罪羊，贾后固然也要除掉已利用完的司马玮。可人家司马玮毕竟没冒犯贾后，所以尽管荀岳死时，司马玮已经因"罪"（矫诏杀司马亮和卫瓘）被处决了，但并没株连到曾为他干事的荀岳。而且荀岳得到的丧葬费还

---

[1]　参见罗振玉《雪堂金石文字跋尾二》，见罗继祖主编《罗振玉学术论著集·第九集》，上海古籍出版社，2010年。

很高。吴士鉴（1868—1934）纂《九钟精舍金石跋尾乙编》云："西晋
饰终之典，如王祥、郑冲、何曾、石苞、羊祜……皆赐钱三十万，唐
彬、刘颂皆赐钱二十万，惟荀勖则赐钱五十万……荀岳位仅中书侍郎，
而丧葬共赐钱二十五万，亦云优厚矣。"这种优厚的丧葬赐予，是"国
家行为"，当然也应该是贾后的旨意，这不是也挺说明点问题的吗？
有这种优厚的丧葬待遇，只是因为名门望族之后看来还不一定行，最
主要的大概是荀岳是帮过贾南风的荀家人。

2018 年 7 月 15 日撰于郑州

祈雨铭刻是真是赝
——驻马店石龙山访《张汜请雨铭》小记

前闻中国美术学院孙君嘉鸿言，尝在河南驻马店石龙山见《吴房长张汜（一说"汜"）请雨铭》，是在山石间的一块摩崖石刻；又云北京大学辛德勇教授已说此为伪刻，坊间亦引出争论，亦有人认为辛教授论据不足、其说稍武断。

余尝读叶昌炽《语石》云："东汉以后，门生故吏，为其府主伐石颂德，遍于郡邑。"则此方摩崖亦应是府吏为县长张汜记功颂德的碑。此石刻在东汉安帝永初七年（113），从字迹上看，与此前在汉中所访《郙阁颂》（建宁五年，172）颇觉相似。但《郙阁颂》及有些相似的碑如《张迁》《衡方》《鲜于璜》等，都是较晚的，和它相同年代的是那方比较粗糙的《张禹碑》（113），今在偃师商城博物馆。但张禹是高官，这通摩崖是为一个县长颂德，身份上的区别似亦应考虑进去。而张碑粗制是有原因的，我已做过考证，详在本书《张禹之碑的粗糙与张禹之死的蹊跷》一文，此不赘言。此《请雨铭》隶书颇觉成熟，从网上看到的图片及在友人处看到的拓片来论，铭文的书法应该是早期摩崖作品的佳好之作。

此摩崖为2011年摄影爱好者叶辛卯先生发现，此次同去的郑州大学之薛君云昇说，他听说较早的拓片有2012年的，他手中有2014年的。孙嘉鸿说山东有人在2012—2014年也从这里拓过很多。

2019年11月21日我在河南财经政法大学应邀做了《碑志春秋——

石头上的历史人物与事件（河南篇）》的讲座，22 号早便由薛云昇驾车与我的研究生崔笑一起前往驻马店市，孙嘉鸿特意从杭州来陪我一起去访《请雨铭》。

　　从郑州到驻马店跑了两小时，先去市博物馆看了一下，馆中有介绍《请雨铭》的文字与图片，还有一个《请雨铭》的复制品。马上就要看到实物了，所以也没在博物馆作太长时间的停留，便驱车使向驿城区胡庙乡大韦庄和龙泉村交界的石龙山。石龙山现在是一座墓园，已有很多坟茔整齐地排在那里。这里风水不错，薛云昇指着一座山说，《请雨铭》就在那山上。我们远望那山，不是很高，有一条石脊"S"形由上伸下来，很像一条石龙，或因此名山为"石龙"欤？

石龙山

小车可以开到山脚下，但登山全无路径，纯粹是荒野土石，我事先准备了登山杖，他们仨也各寻了树枝作登山的助持。大家基本上是循着放羊人的羊肠小路艰难地攀爬。乱石妨步，斜径都迷，攀爬时常常就被山石挡住脚步，不知下一步迈向哪里。爬了不到半小时我就觉得心脏跳速加快，浑身冷汗淋漓，有些害怕，突然就想到自己已是花甲之年，不比往昔，看着那三个孩子身轻如燕，一会儿就把我抛在后面，真是觉得后生可畏。嘉鸿不断地和我说别着急，慢慢来，实在不行就歇会儿，有时还故意走在我后面以示勿速之意。至少有三十年没有爬这样的山了，似乎也并不只是我有些吃不消，三个年轻人也觉得山路维艰，关键是"艰"在无路！

大家互相鼓励着，薛云昇首先登上顶峰，说已经看到摩崖了，我和嘉鸿说无限风光必在险峰，不禁加快了脚步。登到山顶，看到层层铁栅把摩崖石刻牢笼其间，看到石刻的喜悦心情也减了一半，这种保护方式的笨拙与粗劣，真是对不起这块近两千年的神物！

费了很大的力气攀登上石龙山，又费了很大的力气把手伸到铁笼中拍照，把这一切做完，看看时间已是十二点半以后了。山风渐紧，也无去意，倒不是多么眷恋这"祈雨"摩崖，而是累得不愿意马上下山。我们攀爬时是多云天气，自然不觉得热，而刚攀至摩崖下太阳就善意地出来了，照得暖洋洋的，就自然让我们不觉得凉。大家坐在祈雨石刻周围的大石上，说起这通石刻到底是不是伪刻？我说要是伪造的，这造假的成本也太高了吧！如果让说这石刻是赝品的人来这爬爬山，大抵就会慎说伪刻了；即便那时或许有路，大抵也不会好走到哪里去。由此想到，田野调查、实地勘测，是否也可以从切身感受的角度，对文物之真伪的鉴别提供一点参照性的意见呢？

薛云昇是第三次来这里看《请雨铭》了，前两次来时遇到放羊老人路过，老人说小时候这里就有这东西，那么至少1949年这东西就有了，那时的人似无此心情造这个假吧！若再往前推，民国、明清？似皆说不出很充分的理由造这个假。若这石刻不假，就是东汉旧物的话，那么辛德勇先生说它是"伪刻"的论据就得有个驳议了。薛云昇说，其实辛先生说的石刻边框外有云纹非东汉形制，已被学界推倒，找到了许多有云纹的例证。那么辛先生所说的文中语句颇不工稳呢？所说的有些句子不知所云呢？想想也不是反驳不了的，如"乃陟田岳"，来这个地方看一下，就不会搞不懂它说的什么意思，"岳"固可"陟"，"田"亦可"陟"，因为"田"与山接，皆陟彼高山之途中事耳！

这方《请雨铭》的上方就是所谓的楚长城，大概半米高，用石块筑起，现在看不出它到底有多大的"城墙"意义，大概在那个冷兵器时代也有一定的防御能力吧。越过"楚长城"我们从另一条比较起来坡度稍缓的路下山。"上山容易下山难"，这真是经验之谈，腿抖路滑，即便手执拐杖，还是屡仆屡起，腰腿僵直。下得山来，回首看那太阳已薄山头，倒觉得我们是从太阳那里走下来的。

原本是要去上蔡看看我研究生刘高峰君的父母，可是时间真是太紧了，嘉鸿还要赶晚上的飞机回杭州。车子往回走的时候拐到北泉寺看了一下，全因传说颜真卿死在这里。庙里确有一块清朝嘉庆年间立的碑上写着这是鲁公蒙难处，这里还有一个偏殿供着鲁公的牌位。真伪说不好，但庙里有四棵大银杏树，也有两三围，标明是一千四百年前的古树，这应该是真的，颜鲁公的事若无确考，那也只能是个传说了。

一路上和嘉鸿、云昇、崔笑就在不断地讨论《吴房长张汜请雨铭》

的真伪，自然都是先凭感觉尽情地扯。我们有一个共同的看法，即是要说《请雨铭》的真伪，先要说这造假的动机与作伪的成本。动机自然是渔利，渔利就要有个成本问题。若说到成本，又有两个方面，一是"用力"的成本，一是"用智"的成本。所谓"用力"，就是跑到荒山上去刊刻，以今天我们去爬那座山的体力之消耗看，造伪的人还真得不惜气力才能做到，如果做一点投入产出的可行性分析，费那么大劲，对可获之"利"也没多大把握，是否非要这么劳力涉险地投入，这是颇可质疑的。再所谓"用智"成本，则是要造一个近两千年前的旧物，且是后来基本销声匿迹的"吴房"小县县长的请雨铭，这里涉及地域、灾异、地方请雨仪式、皇帝的命令与地方响应的规矩、东汉初期铭文写作习惯、律历中闰月的书写格式等等，这个造伪的"智力成本"也是不低的，也是考虑到可获之"利"的不确定性，是否有人要下那么大的心力去造这个伪呢？

俗云"重赏之下，必有勇夫"，我却看不出造这个假会有多大的利可获，所以我也看不出造这个假的动机是不是要获利。这是从"成本核算"的角度谈，吾不知造伪者是否还有别的什么动机。

还有一个是造伪的时间问题，听薛云昇说，他曾问过山下村里的老农，有几个六七十岁的老人说，他们自幼就见过这方摩崖石刻，他们称为"震龙石"，并且说他们祖上就有这说法了。那么这《请雨铭》不应是近期新刻的东西，若是伪刻，也应是民国或更早的赝品，那个时候的造假动机又是什么？难道是碑学兴盛及至晚清民初赝造风炽之时，这里的人因追时尚而造的汉家东京旧物？也总觉得说不大过去。因为既是造假，自是欲仿真而牟利，那就要宣传、推介到市场或收藏"圈子"里去，但似未见此种报道与著录。

《汉张汜请雨铭》原石

　　可是辛德勇这样的史学专家说这《请雨铭》是伪刻，也不能只是随便说说的，他的几个疑点说得也不无道理，而且我也很服膺他所说的不要过于看重现在所谓的一些"新材料"，如果不加细考就遽然用它去解说历史也的确容易犯大错误。但辛先生所说的几个质疑的例子似乎也不一定就可以把这个《请雨铭》归为伪刻。比如他说古人不会名、字同称，《请雨铭》中就写着"张汜（汜）字春孙"；比如他说古人"闰月"不书闰几月，可《请雨铭》谓"十二月有闰六日戊戌"；比如他

《汉张氾请雨铭》拓片

惟永初

戊呈
稽由
宜震

請
稽
宜
震
愙
上
天
宪
遠
臨
閟
晗
達

石隍
錯師
造
來
靈
雨
落
庶

靈
肬
造
靈
絕
甘
雨
濛
落
庶
孔

報
商
寧
樂
惟
精
安
感
歐
癀
孔

陰
張
昊
譻
福
敏
酉
水

字
泰
孫
虛
諸

閠
六
怕
武
壽

说皇上不会下诏让吴房令祈雨，而铭中说"以诏请雨"；比如从篇章结构上他说此铭无"颂辞"部分而竟有"乱曰"云云……当然他也说到此铭有边框而框之四角的云纹不合汉制；还说文中所说"乃陟田岳"一句不知所云；等等。这些都是辛先生质疑的地方，他也是引经据典地一一批驳，言之是否一定成理先不说，持之一定是有故的，这就不能无视其说而必欲以此铭为东汉旧物而不疑。

揆之辛先生的质疑点，大抵有三类，一是"写作"类；一是"制度"类；一是石刻形制类。

"制度类"如"以诏请雨"，王亚楠有《〈东汉吴房长张汜请雨摩崖石刻〉考释研究》①做了地方官遵诏祈雨的考释，颇可解释张汜祈雨是响应皇帝的号召。

"石刻形制类"如此铭边框有云纹不合汉制，也有一些学者找出了云纹的石刻拓片说明《请雨铭》并非孤例。

再有就是写作中，张汜名、字同称是否不合规范，"乱曰"是否真有点胡"乱"地"曰"了？闰月人家只书"闰"不书几月，此铭却写作"十二月有闰"云云，不能说辛先生找出的这些不合规范的东西不是那么回事，但这里面总觉得有个问题不能不说，古人就一定不"犯规"吗？一有"犯规"就说它是伪的，似乎有些武断。用词用语固然有共同遵守之写作规范，但这并不是铁律，每个时代，每个地方，每个个人都有书写习惯，这"习惯"有时不一定和"规范"严格如一的。还有就是有些古人写出的东西的确让我们难以理解，有时是以今例古，我们不可理解古人为什么那么做；有时是检校古

---

① 王亚楠，《〈东汉吴房长张汜请雨摩崖石刻〉考释研究》，《济源职业技术学院学报》，2018年第17卷第4期。

人行文通例，我们不可理解某些人为什么不合通例。我想，有些"例外"现象不好一律归之于"伪"，因为有可能我们一时没弄懂他们为什么那么做。比如此前在临淄的齐鲁博物馆看《崔遹墓志》，上边竟然写着比墓主晚死十余年的崔光和他死后的赠官，这是为什么呢？它是伪刻吗？那是 20 世纪 70 年代出土的墓志，考古报告也没有什么疑义，确是北朝旧物。可上面的问题怎么解释呢？遽然说它是伪刻似乎也不是能让人信服的。

还有就是古人一定不会犯规吗？地不爱宝，日后再发现了一些犯规的怎么办呢？而且已经毁佚的石刻不知古来会有多少，那里面就一定没有违规写作的吗？而且我们现在说它违规就一定是违规的吗？此前访鄢陵中学内的《尹宙碑》，尹宙就是一个地方官的僚属，地位不高，也没到中央工作过，可碑上写他"立朝正色"云云，他又没在中央工作他"立"的什么"朝"？后来有学者解释："盖即州治为朝。汉唐人皆如此，宋以后不敢为此语矣。"[1]所以我总觉得，现在看到一件新发现的古代石刻，一则不宜不细加辨识地就把它捧上云霄，并以此解说历史，且笃信石刻文献必能补传世史传之不足；一则不宜一觉有疑问就把它归为伪刻而不屑一顾。审问明辨，是为必须，多方求证，以判真伪，这工作还须做下去，假以时日，或又有旁证出来也未可知，还是不要遽然定鼎了事的好！

2019 年 11 月 25 日记

---

[1]〔清〕王昶《金石萃编》卷十七全祖望《尹宙碑跋》，上海古籍出版社，2020 年。

陕西访碑录

褒斜古道今在哉？

——陕西汉中访《石门铭》及石门诸石刻

2018年6月14日自遵义乘火车一路北上到汉中。这次出来主要是受康辉集团邀请，做一个关于旅游文化的讲座，也借此机会到汉中看看褒斜古道的遗址，访一访石门的摩崖刻字，最想看的当然是《石门铭》。想看《石门铭》原石，是因前些年在泰安看《羊烈墓志》。本想在岱庙再看看《羊祉墓志》，但未能如愿。当时拜会了泰安学院的周郢教授，谈起过羊祉事迹，也谈到远在汉中的《石门铭》，因为《石门铭》是记录羊祉重开石门、修复古道之功德的。当时与周教授谈到，《魏书·羊祉传》怎么没有记录石门事迹呢？周教授说这确实是个问题，他说他有一篇文章专门探讨了这个事，便送了我一本他的论文集。我集中拜读了他的《新发现的羊氏家族墓志考略》一文，此文也引了清人钱大昕的话："《石门铭》盖述龙骧将军、梁秦二州刺史、泰山羊祉开石门之功……《北史·羊祉传》不书开斜谷道事，此史文之阙漏，当据石刻补之。"① 钱氏自没有看到《羊祉墓志》——这方墓志是1964年在新泰县天宝镇出土的，如果会勘《羊祉墓志》，更可以石刻史料补充史传之不足。关键是开古道不是个小事，否则在《魏书·世宗记》中也不会于正始四年九月甲子书"开斜谷旧道"。泰山羊家在墓志上也写了这事，"志"文有云："开石门于遂古，辟栈道于荒途。"在"铭"

---

① 〔清〕钱大昕《潜研堂金石文跋尾》，上海古籍出版社，2020年。

文也写道："石门之固，历代长阻，有德斯开，仁亡还似。"但此事的事主是羊祉，为什么在《魏书》他自己的传里竟对此事只字不提呢？

周郢教授以"论正史贬斥羊祉原因何在"为题对正史不书羊祉开石门之功做了较详细的分析。周教授认为正史对羊祉不只是不书开石门之功，而多有"隐善扬恶"之笔，这是"与当时之政治形势息息相关"的,那么是什么"政治形势"呢？其实这是述史者所处时代的"政治形势"。羊祉之载入正史，始于魏收的《魏书》，尽管我们现在看到的祉传原文已佚，今本为后人所辑，但周教授说，"即见记于酷吏中，显寓贬斥之意"。其实把羊祉记于《酷吏传》中，也并不一定就"寓贬斥之意"，正史有太史公之《史记》列"酷吏传"，当时立传之旨，似并不都有贬斥之意，列入传中的人，也是"虽惨酷，斯称其位矣"。所谓"酷"，大多是因为他们为人酷烈，做事刚断，有时不近人情，但他们往往办事果断,抑制豪强有其廉力之风。在《魏书》的《酷吏传》中，羊祉、郦道元大概都应该是属于这类的人。倒是周教授的另外一条理由应该是切中肯綮的。他用《史通》对魏收的批评,说魏收的《魏书》成书之际正在南北分裂对峙之时，所以他的书中"谄齐氏，于魏室多不平，既党北朝，又厚诬江左"。① 这样一个以北魏、东魏、北齐为正统王朝的人，其述史之立场也就决定了他不能容忍对魏、齐的背叛。而羊祉晚年似乎对北魏王朝失去信心，并不想全心全意地为其卖命了，且在《梁书·羊侃传》中还记着，羊祉"常谓诸子曰：人生安可久淹异域，汝等可归奉东朝"。不知《梁书》的作者是否也有一个述史立场问题，但羊侃确实在其父羊祉去世后叛魏投梁了，尽管这里面不无徐纥的鼓动。而羊祉另一子羊深在北魏分裂时西奔，自不是尊奉东魏"正统"的人。从这里看，说羊祉不忠于"正统"之言，看来不是空穴来风，魏收站在正统一面，在叙述羊祉时隐其"善"扬其"恶"也就有了理由。

如果我们现在看不到《羊祉墓志》，也看不到《石门铭》，我们自然不知道魏正始四年（507）九月"开斜谷旧道"的人是谁，也更无法全面地了解与认识羊祉其人。只读正史中的羊祉传，就会觉得这人恶迹斑斑，虽然也为国家做了些事，但不止心性不好，世人对他的评价也很不堪。真是觉得他是泰山羊家的不肖子孙，在他身上哪里看得到一点"悬鱼太守"羊续、平吴大将军羊祜的影子呢？可是读了《石门铭》，上面记述羊祉开古栈道之功曰：

于是畜产盐铁之利，纨绵罽氍之饶，充牣川内，四民富实，百姓息肩，壮矣！自非思埒班尔，筹等张蔡，忠公忘私，何能成其事哉！

而且铭中描述羊祉督梁秦诸军事时"建旆旛漾，抚境绥边"时，说他有"叔子（羊祜字叔子）之风焉"！在这里，羊祉又俨然是光耀泰山羊家之子孙了。看来在史传上看人物，还真不能它怎么说我们就怎么信。赵明诚所说"史牒出于后人之手，不能无失"，"以金石刻考之，其抵牾十常三四"（《金石录序》）的话真是一语中的。设使不读志与铭，我们真是不能全面地了解羊祉到底何许人也。不过我们现在通过志、铭与传的对比，倒是觉得修正史的魏收真是有些让人看不上。他不能实录，而站在某种所谓"正统"的立场，选择性地为人作传，致使后世不能看到历史人物的真面目，作为一个史官，真是甚不可取！其实，这种述史方式也是常有的，如台湾陈俊伟博士说：

"过去"与"历史"的关系，诚如凯斯·詹京斯（Keith·Jenkins）："我们在研究历史的时候，我们不是在研究过去，而是在研究历史家如何构建'过去'。"无论收集多少史料，收集多少人类思想行事痕迹的证据，逝往的过去皆无法完整地重现。尤其是史家本身无法避免主观性，诚如海登·怀特（Hayden White）："史家必须将文献中曾报道之各事件予以预铸，俾能化为一知识之可能对象。而预铸行动即属诗学，亦即未经审核与批判之前，即已存于史家自身意识所进行之编纂之中。"①

所以，看史书还真得留点神，就是它言之凿凿，我们也要细细检验。

石门铭在褒斜古栈道的褒口这一边，在今汉中市之郊区的褒姒故里附近。

汉中这个地方又叫天汉，古属梁州，秦末刘邦先打进咸阳捉了秦王子婴，按刘、项当时在楚怀王那的约定，先拿下秦都咸阳的就做秦王，王关中，可是项羽入关后爽约，没让应该做秦王的刘邦做，让他做了汉王，王汉中。刘邦当然憋气，但他听了张良的，韬光养晦，进了汉中，烧了栈道，向项羽表示再不北上东进，自己要在汉中这个"安乐窝"中终老了。也只有楚霸王信刘邦不想出来了，因为他从来没把刘邦放在眼里，这种人格上的傲慢，导致了项羽政治上的弱智，所以他很放心地回他老家彭城（今徐州）去享受他衣锦还乡的心理满足了。可是刘邦励精图治，因萧何而得韩信，听韩信而还定三秦，那些"征拜韩大将军""明修栈道，暗度陈仓"等故事，应该都是在汉中产生并绵延讲述到今天的。这里有褒谷，古代有褒国，坏了周幽王江山的那个美女妖妃褒姒应该就出生在这方山水之间。戚夫人好像是这个时候跟的刘邦，可她不是本地人，怎么也因美姿容拿住了汉家的开国天

---

① 陈俊伟《叙述观点与历史建构——两晋史家的"三国"前期想象》，秀威资讯科技股份有限公司，2015年。

子？或许这地方的山水就是养人，外面来的也能养得你万种风情！

　　我要访看的石门古迹，就在褒斜古道的褒口故地，但现在已没于一片水天茫茫了。6月15日早餐后，康辉集团汉中部的导游常敏带我们先去汉中博物馆看石门十三品石刻原石，小常是全国评选出来的金牌导游，陕西省有七个人获此殊荣，她是其中之一。在去博物馆的路上她为我们讲了汉中的地理与历史概况，侃侃谈讲之中，足见功力，不负金牌之盛名。汉中博物馆也叫古汉台博物馆，门上匾额"古汉台"三字是刘炳森的隶书，门内是先师启功先生书写的"汉中博物馆"。

　　来这里主要看褒斜古道石门中的摩崖石刻，这些石刻在博物馆后面一个庭院中，这院子门上的匾额写着"汉台碑林"，门侧有20世纪60年代初陕西省立的国家重点文物保护单位的标牌。进得院内，建构颇类昭陵博物馆，但更觉清雅。东厢房内陈列着我们要看的那些珍贵石刻。这些摩崖石刻原来是在褒斜古道上的，20世纪60年代初兴修水利，筑坝蓄水把石门淹没了。小常说，当时汉中贤达建议把石门拦在坝外，但当时测量只有现在筑坝的位置两山距离，在当时讲究"多快好省"的年代，当然就考虑不到对石门的保护了。幸有当时文物工作者能将石门内外重要的石刻都挖凿下来运往现在的博物馆收藏，否则今人哪有福气看到这些宝贵的石刻文献与石刻艺术呢？后来他们送我一本文物出版社今年2月新出版的郭荣章先生主编的《中国早期秦蜀古道考述》，郭先生是汉中博物馆的老馆长，已是八十余的老人。在这本书内，郭先生详细描述了"石门十三品"等石刻的迁移及归宿，文曰：

　　为使凿取过程中，摩崖免受意外损害，特别是确保其字迹的完整，凿取前应选择恰当位置，搭好牢固的支架，既便于操作，又防止被凿取摩崖的撞击和倒塌。同时备好特制的木箱，并按摩崖顺序编号，以便盛置破碎的摩崖小块。还要备好起重机械，使被凿取的摩崖得到稳妥的控制。

被凿取的摩崖，先要就地修整，使其规整化，再搬运到博物馆所在地——古汉台。由于崖体大且重，移动和运输，都很复杂。到达古汉台后，要经过仔细地修复，使其恢复原貌。

看了之后，真心地佩服那个年代有识之士的功德，遥感他们的艰辛，读着郭先生的描述，对汉中人从内心里肃然起敬！

在东厢展厅里，我们由北向南一一瞻仰，先有"石门"大字榜书，当时刻于石门壁上，接下来就是所谓《大开通》的那块巨石，即是镌于汉明帝永平九年（63）的《开通褒斜道摩崖》，记述汉中太守钜鹿人鄐君（不知其名）奉诏承修褒斜道的里程及沿途各项建筑。这里记着鄐太守修了258里的栈道，其实褒斜道全程500余里（古谓七百里），所以鄐太守此次修栈道也只是一个局部的修治。

看《大开通》摩崖上的书法，诚如《隶释》所说的是"字法方劲，古意有余"，而其线条，自然天成，依石壁之凹凸，其字体大小不一，其行距也是参差不齐。方方的结字，没什么用笔的讲求，实如杨守敬所言，是"天然古秀若石纹然"！

再下来就是那块被康南海称作"劲挺有姿"的《石门颂》了，《石门颂》全称《司隶校尉杨孟文石门颂》，阅读颂文，知是颂扬杨孟文"数上奏请"，复通褒斜道的事迹，也就是说，有了杨孟文一再奏请复修古道的努力，石门栈道才得以复通，这是延光四年（125）的事，《后汉书·顺帝纪》有"诏益州刺史，罢子午道，通褒斜路"的记载，盖指此事。《石门颂》的书法，又较《大开通》有了很浓的用笔味道，

"石门"二字摩崖原石与拓本

今观原石，真是字字有风致，说它是"隶中之草"，大概也是说它的姿态飞动，不似中原汉隶的那种静穆，即便是较灵动的《曹全碑》，也不如它的那种隶草之奇。康南海特别指出如"命"（康误写作"年"）"升""诵"三字"垂笔甚长"，与《李孟初碑》（今在南阳武侯祠侧的汉碑亭）"年"字同法，因说此碑书法是"隶中之草"。前举郭荣章先生在其新著《中国早期秦蜀古道考述》一书中又广之，说到此三字之所以垂笔甚长是因为"此三字在书者心目中，有一种极为神圣的含义"云云（见该书第195—198页），似觉言之甚远，稍过其实。

《石门颂》摩崖原石（局部）

与《石门颂》一样，另一通石刻《石门铭》也是兼具文献价值与书法价值的珍贵摩崖遗存。在《石门颂》与《石门铭》之间还有数通石刻，比较惹人眼的一是传为张良所书"玉盆"二字，一是传为曹操写的"衮雪"二字，在这两方石刻里面都有相关的历史传说，这里的人对这两方石刻的作者真伪似乎迄无疑义。我也没什么依据说它的真伪，但总是感觉未必出自张子房与曹孟德，"玉盆"二字已是只有"盆"字的印迹，旁边放着一块宋人仿的，是宋时那字还能看出仿佛吗？曹操的"衮雪"旁边还刻着"魏王"两个小字，与大字殊非一人之笔，

《开通褒斜道》拓片

"玉盆" 摩崖拓片

我总觉得越是有这样的"说明"，越让人觉得可疑。但现在也只能是讲解员姑妄言之，我们姑妄听之就是了。

还有一通刻石是曹魏时期的李苞通阁道题名及晋时潘宗伯等造桥阁题名。旧读叶昌炽《语石》附柯昌泗之《语石异同评》，谓李苞题名在清朝咸、同间崩入褒水。那么现在我们看到的李苞题名是怎么回事呢？柯昌泗云：

咸同间，崩入褒水。光绪初，打碑人于崖上又发现小字李苞题名一段，高不逾尺，字小于前者五之一。吴清卿尚书初得拓本，致陈簠斋书云：李苞题名残字，两行刻，在石门洞外南崖高处。下临深涧，游者须至崖畔极险处，仄足而立，仰视方见。拓工于洞内立架，施一长板，用绳捆身，转面向里，方可上纸云。魏石本为著录所希，此题名、前石甫佚，后石即出，其文字不绝于著录，它代石刻，未闻有此也。史言杜元凯（杜预）立碑纪功，一置万山之上，一沉汉水之下，以备陵谷变迁。今乃于李苞题名见之。魏晋相去不远，此举当为暗合。

这种事对我们后人来说是幸事，或许也是古人特意做的拷贝，柯氏说这或许就是当时的一种常有的事，他说："或当时刻石，意存久远，别刻数处，事所恒有。而元凯（杜预）为最著尔。"

在《石门铭》巨石前伫立最久，真的是被这石上保留的北魏书迹震撼了，过去在拓片上看此铭，只是看结体与布局，于今在石上看刀刻笔趣，更有一种舍照像而睹真人的感觉，则照拓所遗失的信息在这里虽纤毫亦在眼底，一下子这冷冷的石刻就显得那么地"活生生"！都说《石门铭》是由隶入楷，是北魏楷书的一个特殊形式，既与南朝的楷书不同，更与芒洛间的石刻楷法不同，所谓有圆笔与方笔的区别。此铭自是圆笔入楷，应是有着石门书法的隶书传统。人或以此铭与镇

《石门铭》拓片（局部）

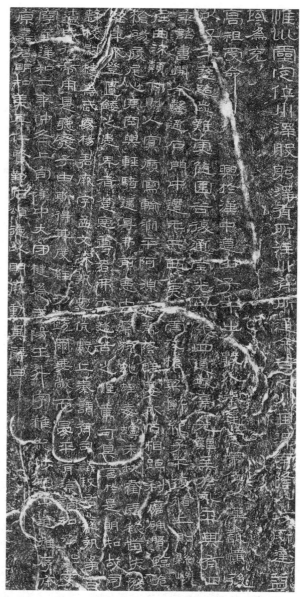

《石门颂》拓片（局部）

江之《瘗鹤铭》比较，认为二铭都是"笔味"十足而"刀味"颇鲜。其实大概更与刻工有关，刻工把"笔味"在刀刻时尽量保存了，而别的地方刀刻时忘了"笔"，也未必书丹人没有"笔味"，再者有些石刻书法，本就直接刻的，自是刀味十足。

说到刻工，《石门铭》是留了刻工之名的，即"武阿仁"。摩崖最后的文字记这个"武阿仁"是河南郡洛阳县人。与书丹者王远是太原郡人一样，此方摩崖的书者刻者都不是汉中人。此石上书法有石门隶书之影响，一般认为这是书刻者王远、武阿仁受了已在石壁上的《大开通》与《石门颂》的影响，这自然是有道理的，而王、武二人又已是南北朝时的人，那时的书体当是以楷时兴，所以此石被称为是由隶入楷的作品。其实从书法史的立场上看《石门铭》的书法价值，说它的由隶入楷，并没有太大的意义，因为它并不是由隶入楷的节点，更不是由隶入楷的起点。说它风格史的意义可能更好，因为从时间、空间上看，它都有风格代表的意义。

当然我更愿意说此石书法在看拓片和看原石上的不同视觉效果。在拓片上看是一个平面上的灵动，而在原石上看是立体的跃如之势，你在这原石面前，似在看一个军事沙盘，那些隶楷之间的文字，依石势而浮伏，总觉得这里有百万雄兵。那气势不是单个字的，是群体之势，也不是平面的，而是立体的。这是在拓片上看不出来的。

《石门铭》无论在文献上的价值，还是在书法上的价值都是值得我们不断探究阐发的。在汉台博物馆所存的石门刻石中，每块都是珍品，但其中最具书法与文献价值的应该是《大开通》《石门颂》和《石门铭》三个巨制。还须特别指出的是南宋淳熙间晏袤这个人，他是汉中的地方官，他为几通在南宋时已磨泐不清的汉刻做了许多释义的工作，现在也有晏书晏刻在博物馆中立于汉刻之侧，在这"石门十三品"中，便有"三品"出自晏袤之手，这就是《鄐君摩崖释文》《释潘宗伯韩仲元李苞通阁道题名》和《山河堰落成记》。当时讲解员说晏袤是晏殊的四世孙，晏殊是北宋著名的词人，十四岁以神童入试，赐同进士出身，做到中央的高级官员，北宋初年一些著名的政治家如欧阳修、范仲淹、韩琦、富弼等都经过他的举荐与扶持，史上著名的"庆历新政"，实际上是由晏殊总领其事。他是临川人，我们现在说的这个晏袤也是南宋时临川（今属江西）文港人，被称作宋代隶书的代表人物。清欧阳辅《集古求真》卷十称："宋人隶书，当以晏袤为第一。"

从汉台博物馆出来就乘车直奔这些石刻的"故里"褒斜古道的褒口了。褒口是在褒斜古道的褒城这一边，那一边的出口是斜口，所以这条栈道叫"褒斜道"。现在的褒口已经被建成一座公园，沿江有

《潘宗伯韩仲元李苞通阁题名》拓片

褒斜古道旁的蓄水大坝

很多两汉三国人物的石像。远远地就看到了那座大坝，就是它的拦截，所以石门古道现在已被没于十米的水下。幸有汉中的志士仁人把十几方代表性摩崖挽救出来，否则我们今天也只能"望水兴叹"了。大坝蓄水、灌溉农田自是功德之事，只是20世纪60年代，我们的技术、资金等支持不足，所以没有办法既能保证蓄水，又能保护好摩崖。假使今天搞这个工程，或许能得两全之效。

走到大坝上，小常就给我指看原来摩崖被淹的地方，我们很快走到那个地方上方的石道上，道上有一座崖壁上的小牌楼，上题"龙入云谷"，旁边还刻着于右任先生手书的一首诗，就是那首"朝临石门铭，暮写二十品"的名诗。我们从这里俯瞰，下面是万顷水库，小常给我指点着石门可能对应的地方，现在是一片汪洋都不见，知向谁边，惟唏嘘拾级而返了。褒斜古道虽然没有了，但偶尔在坝外的崖壁上还能看到古栈道横梁锁进时的石孔，稍可想见当时车马喧嚣。据史料记载，古栈道通过石门时，也能两车道并行。这石孔的支撑力也要相当大的，古人智慧，为怕木梁经水朽腐，石孔中还有排水凹槽，以免木梁不耐浸泡而朽毁。

从古道回来，一边佩服古人利用栈道连通蜀陇，那工程真的是让后人叹服，一边也嗟叹古道没于水中而不能一睹古代大匠栈阁工程之旧貌。好在小常他们安排到褒姒故里用午餐，这古国美女的故事也就把大坝归来的少许抑郁瞬间就打消了。有一家"褒姒饭店"甚整洁，老板娘少时也一定是褒姒一样的美人。她为我们布置酒菜，特别烹制了两种黄辣丁，鲜美无比，也算是这次褒斜古道考察的一个很不错的结尾。余曾问：褒斜古道今在哉？虽不能再睹故道逶迤于崖壁，但尚可在石门颂、铭等摩崖石刻中看到古貌的描述，也还能在褒谷的谷口吃到那么鲜美的鱼，看到古韵尚存的人，也就很得慰藉了。微躯此外，夫复何求耶！

2018 年 6 月 22 日修订于散净居

三原县城隍庙里访《樊兴碑》

　　为访《樊兴碑》，要去三原县，那是于右任先生的老家。从西安到三原县要一个多小时的车程，三原县属咸阳市，王建设兄开车载我去访《樊兴碑》，他说我来之前他问了许多三原人，都不知道有个《樊兴碑》。我说这很有可能，一个原因是现代人对古物不大知道，另一个原因或许是长安城下的人见的文物太多了，《樊兴碑》称不上国宝级的文物，所以西安人加上咸阳人也就基本把这类别的地方奉若至宝的二级文物给忽略不计了。

　　到了三原的城隍庙，这里也是三原博物馆所在地，这真是一个很堂皇的城隍庙，一看就是前朝旧物，不似我们在礼泉看的文庙，虽是乾隆时就有，可是完全新建，"新"得没有一点智慧；相比较，三原的城隍庙真是很有历史感。康辉集团三原站的尚总介绍我认识博物馆的张应征主任，我问他这么堂皇的城隍庙，是谁的城隍呀？他说是李靖。怪不得呢，这是有级别的啊！又问这古建怎么保护得这么好呢？他说当年"文革"造反派把司令部放在这里，而且两派的司令部都设在庙里，当时三原武斗很厉害，都动用了火炮，多亏造反司令部在庙里，才没有被轰毁，因为那些造反派怎么也不会傻到把自己的司令部炸了呀。炸对方的也不行，司令部都在一块，大炮一响，两家都玩完，所以也就保住了这座古庙。张主任说，还有一说就是这造反派头头还稍有点文物保护意识，他们是故意把司令部设在庙里的，而且还把庙里的一些雕刻用泥抹上了，"文革"后洗刷了还都保存完好。这都是四五十年前的事了，也无从查考其真伪，但这让我想起在河南洛阳新安县铁门镇看"千唐志斋"时，也是听说"文革"时人们为了保护那些唐代的墓志，就用黄泥把镶嵌在墙上的墓志志石全涂抹覆盖上了，才得以保存完好。这应该是那时候人们的智慧，也是出于他们对古文明的那份敬重与深爱。现在我们面前的这座城隍庙是保存完好的，而且规模、建制、结构都是足称翘楚的！

　　原本我是来看《樊兴碑》的，结果先被城隍庙的古建迷倒，与尚总跟着张主任一边逛一边在他那里感受着这座庙宇的历史文化。在这里有一些文物的展示，大多是后来从民间收集来的。庙里有个"碑林"，比较完整地保存着元、明、清历次修缮此庙的碑记。这里还保存了几方隋唐时期的墓志盖或铭。

三原城隍庙（三原博物馆）

　　但是这个所谓"碑林"里，最有价值的当属《樊兴碑》，这是唐初的一通碑，现在看来也磨泐不清了，如果以水润湿一下还能看出一些字来。这碑在城隍庙内院的墙外，几乎没有任何保护，日晒风吹的，再过些年肯定毁得更厉害，张主任说很快就采取措施，他说他们现在特别需要《樊兴碑》的相关资料，我问馆内有什么相关的资料呢？他说也只有关于碑的出土、迁移等的简单资料，连一份像样的拓片都还没有呢！我和他说，正好我家有旧藏《大唐故左监门大将军襄城郡开国公樊府君碑铭并序》旧拓一本。内人先外公何公楚侯藏，内有其手书纸条云："往昔得一本较此墨淡，细核知乃'米'字不损。今又得此重墨，'出'字、'慎'字、'米'字均完好，且残字均书，剪裁又旧本之差胜者。一九五〇年三月守拙记。"

　　姜亮夫《历代人物年里碑传综表》依此碑铭定樊兴年里。清人吴荣光《历代名人年谱》卷三云："樊积庆卒于（永徽元年）四月，谥曰思，年六十二。"

　　此碑于清道光八年（1828），由学使周贞木得之于献陵，后移至三原县城内陕西提学使署衙中。碑高 2.6 米，宽 1.13 米。正书 31 行，行 61 字。当时碑文基本完好，无撰书人姓名。杨守敬认为此碑"笔法似褚河南"。此碑刻于永徽元年（650），较褚书《雁塔圣教序》早四年。康有为有跋语云："字画完好，毫芒皆见，虚和娟妙，如莲花出水，明月开天，当是褚陆佳作。体近《砖塔铭》，而远出万里。此与《裴镜民》皆是完妙新碑，二者合璧连珠。"①

　　"书法网"上有一篇田丰先生丁酉（2017）秋月的文章中说此碑

---

①　康有为《广艺舟双楫·干禄第二十六》，人民美术出版社，2019 年。

《樊兴碑》原石

《樊兴碑》拓片

的一段话云：

> 此本"聚米"已有损，"太玄偶出"之"出"字下半未损泐、为晚清时拓。《樊兴碑》拓本流传较多。笔者见过《樊兴碑》拓本有数十种之多，其中有初拓或"聚米"不损等较早拓本（片）。

这是田先生为苏州古吴轩出版社出的一种《樊兴碑》的拓本写的一篇文章，那个本子似较我手头这个本子晚些，我这个本子是他说的"聚米"不损的较早的拓本，且"太玄偶出"句的"出"字亦很清晰。因此，这个本子虽不能说是初拓，也应说是较早的拓本了。但是这个本子因为是剪装本，所以有些字不全，未若前引何公楚侯所言是"残字均收"。

此碑所述之主人樊兴，是隋唐间人，在《旧唐书》卷五十七、《新唐书》卷八十八均有传，所述无大区别。他是安陆（今属湖北）人，他因父亲犯罪被判为皇家的奴隶，这应是隋炀帝时的事。《新唐书》记载的是他自己"以罪为奴"，未及其父事，而樊碑未见述及此事。

两唐书均写到樊兴跟从李渊夺取了隋朝首都长安，但《旧唐书》说"累除右监门将军"；《新唐书》说"授左监门将军"。是"左"是"右"？初未知孰是，查《樊兴碑》则以"左"为是。《新唐书》载，"从秦王积战多，封营国公（《旧唐书》作'荣国公'，误）"，"积战多"指什么呢？按《旧唐书》说是"从太宗破薛举，平王世充、窦建德……"《樊兴碑》则记，破薛举后"勋授上柱国西华县开国公"，亦述及平王世充、窦建德事。两唐书均谓其"坐事削爵"，未言明所坐何事，樊碑似未言及此事。

贞观六年（632）陵州僚人反，太宗命樊兴率兵征讨，拜为左骁卫将军。后来又跟从李靖出击吐谷浑，犯了延误军期、士卒死伤过多、

《樊兴碑》拓本（局部）

甲杖等物资丢失等罪，史书上说"以勋减死"，是说因为他有过功勋，所以抵了犯下的死罪。碑中则只轻描淡写地记了一句"坐公事削"，且未言从李靖击吐谷浑事。

再往后又被任命为左（碑作"右"）监门大将军（贞观十一年），封襄城郡公（贞观十八年）。太宗征辽东时，因樊兴忠谨，就让他做了留守京师的主任官房玄龄（碑云"梁国公"，玄龄尝封梁国公，而传中书"司空房玄龄"）的副手。

《樊兴传》上没有写他什么时候死的，只笼统地说："永徽初卒（《新唐书》无'永徽初'三字），赠左武侯大将军，洪州都督，陪葬献陵。"

碑云"永徽元年四月廿三日终于雍州长安县怀远里第,春秋六十有三",此可补史传之不足。

人或谓碑志可以补史传之不足,今读《樊兴碑》,可补两唐书《樊兴传》者,除了上面零星说到的,还有以下若干条。

其一,碑云"公讳兴,字积庆"。传记上未书樊兴之字曰积庆。

其二,碑云"将军□□感燕,取贵易滨之义;舞阳让楚,终高戏下之功……"用了几个典故,为的是说明这位樊大将军是战国时樊於期与汉之樊哙等樊姓先贤的后人。又,碑云其"高祖弼□,魏武陵太守;曾祖叡,魏员外散骑常侍,巴州刺史,新淦县开国侯。祖父寔,隋(写作'随')南陵太守……父方,皇朝(即唐)金紫光禄大夫,庆善宫监。"这个家族谱系是史传中没有的。

其三,樊兴在唐高祖和太宗两朝立过些战功,被委任过许多官职,史传中未予细书。

其四,樊兴虽殁于高宗永徽元年,但碑中记:他在太宗贞观廿三年就染风疾,帝令名医诊疗。此后又病过几回,都是太宗遣医救治,令中使到家中慰问。碑文一是写了皇恩浩荡,更是写了樊兴在朝中享有极高之待遇。

其五,碑中所记樊兴终于永徽元年(650),享年63岁,则知樊兴生卒年是公元588—650年,此亦可补史阙。

其六,樊兴殁后赠官较两唐书传中要详细,传中书"赠左武侯大将军,洪州督都",碑云:

圣情念功惟旧,伤悼者久之。赠左武卫(传作"武侯")大将军,洪州督都。江、饶、吉、袁、鄂、虔、抚八州诸军事,使持节洪州刺史。

其七,碑记葬仪甚隆,陪葬献陵的时间应该是永徽元年,书作"其年"，以接前殁于永徽元年。然"其"字模糊不清，但绝非"元"字可知。接下来一句为"岁次庚戌"，庚戌正是元年。又，碑记樊兴谥号曰"思"，传中不书谥号。

以上可补史阙，如果结合此碑关于樊兴的事迹再看两唐书的樊兴传，就会有一个相对完整的樊大将军的形象呈现在我们面前了。

碑中还有一事可说，碑的记事文字之后有铭，而拓本上每一段后有"其一""其二"以至"其七"字样，此亦书碑体例所少见。

读此碑拓本，所述樊兴事迹较史传详尽，但从其叙述角度与口吻看，也有许多谀墓的感觉，总之也是选择性记叙，光耀之事不厌其烦，缺憾之处轻描淡写。但是合勘两唐史传，就可以得见一个较完整的樊兴，如果只读两唐书，就觉得这位樊将军还真有些乏善可陈。碑志对史传之补充，于兹甚可见出。

这通碑现在已经磨泐不清了，但从能看清的一些字中，还真是觉得其书法之精彩。康南海曾见过较早之"字画完好"的拓本，所以他有很多嘉美之言，并认为这是褚河南一类的精品。细看来，此碑也真有些褚的味道，但应该不是褚笔，因为还是觉得太过随意，不似褚遂良的工稳，比较几乎同时的《房玄龄碑》(648)、《萧公(胜)墓志》(651)，很容易看出其间的优劣。但是这碑的书法的确应该是受了褚河南的影响。樊兴是高级军官，又很受皇帝的眷顾，为他写碑的大抵也不是等闲之人，馆阁之中，或亦有学褚的也未可知。清人陆增祥《八琼室金石补正》谈到此碑云："文甚详赡，楷法秀劲，颇有欧、虞、褚、薛风度，盖书、撰皆出朝廷翰苑名公手也。"一下子涵盖了初唐四家，也不过是要说有初唐楷书的风格。

今访《樊兴碑》，至少有两个方面值得思考，一是史料方面，这关乎历史；一是文物保护方面，这关乎现实。

　　先说史料方面。两唐书的樊传与此樊碑对勘，我们发觉史传述樊兴事迹颇疏略，这自可以樊碑补充，已如上述。但是唐书中所述除了疏略，还有些逻辑上不甚驯顺的地方。如述他两次因事被惩处，一次是高祖时，跟着秦王李世民立功封爵，后来"坐事削爵"。这个削爵的理由没有，时间也不知究为何年何月。查樊碑，也无此事之记录。第二次被惩处是在贞观六年（632），征僚人，从李靖击吐谷浑，因延误军期、丢失物资、士卒伤亡严重等被治罪。这次惩罚有时间，有理由，而且樊碑也记了这次受惩，只是一笔带过曰"坐公事削"，而未言其从李靖击吐谷浑。樊碑作者自然是为死者讳，没有细述此背气的事，情有可原。但我们从史传上看樊将军获罪的那些理由，至少不会认为他是个治军谨严的长官，可是传中述太宗征辽时（贞观十九年），以樊兴"忠谨"而委任他做房玄龄的副手留守京师，这就有些逻辑上的不一致了。前后不协的原因大抵有两种情况，一是樊将军因不谨被罚而后来改得做事谨慎了，至少让皇上放心了。从樊碑上看，他当时在定州，是奉令调回长安做房玄龄的副手，碑中还评价此事是"任寄之重，莫或与京"。另一种情况就是樊将军贞观六年被罚是另有原因，那些罪名不过是说给人听的。当时他破陵州群僚有功，受到重赏，还被授为左骁卫将军，按碑中说是"坐公事削"，这个"公事"是什么呢，碑中语焉不详。碑中接下来就叙述贞观十一年的事了，那一年他又被授为"右监门将军"，唐书上说是"左监门将军"。也就是说他有五年的时间基本是"闭门思愆"的状态。唐书上说他在平撩乱后还跟从李靖去击吐谷浑，他是在那犯了军纪而遭罚的，碑中竟未记一字，从碑上看不出他是在战争中违犯军纪，还是只是在获授左骁卫将军之后，因公事而犯了错误被削去官职或爵位的。我们抚碑叩问樊大将军，今在城隍李靖庙中，那是你的老长官，你樊将军倒是违了什么军纪呢？

查《旧唐书·李靖传》记载李靖击败吐谷浑后有这样一段文字：

吐谷浑寇边，太宗顾谓侍臣曰："得李靖为帅，岂非善也！"靖乃见房玄龄曰："靖虽年老，固堪一行。"太宗大悦，即以靖为西海道行军大总管，统兵部尚书、任城王道宗、凉州都督李大亮、右卫将军李道彦、利州刺史高甑生等三总管征之。九年，军次伏俟城，吐谷浑烧去野草，以馁我师，退保大非川。诸将咸言春草未生，马已羸瘦，不可赴敌。唯靖决计而进，深入敌境，遂逾积石山。前后战数十合，杀伤甚众，大破其国。吐谷浑之众遂杀其可汗来降，靖又立大宁王慕容顺而还。初，利州刺史高甑生为盐泽道总管，以后军期，靖簿责之，甑生因有憾于靖。及是，与广州都督府长史唐奉义告靖谋反。太宗命法官按其事，甑生等竟以诬罔得罪。靖乃阖门自守，杜绝宾客，虽亲戚不得妄进。

在李靖的传里，其实没写樊兴什么事，倒是高甑生违反了军纪被李靖责罚了，后来这个高甑生还伙同唐奉义一起告李靖谋反。李靖在此前破突厥后也曾被温彦博"谮靖军无纲纪，致令虏中奇宝，散于乱兵之手。太宗大加责让，靖顿首谢"。看来这个高祖朝的老臣也经常遇到些政治上的麻烦，当然，太宗也出来为他解围，可这么一个有功之臣为什么老有人敢冒犯他，这大概也应有些较复杂的政治背景上的原因吧？

会勘两唐书的樊兴传与樊碑，我倒是颇觉两唐书樊传所述的两次被惩罚有可能与樊兴原来是高祖的人有关。从碑上看樊兴一直至高祖武德年后期还有很多事迹，而贞观元年至六年未记一事。六年破陵州僚是樊兴在太宗朝做的第一件事，接着就被罚削职了，这颇令人怀疑，是否高祖殁后先"削"了樊将军一次，贞观六年又"削"了他一次，此为太宗对前朝旧臣之磨砺耶？

再说两句文物保护方面的事，《樊兴碑》被露天放在院子里，日晒雨淋，这样就会不断磨泐，字迹会越来越不清，就像有些古碑，风雨剥蚀得就像一块无字碑，原石虽在，而从文献之查勘，书法之观赏的角度，就一点意义都没有了。三原博物馆的张主任说很快就会采取措施保护起来，但愿再有机会去看时会有很大的改观。（补注：2019年末，张主任把新拓《樊兴碑》的照片从微信传给我，看来他们还是在为《樊兴碑》做着一些文物保护的工作。）

说到文物保护，是从"保护"与"利用"共同考虑的，保护不好，自然就没法很好地利用，就像《樊兴碑》，在原石上仅有很少的字还能看清，要想知道樊碑原貌，只能借助拓片了，而现在一些剪装本拓片，有些磨泐的字就"剪"去了，读之字句不完，自然就有许多的信息遗漏。我托正在台湾游学的同事张冰教授查得初拓全本，则稍能知道一些字句缺漏的地方与点画不完之真貌。

现在在文物保护方面，有些博物馆和文物管理部门倒是"保护"了，但几乎是以拒绝利用为代价，前如我去河北赵县看《李宪墓志》，去了两次也未能得见，据说保存十分完好，但就是不让你看。而我在三原县看完《樊兴碑》，想去兴平市博物馆再看看《贺若谊碑》，赶到那里正是人家端午休假，栅栏门有锁不得进，隔着栅栏可以看到院内有一通碑立在那里，人或谓即是贺碑，但告诉我们，你就是进去也看不到，因为碑体已用木板包起来，外面有钢板锁定，不能解开。后来三原的张主任为我打听到，此碑2007年就被包起来了，一直放在那里，估计是没人来看，所以也没有再动过。

　　这种"保护"也是以"不利用"为代价的。张主任及兴平人都问我看它干吗，我只简单地和他们说，这贺若谊是贺若弼的叔叔，贺若弼是隋朝大将军，他自称最会打仗，当然此亦非虚言。他后来被隋炀帝杀掉了，他倒没什么错，只是他是文帝旧臣，炀帝政治洗牌就把他和文帝朝的一些重臣如高颎、宇文敬等人一起诛杀了，当时贺若谊年六十四岁。我只是想从贺若谊的碑中看看有没有一些有价值的文献，更主要的是从原石上看看这块隋碑的书法。可是它被包起来了，所以我们也就只有悻悻而归。

　　王建设兄问我还有什么可看？也是想消解一下这些许的败兴。我们就一起去了茂陵博物馆，也在兴平市，在那里看了汉墓的石像，那些巨兽一看就是大汉气象，其中还有"左司空"刻石，字迹清晰，既有很好的保护，又利于我们观赏，这大抵才是文物保护之正路。

2018 年 6 月 22 日补记于散净居

书法的范式，孝廉的颂歌

——西安碑林访《曹全碑》说其文献意义

2019 年 6 月 11 日，与马骁贤契往西安碑林看《曹全碑》。来碑林不知有多少回，看它亦不知多少回，过去来看《曹全碑》，多是从书法上看，学界曾有说其在汉碑中属"娟秀"一类者，其实这不太准确，启功先生曾在《明拓〈曹全碑〉跋（一）》中说到这个问题："昔之论书者但称此碑书体娟秀，一似不堪与群碑较其雄伟者。余曾放大观之，其体势开张，点画沉劲，远在《孔宙碑》之上，第以字迹稍小，刻法太精，且石无剥蚀，遂招此咎……"① 此的为明断也。我们这次来看《曹全》，除为了拍点儿实景镜头的原因外，主要还是想借此机会再好好读读曹全这个人，也就是在这块颂德碑的书法意义之外，探讨一点它的文献价值。

幼时寄居山东济南姨母家，姨丈的父亲是民国时一个公司的财务总管，家学亦好，当时八十余，让我们日课书法，比较奇特的要求是让我们不单写字，还要把所临的帖背下来，比如《玄秘塔》《多宝塔》之类。问老人家为什么非要背，他说对临时可看帖，默临时看不得帖，你若背下来，那文辞都在脑子里，跟帖上的字合上就记得住怎么写。这种法子我在别人那从没听说过，尽管我也没背下来几个帖，但在背诵时多少知道那帖上写的是什么事儿。所以以后读碑写帖，总是

---

① 启功《启功全集（第 5 卷）》，北京师范大学出版社，2011 年。

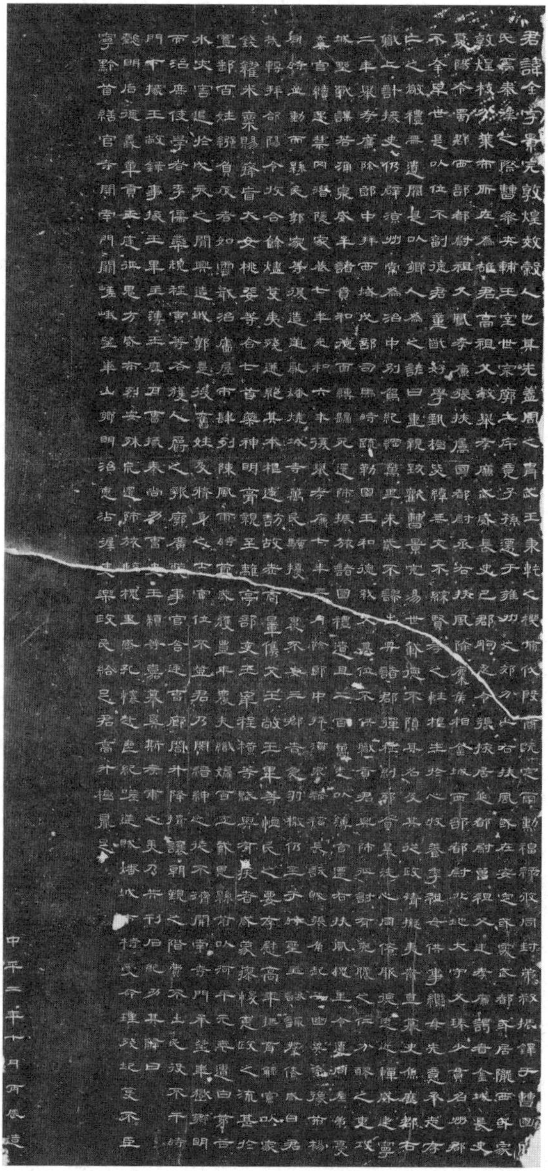

《曹全碑》拓片

习惯性地先把那上面的文字梳理一遍。上中学时有个同学练《曹全碑》，我问曹全是谁？他说是碑。我和他说了曹全这个人的事迹，他才知道曹全是个人名。现在一些孩子练毛笔字，写隶多临《曹全碑》，也有许多人不知道曹全其人。大概人们都是只盯着字去练，而不大关注碑文的内容。这也无可厚非，但我觉得把碑文也熟悉一下，对临写法帖也不是没有好处。比如《曹全碑》，上面曹全的事迹也确实能够感动后人。写好毛笔字，有点感情投入，我总觉得那字写得会有些灵动。

《曹全碑》从书法的角度说，自是一个具有范式意义的作品，从文辞上说，又是一首孝廉的颂歌。这次来看《曹全碑》，在碑前看着这通刊刻精美的丰碑大碣，字字镌刻出一位千余年前的廉吏形象。曹全这个人史传无载，我们了解他，只能通过这通后汉时期的碑文。曹全是郃阳令，这通碑是万历初年发掘的，能够保存到现在也是非常不容易。与史传会勘，有两个人名与曹全有些关系，一个是"曹宽"，一个是"曹鸾"。碑文中有这样一段：

> 建宁二年，举孝廉，除郎中，拜西域戊部司马。时疏勒国王和德，弑父篡位，不供职贡。君兴师征讨，有吮（吮）脓之仁，分醪之惠。攻城野战，谋若涌泉，威牟诸贲。和德面缚归死，还师振旅。诸国礼遗，且二百万，悉以薄（簿）官。

按此事在范晔《后汉书》卷八十八《西域传》中有记载，只不过那个戊部司马不是曹全，而记作"曹宽"。有人认为曹全字景完，"景"字可能脱落，"完"与"宽"字形相近而混，所以这个"曹宽"就是曹全。（《后汉书集解》王先谦曰："范（晔）去汉二百余年，而传录文字脱落，完、宽字形相近，故完误为宽也。"）

但是这里也有个疑问，即碑上说这一场征讨疏勒国的战争是胜利的，"和德面缚归死"，而且是"还师振旅"，凯旋而归。但《西域传》上记载这一仗并没有什么结果。那么曹宽究竟是否是曹全呢？

如果细分析，传上说的是"建宁元年"的事；碑上说的是"建宁二年"的事。是否范书所见档案不全呢？或者是碑文作者记录不准呢？这都有可能，但似乎并不能完全否定传里的曹宽就是曹全。

再说曹鸾。碑云：

> 迁右扶风槐里令，遭同产弟忧，弃官。续遇禁冈（网），潜隐家巷七年。光和六年，复举孝廉。

这里的所谓"禁网"，指的是党锢之祸。曹全是光和六年（183）"解放"的，往前推七年是熹平五年（176），那一年出了一件事，因为桓帝以来连续党禁，到了灵帝熹平五年，永昌太守曹鸾上书为党人鸣不平，结果又惹怒了皇帝，《资治通鉴》卷五十七载：

> 诏州郡更考党人门生、故吏、父子、兄弟在位者，悉免官禁锢，爰及五属。

这和曹全有什么关系呢？他为什么在这一年也被禁锢了呢？而且一禁就是七年。王昶《金石萃编》引叶奕苞（1660—1730）《金石录补》云："（曹）全为永昌太守曹鸾兄。鸾以上书弃市，禁锢党人五属。（曹）全遭同产弟忧弃官，后遇禁网，潜隐家巷七年。弛禁，全得复官。其年月与碑悉合。"叶氏的判断应该是从《曹全碑》"遭同产弟忧，弃官"而来，因为曹鸾事在《资治通鉴》里记：

> 永昌太守曹鸾上书曰："夫党人者，或耆年渊德，或衣冠英贤，皆宜股肱王室，左右大猷者也；而久被禁锢，辱在涂泥。谋反大逆尚蒙赦宥，党人何罪，独不开恕乎！所以灾异屡见，水旱荐臻，皆由于斯。宜加沛然，以副天心。"帝省奏，大怒，即诏司隶、益州槛车收鸾，

送槐里狱，掠杀之。

按，当时曹全正是槐里县令，槐里是汉高祖时所置县，在今陕西兴平市东南。曹鸾槛送槐里掠杀之，曹全又"遭同产弟忧弃官"，所以叶氏认为这个"同产弟"就是曹鸾。而碑文接着说"续遇禁网"，就合上那一年灵帝诏令将党人门生、故吏、父子、兄弟都免官禁锢的事件，曹全因是曹鸾的哥哥，就自然被禁锢回乡了。如果这个曹鸾确定是曹全的弟弟，那么曹全家除了有曹全这样一个"重亲致欢""乐政惠民"的孝子廉吏，还有曹鸾这样一位正直敢言的忠勇太守。

先把"曹宽"与"曹鸾"的问题解决了，我们可以来谈《曹全碑》在文献上给予我们的启发。作为文献去读《曹全碑》，我们首先要看为曹全立这块功德清颂碑的人，为什么要立？这里面体现了古人对一个人作价值评估与旌扬时，是个什么标准。

此碑叙曹全，先说他在家怎样养季祖母，梁章钜《称谓录》引《潜研堂金石文跋尾》："季祖母犹言庶祖母也。"似可商榷，顷读郑业敩《独笑斋金石文考》第二集卷七考论"季祖母"曰：

《潜研堂跋尾》《随园随笔》并以"季祖母"为庶祖母。按古人称叔父为季父，则叔祖自可称季祖。后汉西域传，车师后部司马率加特奴等，获单于季母，注："季母，叔母也。"《三国·魏志·辛毗传》注，女宪英适泰山羊耽。……谓（羊）祜曰……祜曰："季母勿多言。"可见季祖母为叔祖母无疑。钱、袁之语不知所据。

郑氏又引他人一段议论，说到"庶祖母"的称谓无据。说古人称"祖庶母"，不称"庶祖母"，因为若称"庶祖母"也当有"庶祖父"，这自是说不过去的。

碑又谓民谚云："重亲致欢曹景完。"后又叙曹全为官恤民，为将爱兵，至云"宁黔首""缮官寺""乡明治""吏乐政"云云。这在当时，确是对曹全的一种较高的评价，我们现在读此碑，自是知道这是当时吏民对曹全的一种颂德。但是为什么对一个官吏的颂扬，就一定要从"孝""廉"去说呢？我们的古人对一个人价值的判断为什么要从"孝""廉"上着笔呢？这是我们对传统的价值判断应有的一个认识，即我们如何认识古人会对"孝"和"廉"有如此的旌扬。

碑引谚曰："重亲致欢曹景完。"什么叫"重亲致欢"？对"亲"（长辈）的"重"，怎么理解？那是一种敬重，一种尊重。只有是在"敬重""尊重"的立场上说其对长辈的"孝"，才是一种持久的关爱。这甚至应该看作是一种对生命的尊重与关爱，而不限于对自己家族长辈的一种孝顺。只有这样才有可能推己及人，有一种对民众的体谅与爱护。当其为政一方时才有可能对所辖区域的老百姓有一种在生命意义上的体恤。

我们传统意义上的"好官"是什么样的呢？首先他一定是一个"好人"，那么什么是"好人"？他首先是有对长辈的孝顺，而且这孝顺是基于对人的生命的尊重。碑云："（全）贤孝之性，根生于心。"这是从"根"上说，所谓"重亲致欢"，首先是一个"重"字，这非常重要，但这往往让我们忽略了。朱彝尊在《曝书亭金石文字跋尾》卷二上说："时人语曰'重亲致欢曹景完'，盖其孝友之性，尤人所难能也。"接着他说了这样一段话："呜呼，今之为吏者，虽遭父母之丧，必问其亲生与否，投牒再三，始听其去。而（曹）全以同产弟忧得弃官归，以此见汉代风俗之厚，其敦孝友若是。士君子顾惜清议而自好者不乏也！"朱氏拿当时世风与汉代比较而追念古风，但是清朝官场竟如此不近人情乎？为什么那么严查亲属关系？或亦有假冒父母丧事而请假的吗？揆之曹全，竟无一点真情了！

　　我们从《曹全碑》中对曹全的评价，看到了一种民间的旌扬标准，而这标准也是孔孟之学在民间的落地。文化也者，无学术为先导则不能精进长存；无民间之成俗，则不过空中楼阁。先秦儒家的"父母在不远游，游必有方"，"父母之年，不可不知也。一则以喜，一则以惧"，"父为子隐，子为父隐"，等等，这里面都有一种对长辈尊重基础上的关爱与理解。但是后来往往把这种"尊重"的意义淡化而只突显其服从与驯顺，这就把儒学中对人的尊重的一面给异化了，成了一种奴性哲学。我总觉得先哲们有些话的本义是被后人因其需要而消解或改释了的，有些话又只是说说而已，绝不去力行的。比如我们耳熟能详的那段《孟子·公孙丑上》的话："无恻隐之心，非人也；无羞恶之心，非人也；无辞让之心，非人也；无是非之心，非人也。恻隐之心，仁之端也；羞恶之心，义之端也；辞让之心，礼之端也；是非之心，智之端也。"这说得多好呢，人而无恻隐之心、羞恶之心（也就是羞耻心）、是非之心、辞让之心，按孟子的标准，就不是人了。可是后来的两千余年，检点一下我们的为人，至少不是很合格，可是我们口口声声都在宣扬孔孟之道，为什么不按照孔孟之道去做呢？大概是太难了，现实世界太不允许了。所以能够做到的人就了不起，就会被人颂扬，因为人们从骨子里面还是觉得圣人说得不错，有这"四心"的人，才算个人；有这"四心"的官，才算是个好官。所以，圣人说的是通理，用现在的话说是"普世价值"，所以不管何时何地的人都服膺。这是明面上的道理和准则，但现实社会还有一些"潜规则"，其左右人的力量似乎比那些"通理"、那些"普世价值"更大，大到可以把人扭曲，可以把人变得不是人。那个"党锢之祸"就是让人变得不是人，现在我们读《后汉书》里的《党锢列传》，那里面的人哪个不是响当当的人物？可是他们都被桓、灵两个不成器的皇帝禁锢起来，不让他们有作为，不让他们有尊严。这是何等的无理性、何等的残酷！所以曹全他弟曹鸾才上书呼吁为党人解禁，他说："谋反大逆尚蒙赦宥，党人何罪，独不开恕乎！"谋反的人你皇帝都能赦免，为什么党人就独独不能宽恕呢？他是不知道啊，谋反的人，他不一定是个"人"，而党人是"人"，桓、灵二帝就是怕他们的臣下太是人了，那样他们就不能为所欲为，因为这些党人太能说了，而且说的是有道理的。昏君怕什么呀？就是怕按道理说话的人，除非他也讲道理，否则他绝对不会让你讲道理。所以，曹鸾真是太天真了，他不但没救了党人，把自己的命也搭进去了。不过我们还是很佩服曹鸾的勇气，他就是死也死得有尊严！这是个读圣贤书又能身体力行的人。他哥曹全也是这样的人，只不过他们的做法不太一样。

在这通东汉后期的《曹全碑》上，我们看到了民间对"重亲"的旌扬，看到了民间对"尊重"朦胧的认可。其实只有建立在"尊重"基础上的孝顺与仁爱才能够恒常，也才能在其间含蓄正义，突显出正直。也才能见出爱的力量之伟大，爱的情感之高尚。

我们从《曹全碑》中不只是看出曹全是一个在家族中可以"重亲致欢"的孝子，还可以看出他是一个保境爱民的良吏。他把对族亲长辈的孝推及到他为官治理的老百姓身上。参与对疏勒国的征讨，也是因为疏勒国王的不忠不孝；在征战中他对士卒的爱护让人想到李广带兵，碑文中用了两个典故，一个是"吮脓"，这是用吴起的故事，所谓"卒有病疽者，（吴）起为吮之"。另一个是"分醪"，用的是《黄石公记》中所云："昔者良将用兵，人有馈一单醪者。使投之于河，令将士迎流而饮之。夫一单醪不能味一河水，三军思为之死，非滋味及之也。"

都是关爱士卒的古人范例。而且，碑文中还特别表彰曹全凯旋而归受到奖励却一切归公，分文不取，这是写其廉洁不贪。

党锢弛禁后他被重新启用，为郃阳县令，也是因为当时张角作乱，当地县民郭家"燔烧城寺，万民骚扰"，大臣们向皇帝举荐，只有曹全可以平乱安民。曹全果然不负重托，使得郃阳县乱后大治。碑文中有一大段叙述曹全这一番治理，获得了当地吏民的认可并为他树立了这块颂德丰碑。

我们在《曹全碑》中，除了看曹全对季祖母、继母的孝养，除了看其对百姓及士兵的爱护，还要关注一点，那就是他也被禁锢了七年。如果叶奕苞在《金石录补》中考得不错，那么那个正直的曹鸾就是曹全的胞弟，曹全为了弟弟的被冤杀而弃官，跟着也被殃及而遭禁网。曹氏兄弟对党锢之祸的认识，对党人的看法，应该可以从曹鸾上疏里看出，那里面体现出一种为人为官的正义感。这和他们思想中对人的尊重的意识是分不开的！这也应该是读《曹全碑》不能忽略的！

从文献上，我们提出孝与仁的观念除了源于一种人本善良，更是出于一种对人的尊重的认识，这是我们传统中固有的东西，也是有价值的东西，但是在文化传续中，被专制的话语"过滤"了许多东西，使我们对传统的认识产生了偏差，使我们丢掉了一些可贵的东西。我们现在看古代文献，不能囫囵吞枣，也不能一知半解，应使传统文化中优良的东西真正地被钩沉出来，并发扬开去。

2019 年 6 月 20 日于散净居

渭南市博物馆访《杨素墓志》
——兼说杨素之失宠

杨素在隋朝建国和统一天下方面是个大功臣，但在唐初史臣所著的《隋书》里，对杨素的叙写总觉得有些犹疑，盖棺论定的并不是那么清楚，那么大个人物，连生卒年都没有标明。《杨素墓志》我是很早就看过志文和拓片的，里面解决了一些史传中模糊的问题，但志石一直没见过，近来听说转到新建的渭南市博物馆了。2019 年 6 月 11日经国家文物局的引荐，便与马骁贤契由西安王建设兄及夫人陪同前往渭南市博物馆去看《杨素墓志》的原石。

《杨素墓志》在 20 世纪中发掘出来（韩理洲《全隋文补遗》谓1959 年出土；王其祎、周晓薇《隋代墓志汇考》，罗新、叶炜《新出魏晋南北朝墓志疏证》均谓 1973 年出土），似是一直流落民间，1980年文物普查时在潼关县吴村乡亢家寨村发现，后来被收在潼关文管所保存，[①] 现在被调往渭南市博物馆，今由文物保护部主任宗岚女士带我们看了此志之原石。关于《杨素墓志》何时出土、何时被文物部门收录，以及它的保存地点现在就有好几种说法，未知孰是。

我们现在是在新建的渭南市博物馆看《杨素墓志》，至少现在这块石头是在这里的。墓志原石虽有残缺，但基本完好，已经锤拓，墨色甚重，又兼库房光线稍暗，志石上的字迹一时不易看清，好在现在

---

① 参见梁建邦《杨素墓志的发现与价值》，载《渭南师专学报》1990 年 1 期。

《杨素墓志》拓片（局部）

有不少拓片可寻，而拓片与原石的对勘已有学者做了这方面的工作，并无什么特别可说的。这方面的学术论文有1990年梁建邦先生《杨素墓志的发现与价值》刊在《渭南师专学报》第一期；后面还有姚双年先生《隋杨素墓志初考》（《考古与文物》1991年第二期）和周铮先生的《杨素墓志初考》和《〈杨素墓志初考〉补正》两篇论文分别刊于《考古与文物》1991年第二期和1993年第二期。又有罗新、叶炜《新出魏晋南北朝墓志疏证》一书列专节疏证。关于此志与相关史传文献上的问题，大抵都有论列，基本已经梳理清晰矣。

值得说的是，在这些梳理中，较重要的是这样几处。

　　第一，因此志而弄清楚了杨素的生卒年。因为《北史》及《隋书》中杨素传并没记其生年也没记其享年，而本志有详载，即："大业二年七月癸丑朔廿三日乙亥遘疾，薨于豫州飞山里第，春秋六十三。"以此推算，则杨素生于东魏孝静帝武定二年、梁武帝大同十年，即公元 544 年。

　　第二，可以推断，墓志文出于隋朝重臣虞世基之手，虽然今观原石仅有"朝请大夫、内史侍郎虞□□□"，今专家考据，断定此虞姓内史侍郎，就是虞世基。但虞世基仅为撰文，还是撰文并书丹呢？因"虞"字后若干字严重残损，已无从查考。有的学者依据世基弟世南为著名书法家，所以推测世基书法亦应有功力，所以推测此志书丹或亦为世基所为，证据不稳，未敢遽从也！

　　当然此志还有一些关于杨素家族谱系、出仕时间、任职情况等项与史传有不同，皆可补史传之不足，参阅相关论文，自可了然，此不赘述。

　　稍须申说的是，有些专家因见此墓志及发掘杨素墓所见墓室情况，认为《隋书·杨素传》上说因其子玄感反，被诛，波及杨素墓，所谓"坟土未干，阖门俎戮，丘陇发掘，宗族诛夷"。那句"丘陇发掘"未必指素墓被掘，可能只是坏其地上享殿等，或是。

　　今在渭南市博物馆访得《杨素墓志》原石，想及此人在北周及隋朝初年，战功赫赫，对隋朝文、炀两帝也算是开国佐命的亲近之臣，与皇家又是一姓同宗，但他的下场并不是那么好，这里固然有他自己的问题，也有文帝、炀帝与他的关系是如何处理的问题。君臣相遇，其间有很多集权的体制之中君臣关系共通的东西，倒是颇可析说的。

　　在谈集权体制下的古代君臣关系时，我总会想到威廉·F·斯通《政治心理学》一书对弗罗姆一个术语的引述，他说：

　　一个个性被虐待狂和受虐狂支配的人可能是（但不一定是）神

杨素墓遗址

经过敏的。他（指弗罗姆）认为，某种文化模式会导致以虐待狂——受虐狂性格为特征的人，虽然这些人是符合"规范"的。为了给这种性格类型贴上一个标签，弗罗姆提出"专断者性格"这个术语。①

斯通在这段话之后引用弗罗姆的话说："一个虐待狂——受虐狂的人总是以他对专断者的态度为特征的。他崇拜专断者，总是服从他，而同时他又想使自己成为专断者并使其他人服从他。"我们如果读一读《隋书》里文帝、炀帝和杨素的传记，就会感觉到，他们都应该被归为这种所谓"专断者性格"的人。

余尝著《隋炀帝文化政策与文学实践的研究》一书，其中有一节谈到隋炀帝疏忌杨素的原因，今移录于下云：

大业初，隋炀帝对杨素采取高高抬起的架空策略，如大业元年二月任杨素为尚书令，这已是一人之下万人之上的职务了，七月又委任他做了太子太师。大业二年杨素死时是上柱国、司徒、楚国公，位极人臣。炀帝对杨素所采取的方法与隋文帝的相似，炀帝对杨素并没有采取政治上的强硬措施，《隋书·杨素传》说炀帝对杨素是"外示殊礼，

---

① 威廉·F·斯通《政治心理学》，黑龙江出版社，1987年。

内情甚薄"。(隋文帝是"外示优崇，实夺之权")这就需要分析，为什么炀帝对这位为他夺嫡篡位立下汗马功劳，又有着平定杨谅叛乱之功的"铁杆儿"人物"内情甚薄"呢？

《隋书》杨素本传说："素虽有建立策，及平杨谅功，然特为帝所猜忌。"未言明原因。因此，历来史文多说杨素名位盖主而遭忌，或者说他是炀帝夺嫡篡位阴谋集团的主要人物，所以炀帝盖因有把柄在他那里而必欲除之。其实宇文述也是"阴谋集团"的主要人物，却并没有遭忌，宇文述军功也不小，地位后来亦如杨素，怎么就没有遭忌？看来杨素遭忌一定另有原因。

自来大臣为皇帝猜忌者，多是与皇帝有不谐之处，世上本就没有无缘无故的爱，也没有无缘无故的恨。考之杨素，有功于炀帝者也，然犹遭猜忌，且至于炀帝"恒恐（其）不死"；又至于其死后恨恨言"使素不死，当夷九族"。(按此《历代小史》中所载，谨可参考)他杨素一定是有被炀帝不满的地方。

查《杨素传》及1959年出土于陕西潼关县吴村乡亢家寨村的《杨素墓志》①均看不出他在炀帝那里有什么缺点。但炀帝对他特加猜忌，内情甚薄，及其病重，恒恐其不死，却都载于本传。如仅就可见到的文献资料分析，则杨素之被忌，盖有两个原因值得注意。

第一是他势力太大，属于那种可用而难信的人。本传中记，他在隋文朝尝与妻口角，竟说出"我若作天子,卿定不堪为皇后"②。后为其妻告发，被免去当时身任的御史大夫之职。揆其潜意识中亦存僭越之质。有此心，又有势力，就是个危险人物。

---

① 今收入韩理洲辑校，《全隋文补遗》卷三，三秦出版社，2004年。
② 〔唐〕魏徵《隋书·杨素传》，中华书局，1973年。

　　第二,因其势力大,则朝中用人,一希于素。本传中说:素性疏而辩,高下在心,朝臣之内,颇推高颎,敬牛弘,厚接薛道衡,视苏威蔑如也。自余朝贵,多被凌轹。其才艺风调,优于高颎,至于推诚体国,处物平当,有宰相识度,不如颎远矣。①

　　按,此虽为高祖时事,但其目中无人,在朝中用人上的习性当亦延及炀帝朝,他是首辅大臣,官员之陟黜,他是有绝对的发言权的。这种选人的权力,皇帝是不能放的。西汉武帝初即位,武安侯田蚡为丞相,"荐人或起家至二千石,权移主上,上乃曰:'君除吏已尽未?吾亦欲除吏'"!②《隋书》虽未直书炀帝心情,揆之史乘相似人事,则炀帝未尝不存汉武之怒也!

　　从炀帝初即位的宰辅班子看,尚书令杨素,内史令杨约,纳言杨达、杨文思,还有尚书右仆射苏威,内史令萧琮。这六人属三省长官,即是宰相,而以杨素为首辅,杨家就占了三人,其中杨约是杨素之弟,杨文思是杨素的从叔。杨达是宗室,观德王杨雄的弟弟;苏威是文帝朝留用的,萧琮是后梁末代帝,放在这里基本上是个摆设。按:这个宰辅班子,除苏威为前朝留用人员,萧琮为外戚,其他诸人均与杨素有关。杨文思固于素薨后为纳言,但在杨素在世时即由外任调入中央做民部尚书。而素又甚推重杨达,尝言:"有君子之貌,兼君子之心者,唯杨达耳。"③所以这个班子与其说是隋朝皇帝的宰辅班子,未若说是杨素的班子,这是炀帝所不能容忍的。

　　又,这个班子除了不管事的萧琮是南方人外,都属于关陇亲贵一

①〔唐〕魏徵《隋书·杨素传》,中华书局,1973年。
②〔汉〕司马迁《史记·魏其武安侯列传》,中华书局,1982年。
③〔唐〕魏徵《隋书·杨达传》,中华书局,1973年。

系，这与炀帝欲广用江左、山东人士的构想不合。

　　杨素死得其时，若再活若干年，难说不为炀帝灭族。因为炀帝予智予雄，他不会容忍杨素操纵权柄。[1]

　　具有"专断者性格"的人，是无法容忍别人的"专断"的，主弱臣强时，臣的"专断"是主体，主不得不顺从；主强臣弱时，主的"专断"是主体，臣只能顺从；而主强臣也强的时候，通常强臣没有太好的下场，至少在君主那里是遭猜忌、戒备的，往往高高抬起，轻轻放下，外示优宠，实夺其权，甚至心理上恨不得强臣早死！君主对强臣是"恨"，必欲治其于死地；对忠臣是"惧"，找个理由也会除掉。前者如炀帝之对杨素，后者如炀帝之对高颎。炀帝对杨素，是专断者对专断者的必然；炀帝对高颎，是专断者行专断之必然！

　　李唐史臣在《隋书·杨素传》中评价杨素时曰："考其夷凶静乱，功臣莫居其右；览其奇策高文，足为一时之杰。"这个评价是实事求是的。但也说到杨素的"阿谀时主，高下其心"，同时也在传中描述了他的"专断者"的性格特征：

　　素多权略，乘机赴敌，应变无方，然大抵驭戎严整，有犯军令者立斩之，无所宽贷。每将临寇，辄求人过失而斩之，多者百余人，少不下十数。流血盈前，言笑自若。

　　这是他在文帝开皇时的表现，在文帝仁寿年间的表现则传中记之曰：

　　朝臣有违忤者，虽至诚体国，如贺若弼、史万岁、李刚、柳彧等，素皆阴中之。若有附会及亲戚，虽无才用，必加进擢。朝廷靡然，莫不畏附……素作威作福，上渐疏忌之。

---

[1]　王强《隋炀帝的文化政策与文学实践研究》，汕头大学出版社，2007 年。

这种描述，完全勾画出一个专断者的性格特征。他阿谀时主，是他崇拜专断者的表现，他作威作福，是他也想成为专断者令他人伏于脚下的表现。但是这种描述，我们在他的墓志中是看不到的。碑志与史传，因作者的立场不同，则叙述之角度，选取之素材自有不同。故吾人为历史人物作评价时，既不能全依史传，亦不可全依碑志，两相比照，庶几不至偏颇矣。

如果必欲说史传与碑志有一些相同的叙述，那也只能说正面的描述是相同的，述功颂德，志甚于传，人物议论，传多于志。相同的事，传志叙述角度也有很大的不同，如杨素晚年不被炀帝信任，外示殊礼，内情甚薄。而志中说："公秉德居谦，贵而能降，竭诚尽节，慎终如始。"我们一方面要看到志、传作者立场不同而叙述不同，同时，我们也不能不看到唐朝史臣对杨素的描述也难免妖魔化，对隋季君臣关系的非正常，也难免不进行夸大。比如上引杨素与妻郑氏口角，说出"我若作天子，卿定不堪为皇后"，而在言及其妻郑氏时，则一方面说她"性悍"；一方面说她去告密，自然是个不良形象。而若读今已发掘的郑氏墓志，则说她"天情婉顺，不待女史"，而述其与夫君的关系则曰"琴瑟克谐，松萝并茂"，于此哪可看出她的"性悍"？所以到底是撰志者谀墓，还是写传者诬人，实应在读这类文献时细细分辨。

2019 年 6 月 25 日草

【补记】

说起杨素妻郑氏祁耶，应是荥阳郑道昭家族的后人。1967 年，郑祁耶的墓志在陕西潼关县吴村乡出土，据云藏潼关文管会。

　　因为郑氏墓志上未明言她即是杨素之妻，所以学者做了考证，罗新、叶炜《新出魏晋南北朝墓志疏证》一七七《杨素妻郑祁耶墓志》疏证文中，以杨素之职官、封号，及郑氏葬地在杨素族墓，判定这位"大隋越国夫人郑氏"即杨素妻郑氏。

　　其实还有一条可以佐证，即志文中说她"允膺百福，载育七子"。查《隋书·杨素传》，载有六子名字：玄感、玄奖、玄纵、积善、万石（《杨玄感传》作"万硕"）、仁行（《杨玄感传》作"民行"）。《杨约传》中说，杨约卒后，隋炀帝"以（杨）素子玄挺后之"。则知素子还有一玄挺。杨素子《杨玄感传》中亦云："玄感弟玄挺中流矢而毙。"《杨素传》上提到玄挺时说是他的侄子，读《杨约传》才知道是杨素的儿子过继给杨约了，所以才说作侄子。但杨约死在杨素之后，杨约死后才把杨玄挺过继给杨约作继嗣。怎么杨素因平汉王杨谅论功行赏时，就说"拜其子万石、仁行，侄玄挺皆仪同三司"呢？那时玄挺还不是杨约之后，应仍是杨素之子啊！述史者以"后"称"前"，也算时间概念含混不清吧！但是《郑祁耶墓志》上说她"载育七子"合勘史传，亦可证其为杨素之妻也。

　　这次在渭南博物馆本以为能看到杨氏家族的一些墓志，李国栋馆长说现在《杨素墓志》虽然在渭南，但也是从潼关县借来的，如果要看杨氏家族志，特别是与杨素相关的墓志，还要去潼关县以及相近的一些博物馆和文管部门。这次来渭南，时间仓促，也只能此后再寻机会，一个是看看杨素妻及杨素长辈、族亲的墓志原石，再一个也是想去杨素族墓的那个吴村镇看看旧冢故地。

2019 年 6 月 28 日又记于散净居

江苏访碑录

《刘岱墓志》的史料价值
——东莞刘氏的身份问题

刘岱，史书无传，从墓志上看，他是东莞刘氏家族的人，今人考证，其高祖刘抚，应是东莞刘氏南迁入东晋的第一代，其曾祖刘爽，是南朝宋时刘秀之的祖父；祖父刘仲道（余姚令）是刘秀之的父亲；父粹之应该就是刘秀之的兄弟了。《宋书·刘秀之传》中还提到秀之还有一兄长名钦之。《宋书·海陵王休茂传》中还提到有一个刘恭之；《刘穆之传》中有虑之（宪之）、式之、贞之，这三人及刘恭之或与刘秀之等是同族兄弟，东晋名臣刘穆之（360—417）与刘岱的祖父刘仲道是从兄弟。因为《宋书·刘秀之传》上说："秀之，刘穆之从兄子也。"那自然刘仲道就是刘穆之的从兄弟了。而《宋书·刘勰传》中又说："祖灵真，宋司空秀之弟也。"那么，刘勰的祖父刘灵真和刘秀之、刘岱的父亲刘粹之就应该是亲兄弟了。我们现在从文献上看，刘仲道至少有四个儿子，一个儿子是刘岱的父亲刘粹之，另三个儿子是刘秀之及其兄钦之和刘勰的祖父灵真。从而也可以知道刘勰的曾祖是刘仲道，高祖是刘爽，再往上还有一辈叫刘抚。这样，因《刘岱墓志》《宋书·刘秀之传》与《刘勰传》，我们可以看到东莞刘氏，因共同的先人刘爽、刘仲道而有了刘岱与刘穆之、刘秀之、刘勰等历史名人的链接。这些历史名人，都是刘氏宗亲，他们与墓主刘岱的关系大概如此：刘秀之是刘岱的叔叔或伯父；刘勰是刘岱的从侄；刘穆之是刘岱祖父的从兄弟。

这里应该说的是，他们都应是东莞刘氏家族成员，在《刘岱墓志》《刘穆之传》《刘秀之传》《刘勰传》中，均明言其籍贯是东莞莒县（今山东日照市有莒县，下有东莞镇），唯《刘穆之传》言其为齐悼惠王之后，则东莞刘氏之祖应该是汉高祖庶长子刘肥，刘氏远祖应是世居齐地的。

刘穆之是宋高祖刘裕的佐命功勋，如果不是死得早，他也是汉之张良式的人物。但从他的传上看，并没有写他父祖及前代有什么人物，只写是汉悼惠王之后，这就有点虚，是否冒认祖先也不得而知，反正史书有传的其他东莞刘氏均未有"悼惠之后"的记载，所以余颇疑刘穆之的出身甚寒微。但是《刘秀之传》上写秀之是"司徒刘穆之从兄子也"，那原因大抵也是因为刘穆之是"司徒"，那是刘宋响当当的人物，攀上亲戚自有荣光。而这刘穆之的"从兄"自是指秀之的父亲余姚县令刘仲道。仲道是跟着孟昶的，而孟昶跟刘穆之不是一伙儿的，所以，从刘穆之这一支几乎不说与刘仲道及秀之以下有什么关系，而刘秀之则因刘穆之是大官愿意借这个同宗叔父的光。

这个刘穆之还是个书法家，他和当时另一个书法家叫朱龄石的同在宋高祖刘裕幕中，刘穆之与刘裕还在一起切磋过文书书写之字迹工稳等问题。《宋书》卷四十二《刘穆之传》记之曰：

高祖书素拙，穆之曰："此虽小事，然宣彼四远，愿公小复留意。"高祖既不能厝意，又禀分有在。穆之乃曰："便纵笔为大字，一字径尺，无嫌。大概足有所包，且其势亦美。"高祖从之，一纸不过六七字便满。凡所荐达，不进不止，常云："我虽不及荀令君（荀彧）之举善，然不举不善。"穆之与朱龄石并便尺牍，常于高祖坐与龄石答书。自旦至日中，穆之得百函，龄石得八十函，而穆之应对无废也。

现在学术界为证实刘勰是出身士族而非寒门，所以把史传上东莞刘家的人做的什么官梳理一过，证实他们是士族阶层，但是这一家子的人在史传上看，幼年生活状态并不太好，如刘穆之，也只说他是世居京口，少年爱读书；刘秀之父亲虽然是个县令，但是"少孤贫"；刘勰则是"早孤，笃志好学，家贫不婚娶"。但是长大了都有些成就，而他们的姻亲也都还属于士族阶层，所以按士庶不通婚的制度性规定，一些学者也就因其姻亲而作依据断定出东莞刘氏是属于士族阶层的。但不论怎么说，他们刘家也只能算作下层官吏出身，即便叫"士族阶层"，也是中下等级，与衣冠南渡的那些名门望族不能比伦。

其实，学界以某官论某氏为士族为寒门，也有些不太靠谱，从《刘岱墓志》出土以来，多认为刘岱的高祖刘抚是南迁的第一代，做到彭城内史，再往上数就不知道了。王伊同作《五朝门第》虽然在 1978 年修订，但并未能参见《刘岱墓志》，所以他在为东莞莒人作世系表时，刘仲道一支最早只列到刘爽；刘穆之一支，只有远祖刘肥，这自是根据穆之传里的说法。如果他参考了《刘岱墓志》（1969 年出土，1973 年归镇江博物馆），自然刘爽之上还应列上刘抚，可刘抚之上就不知所宗了，刘穆之传上说他是悼惠王刘肥之后，很难说是不是冒认祖先之言，所以他们东莞刘氏除了刘穆之、刘秀之能做到大官，光宗耀祖，若说祖上能有多少荫蔽，怕是一时拿不出具有说服力的史料。只有唐代的《元和姓纂》卷五 363 条记着："齐悼惠王肥生城阳王（刘）章，传九代至王（刘）津，光武封为平莱侯，徙居东莞。裔孙晋尚书南康公穆之。"这算是把齐悼惠王与刘穆之连在一起的世系说明了。

其实现在说的士庶不通婚，士族才能做什么级别的官，大抵在高门望族那里是有着较严格的遵守的，如《文选》中有沈约《奏弹王源》一篇文章，那说得可厉害了，人家王源要和姓满的家结姻，因为门不当户不对，使得这位沈约直接上告皇上，认为当时世风日下，"衣冠之族，日失其序"，说人家王源与满璋之结亲是"六卿之胄纳女于管库之人，宋子河鲂同穴于舆台之鬼"，字字批评，满纸讨伐，最后竟提议要把王源免官禁锢起来。我们现在不知道那时的门第观念如何，也不知道像沈约说的"王满联姻"是否真的"实骇物听"，反正从这篇弹劾奏章中看，衣冠之族真不是随随便便就可以娶，就可以嫁的。

可是一般士族或生活条件稍好的"寒门"之间也未必都一定不通婚，丧乱之际的东晋时期，士庶阶层也未必不因特殊情况而有转换。东晋及以后六朝之际，也产生了一些新兴的贵族。"下品无士族，上品无寒门"的现象也并非铁板一块！

关于东莞莒人刘氏为悼惠王之后的说法，也有人质疑过，而今人朱文民《刘勰家族门第考论》认为可信，[①]理由是《宋书》是沈约写的，沈约甚重门第，《宋书》的一个突出内容即是"颂扬豪门士族，维护门阀制度"。他还说："沈约与东莞刘氏同仕宦于宋、齐、梁三朝，对刘勰家族当是熟悉的，他不但不怀疑东莞刘氏的士族门第，而且还特地挑明记上一笔，这说明《宋书》关于刘穆之为'汉齐悼惠王肥后也'的记载是可靠的。"

按：这种论证也不太稳，沈约固是重视门第，但重门第的就一定泾渭分明地写门第情况吗，就一定准确无误地写门第情况吗，就一定没有因立场问题而虚写门第的情况吗？这都不能一时遽下结论的！

沈约为刘宋作史，刘穆之是刘宋之勋旧重臣，是开国皇帝刘裕极其倚重的人物，以其"颂扬豪门士族，维护门阀制度"的立场，他对

---

① 朱文民《刘勰家族门第考论》，《文学前沿》，2009 年第 1 期。

这类"开国功臣"不能不立传，也不能不颂扬，而颂扬其历史功绩时，亦不忘写一笔他是齐悼惠之后，这是他的史学立场所决定的，实在未必有多少历史的依据。他写刘秀之，也要说上一笔是"刘穆之从兄子"，也是因为穆之是刘宋之名臣。如果刘穆之、刘仲道他们那辈是高门望族之后，自然会父祖也要大书特书，但他们不是，又要显得他们不一般，就远绍到了汉之齐悼惠。朱文民先生还特意作了《刘勰家族世系表》，最先竟列上汉高祖刘邦，又从刘肥之子朱虚侯、城阳王刘璋之下一直排到刘钦（津），这都是没问题的，可是下面就接到刘抚身上，这就没有依据了，唯有的是唐人搞的那个《元和姓纂》，《元和姓纂》的依据是什么？自是沈约的《宋书》，如果沈约弄错了呢？或故意弄错了呢？《元和姓纂》也就跟着错了，今人拿《元和姓纂》证明沈约的说法自然是说不过去的！而沈约何以说到穆之是齐悼惠之后一时也弄不清，则仅凭他记了这么一句就把刘穆之与齐悼惠生硬连接，这就产生了朱先生制表时城阳王刘钦以下无接续、刘抚的上辈无从来的局面。也就是刘钦这个王爷和刘抚这个彭城内史中间空了近三百年，至少也有十辈左右的人无从查考，所以这真是一笔糊涂账，这里面还有很多问题须研究，不能一时有定谳的。

在《刘岱墓志》和刘氏史籍中刘秀之、刘勰的传记里都没有写他们与汉齐悼惠之关系，如果刘穆之有这个关系，其他人也都会有啊！怎么都不写呢？或谓南朝墓志一般都不远绍祖宗，尽管汉碑中这类绍祖之辞很多，如曹全、尹宙；北朝也这样干，如张猛龙。但南朝较早于刘岱的刘宋时期有《刘怀仁墓志》写着："苕苕玄绪，灼灼飞英，分光汉室，端录宋庭。"虽未明言刘怀仁的祖先是谁，但却说了"汉室"，则其"刘"姓自与汉之皇室有关系。而梁朝的刘岱墓志里却连这种朦胧语都没有，余颇揣测，人家东莞刘家本没有欲与悼惠王刘肥搭关系之想与行，但是有可能是那个重视门第的沈约平白给刘穆之加上了这个远祖，以抬高刘氏之出身吧！或许也可能是刘穆之自己拉上了皇亲，而重门第的沈约述史时就坡下驴也未可知。

《刘岱墓志》说到墓主刘岱的事迹，有这样一段话：

南徐州东莞郡莒县都乡长贵里刘岱，字子乔。君龆年岐嶷，弱岁明通，孝敬笃友，基性自然，识量淹济，道韵非假。山阴令，淬太守事左迁，尚书札：白衣监余杭县。春秋五十有四。以永明五年……五月……十六日庚子遘疾，终于县解。

这里涉及一个史实，即刘岱因事被处分，"白衣领职"，以观后效，这是"因"的什么"事"呢？查《南齐书·王敬则传》云：

（永明）三年……宋广州刺史王翼之子妾路氏刚暴，数杀婢，翼之子法明告敬则，敬则付山阴狱杀之。路氏家诉，为有司所奏，山阴令刘岱坐弃市刑。敬则入朝，上谓敬则曰："人命至重，是谁下意杀之？都不启闻！"敬则曰："是臣愚意。臣知何物科法？见背后有节，便言应得杀人。"刘岱亦引罪，上乃赦之。敬则免官，以公领郡。

按：这个会稽太守王敬则是个了不得的人，要是读了《王敬则传》，你真的会觉得这是个传奇人物。他的母亲是个巫婆，不知道父亲是谁。一生下来母亲就说他有"鼓角相"，大概就是能打仗、能当军官吧。长大之后，腋下生双乳，飞刀杂技玩得出神入化。后来做了官，刘宋时参与了许多宫廷政变的事，杀过大臣，也杀过皇帝。萧道成的南齐立国，也跟他有很大关系。就是这么个人，跑到山阴县杀了个悍妇，那还不是小菜一碟？妇固该杀，但没走法律程序，他自己还说他不懂法（"臣知何物科法"），自是违规犯条，却把山阴县令刘岱牵连了。

刘岱"引罪",就如同今说的"供认不讳"吧,那也应是不得不"引罪",所以就被判弃市了,即是死罪。可王敬则到朝廷和皇上解释,皇上原谅了王敬则,也原谅了刘岱,但死罪可免,活罪还该受,所以就让他"白衣监余杭县",就是不能穿官衣,还得办官事,算是一种戴罪立功、以观后效的惩罚,史称"白衣领职"。

志文中"山阴令"以下,有个断句的分歧,我比较认同朱志武《东晋南朝墓志研究》[①]中的断句,已如上引。赵超先生《汉魏南北朝墓志汇编》则断如:

……道韵非。假山阴令,淬太守事,左迁尚书,札白衣监余杭县。

这就不大对了,"道韵非假"应该是一句,与上句"识量淹济"相接。下面"山阴令淬太守事左迁",应该是指《王敬则传》中所说的沾了太守王敬则的包而降职。如果说"左迁尚书"就说不通,一个县令降职为尚书吗?"尚书"应属下句,是"札"的主语,"札"就是行文书命令的意思,即是让刘岱白衣领余杭县令。

看来这个处分对刘岱是个打击,因为本没他什么事,他是受了牵连,还差点被杀头弃市,就是被皇上原谅了也没官复原职,虽然还是干个县令,却是"白衣",这是污点,他自然会感到很冤,所以从齐武帝永明三年(485)受到处分没两年就在永明五年(487)死去了。自古以来别人犯法我坐牢的事很多,刘岱这大抵可算作有连带责任吧,可他能挡得住太守吗?而且是王敬则那种不管不顾的愣头太守!但是有挡得住的呀,周亚夫不就把汉文帝挡在细柳营外了吗?可刘岱没有周亚夫的胆呀,所以也就只能认倒霉了!

---

① 朱志武《东晋南朝墓志研究》,收入《古典文献研究辑刊》十八编,第21册,台湾花木兰文化出版社,2014年3月。

《曹全碑》原石（局部）　　　　　　　《刘岱墓志》原石（局部）

　　如果从墓志文的文体要求看，《刘岱墓志》还是一种早期志文的写法，未若北地后来一些志文的成熟规范。从书法看，自是楷书无疑，且已是颇近成熟的楷书石刻文字，与北地的碑体不同。所书汉字，亦如一些当时的志文一样有些俗写的字，朱智武先生也曾一一列析。只是有一个"量"字写作"量"，大抵也是一个异体字。汉《曹全碑》碑阴有"日"下面为"童"的写法，碑文上又有"日"下面为"章"的写法，但这样写的文字学依据是什么呢？询之同事，音韵学博士曾南逸教授，曰汉人"重""童"常混用，"量"字的"日"下原是"重"字；又曰"量""章"韵母完全相同，声调不同，而"童"也是以"重"为声符，"量"的"日"下写成"重"是形符，写成"章"就是把"重"由形符变成了声符，但写成"童"总是不规范，再往后也应算个错误的写法了。但古人不规范后人也要学吗？这应该算嗜痂吧！"嗜痂成癖"的典故，正是出自东莞刘家刘穆之之后的刘邕。这是一个很变态的故事，因为刘邕是刘穆之的孙子，所以这事也附记在了《宋书》的《刘穆之传》：

> 邕所至嗜食疮痂，以为味似鳆鱼。尝诣孟灵休，灵休先患灸疮，疮痂落床上，因取食之。灵休大惊。答曰："性之所嗜。"灵休瘑痂未落者，悉褫取以饴邕。邕既去，灵休与何勖书曰："刘邕向顾见啖，遂举体流血。"南康国吏二百许人，不问有罪无罪，递互与鞭，鞭疮痂常以给膳。

嗜痂成癖，断不是好事。字写错了，就是错了，不必因为那是古人错的就给他找上很多的理由，这就有些嗜痂的味道了。

我看到《刘岱墓志》是在 2018 年 5 月 9 日，那是因事往镇江，通过当地文化局及南京财经大学的朋友介绍，得往镇江博物馆看《刘岱墓志》原石。此石是 1969 年出土于句容县，能存于今实在很不易，能见此石，能观真颜，幸哉幸哉！在镇江博物馆库房外厅登记一下，管理的研究员就带我们进去看《刘岱墓志》的原石，因为事先有约，所以人家提前就把志石请出放在一张桌上等着我们了。

镇江博物馆在江边一座半山上，古色古香的建筑，库房在较高处，也是个很幽雅的建筑，馆里的研究人员给我们简单地介绍了《刘岱墓志》原石收藏与保护的情况，我就伏在志石上仔细阅读起来。这块一千五百年前窆于地下的志石，让人一下子就感觉回到了萧梁时代，这个刘岱又是《文心雕龙》著者刘勰的族叔，就感觉到也与刘彦和拉近了些许关系。此志至少把刘勰祖先由原来只说至刘爽，又提高了一辈，即《刘岱墓志》刘爽之上还有刘抚一辈。当然刘穆之、刘秀之等刘宋时东莞刘氏家族的风云人物，亦得绍祖多了一辈。其实不要小看这一辈，刘抚是彭城内史，这是刘岱志中写明的，他的官位以及其他刘氏人物不书此祖先，也多少透出东莞刘氏士庶阶层如何定位之消息。此是一个专门的问题，适宜暇时再容细论！但是这方志石真是能使人有一种与古人的跨时空相遇之感，东莞刘氏在南朝有那么多的风云人物，凝视着这一方两尺见方的石头，仿佛看到刘穆之与刘裕在谈书法、刘勰写了千古流传的《文心雕龙》、刘岱牵连进王敬则的杀人案而"白衣领职"，仍治余杭……

2018 年 5 月 9 日匆草于镇江"书香世家"宾馆

大字无过瘗鹤铭
——再访焦山《瘗鹤铭》石刻

镇江的石刻书法遗迹最有名的就是《瘗鹤铭》了，参加完"全国第二届大字书法艺术展"的评选工作，正有半天时间，焦山碑林博物馆的丁超馆长带我和潘文海秘书长与天津邵佩英先生去金山寺，再转焦山碑林。碑林在定慧寺东，竹树掩映，进门处有乾隆御碑，我不遑细看，便经往瘗鹤铭的存放处。过了一个满是参天毛竹的兰亭小院，便转入放瘗鹤铭的小榭，这应该就如同古时的"宝墨亭"了，然而里面竟空无一人，我自己在里面细细看了一刻多钟，潘、邵二先生始来，一起在这块古来的大字石刻前也发了一番感慨。来看这"大字无过瘗鹤铭"的石刻，正与"大字书法展"相合，也算是一种因缘。

镇江焦山碑林《瘗鹤铭》存放处

这次应该是我第五次来看《瘗鹤铭》了，"文革"前一年，那时我还很小，曾随父来过一回，印象中只有石头，没有院落和房屋。中间1980年上大学二年级时出来旅游到镇江看过一回；1991年初在南京写《书法学》时来过一回；2014年前后也来过，那时就是今天这个样子了，有种金屋藏娇的感觉。

　　黄山谷说"大字无过瘗鹤铭"①，是说大字写得好的，《瘗鹤铭》应属第一等，所以作者也就是第一等的书家了。原石上自无作者名姓，所以有人说是王羲之，有人说是陶弘景，有人说是唐朝的顾况或王瓒。宋朝学者黄伯思（1079—1118，字长睿）在《东观余论》中有较详的一段考证文字，认为是陶弘景所书，书在梁朝天监十三年（514），这也就成了一时之定论了。明朝人张溥辑《汉魏六朝三百名家集》有《陶隐居集》，把《瘗鹤铭》归于陶氏。今人罗国威作《华阳隐居陶弘景年谱》将《瘗鹤铭》隶于天监十三年（514）甲午，陶弘景五十九岁时。这都应是依据了黄伯思之考辨。

　　现在的原石，已经看不全此铭的全文了，张溥所辑《陶隐居集》尚可一窥全豹云：

　　鹤寿不知其纪，壬辰岁得于华亭，甲午岁化于朱方，天其未遂吾翔寥廓也耶！奚夺余仙鹤之遽也，乃裹以玄黄之币，藏之兹山之下，故立石旌事，篆铭不朽。词曰：

　　相此胎禽，仙家之真，山阴降迹，华表留名，真惟仿佛，事亦微冥，西竹法里，宰耳岁辰，鸣语解化，浮丘去辛，左取曹国，右割荆门，后荡洪流，前固重扃，我欲无言，尔也何明，爰集真侣，瘗尔作铭，宜直示之，惟将进宁，丹阳仙尉，江阴真宰，立石。

――――――――――

① 〔北宋〕黄庭坚《题〈乐毅论〉后》，载《豫章黄先生文集》卷二十八，景嘉兴沈氏藏宋刊本。

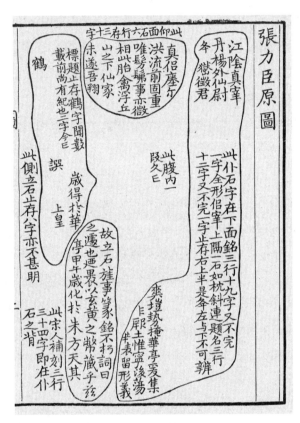

（清）张力臣《瘗鹤铭》图

清朝人张立臣画《瘗鹤铭》图，图内补全原文与此颇多不同，则更与原石迹近，他说：

瘗鹤铭有序

华阳真逸撰上皇山樵书

鹤寿不知其纪也，壬辰岁得于华亭，甲午岁化于朱方，天其未遂吾翔寥廓耶！奚夺□仙鹤之遽也，乃裹以玄黄之币，藏乎兹山之下，仙家无隐，□□□我竹（此是竹字头），故立石旌事，篆铭不朽。词曰：

相此胎禽，浮丘著经，余欲无言，尔也何明，雷门去古，华表流形。意唯仿佛，事亦微冥，尔将何之，解化□□□□□厥土惟宁，后荡洪流，前固重扃，左取曹国，右割荆门，□□爽垲，势掩华亭，爰集真侣，瘗尔作铭。父（小字）岳徵君

丹杨外仙尉

江阴真宰

从这篇铭文中怎就看出是陶弘景大师的文章与书法呢？黄伯思说他"审定文格字法，殊类陶弘景"。这个所谓"文格字法"他们如何"审定"的呢？依据着什么考镜出来的呢？他又说陶隐居所著《真诰》遇到某年只书天干地支，如"乙卯岁"，而不书皇朝年号；在《瘗鹤铭》里也是但书"壬辰岁""甲午岁"而不书纪年名，以此也能证明这是陶氏手笔。其实这也不一定啊！黄伯思说到陶弘景自称"华阳隐居"，而此铭中又书作"真逸"，他解释不了，就说"岂其别号欤"？以此塞责，也是不稳！所以就总觉得黄氏断然以此铭为陶弘景作并书，说得并没有太足的底气。倒是退谷居士汪士铉（1658—1723，长洲人）在康熙年间写的《瘗鹤铭考》中说得比较中肯客观，他说：

诸家议论纷纭，余俱未敢深信，钩摹之余，仍采拾旧闻，而各识数语于后。或讥余曰：东观既有成书，广川亦多绪说，此书虽不作可也。余曰，自古人各是其说，《兰亭》聚讼无虑数十百家，又何嫌词费耶？家有敝帚，享之千金，此亦《鹤铭》之敝帚也，好古之士或庶几览焉！

那么他对《瘗鹤铭》的作者是怎么看的呢？他说：

至于书撰姓氏，本无可考，既非右军（王羲之），亦非（陶）弘景。即"华阳真逸"与"华阳隐居"偶同道号，亦只可悬拟为弘景之

文，不当直定为弘景之书。其书者固自署"上皇山樵"，何从知其姓名？而一时道流皆各自别衔如"真宰""仙尉""征君"，即铭辞所谓"真侣"是也。诸君并离世慕道，匿迹逃名，更安可强指其人？

当然，越是好东西，越想有个归属的人，有了这个归属者，就更好说这个"好东西"，中国人向来讲知人论世，孟子所谓"读其书，诵其诗，不知其人可乎"？所以，《瘗鹤铭》的作者就成了后人十分关心的事。前面有直接说到王羲之、陶弘景、顾况、王瓒的，也有说是隋朝人的，如蔡君谟（陶宗仪《辍耕录》卷十四）；也有说是唐朝人的，如章子厚（见汪士铉《瘗鹤铭考》所引之《蔡佑杂记》），看来的确是聚讼纷纭，莫衷一是。现在有的书法史上说，自黄伯思《东观余论》考辨确认《瘗鹤铭》作者为陶弘景后，遂成定论，看来也不是那么一回事。汪士铉之考，征引文献可谓丰博，但他还是认为，虽然各说各的道理，但最终也并非有一家之说可以当作定论，所以他也只有采取搁置的方式，顶多承认《瘗鹤铭》之文可能是弘景作的，但并非是他的书法作品。所以，至今《瘗鹤铭》究属谁书，还是悬案！

这就引出一个问题，为什么就把《瘗鹤铭》的书者归为陶弘景呢？这大概有这么几个原因。

首先，陶大师得跟书法有关系，因为他有几篇与梁武帝的《论书启》，能与皇帝论书，自然是懂书法的，但懂书法就一定能写好吗？似非是。当然，他还有书法之名，张怀瓘《书断》中说到弘景，云："善书，师祖锺、王，采其气骨，然时称与萧子云、阮研等各得右军一体，其真书劲利，欧、虞往往不如，隶行入能。"这评价应该是不低了，连欧阳询与虞世南写楷书在"劲利"之风上也往往不如陶隐居呢！唐以前人还有庾肩吾《书品》中说"陶隐居仙才，翰彩拔于山谷"。

这自然也是夸他，"拔于山谷"，也如同说超于山野间，亦即虽在山野而绝无山野气。应该是那种不迟疑、放得开，心无挂碍、自然而然的风格。《瘗鹤铭》能看出是采锺、王之法的吧，要不怎么说是陶隐居的呢？可是董逌《书黄学士瘗鹤铭后》尝说"或曰茅山碑前一行贞白（陶弘景）自书与今铭甚异，则不得为陶隐居所书"。董广川只认为铭文可能出自陶隐居，而书法是"上皇山樵"的，是另一位"不得识其姓名"的"隐居子"。

其次，就是从时间上看，《瘗鹤铭》大抵作于天监十三年，而据考陶弘景此时正在华阳。这也是不能遽作《瘗鹤铭》即为弘景所书之铁证的。他那时在华阳，而铭中有鹤死于华阳的记载，那就一定是弘景所书吗？所以这也只能是一种猜测。又，朱长文《碑帖考》说是"梁普通四年陶弘景书"（见计侨《玉烟堂翻刻本跋》顺治十八年），查今人罗国威《华阳隐居陶弘景年谱》不取此说[1]。而汪士铉亦有按语曰："不知长文何据而云普通四年也。"按，天监十三年（514）那只仙鹤就"化于朱方"——死了；那年陶隐居59岁。而梁普通四年（523）是又过了近10年，怎么这时候才作了《瘗鹤铭》呢？是先瘗了鹤过了10年后才作的铭吗？或许是又"改葬"了那只鹤才作了《瘗鹤铭》？当然这也不是不可能，因为南北朝时人死了也有五六年甚至十来年后才下葬撰写墓志的，鹤为什么就不可以呢？但人殁而后何时归葬墓志里是写得明白的，这鹤铭只说它死在何时，并未说瘗于何时，朱长文何以说它死后十年陶隐居才撰铭刊刻呢？证据不足，所以自然不会令人相信。

---

[1]　见范子烨，刘跃进《六朝作家年谱辑要》，下册，黑龙江教育出版社，1999年，第320、321页。

　　第三就是黄伯思说的陶隐居有个写作习惯，即书年只书天干地支，而不书皇帝年号。《鹤铭》中就是只书"壬辰岁""甲午岁"，不书"天监十一年""天监十三年"，因此说这是陶弘景的作品。但这也只能说铭文是陶作，未必是陶书啊！

　　其实《瘗鹤铭》真正被关注，应该是到了宋代，欧阳修《集古录》中只说当时有好事者摹拓流传，他有一本字数多至六百余字，这大概是传写之误，应是六十余字，黄伯思已经辨之于前。他也提到作者问题，但皆不确定，如王羲之说、颜真卿说、顾况说都提出了，但未以任何说法为定谳。而且他说"碑无年月，不知何时"。从此之后，宋朝的很多人都对《瘗鹤铭》多有关注，现在留存下来关于《瘗鹤铭》的评论文献，也多出于宋人及以后人之手。而黄伯思《东观余论》考辨出《瘗鹤铭》为弘景所书之后，则又有颇多《瘗鹤铭》的作者考辨踵之而来矣。

　　倒是唐及以前人没大说起《瘗鹤铭》，说到陶弘景，亦与《鹤铭》无涉。如袁昂《古今书评》云："陶隐居书如吴兴小儿，形容虽未成长，而骨体甚骏快。"所传萧衍之《古今书人优劣评》同，只是后一句写作"骨体甚峭快"，语义差不多。唐朝人李嗣真（？—696），或许是北魏高门赵州李家的后人，他在《书后品》中说："隐居颖脱，得书之精髓，如丽景双空，鹰隼出击。"前揭董广川说茅山碑前一行陶弘景"自书与今铭甚异"，并未说明"异"在何处，亦不知是否可证其如"鹰隼出击"！可是顾炎武《金石文字记》中说："此铭即《瘗鹤铭》字体与《旧馆坛碑》正同，其为隐居书无疑。"其实，《旧馆坛碑》是陶弘景弟子孙韬书的，今人李静博士证之甚详，[①] 此碑当是陶弘景撰，顾炎

---

① 参见李静《许长史旧馆坛碑略考》，载《宗教学研究》2008 年 03 期。

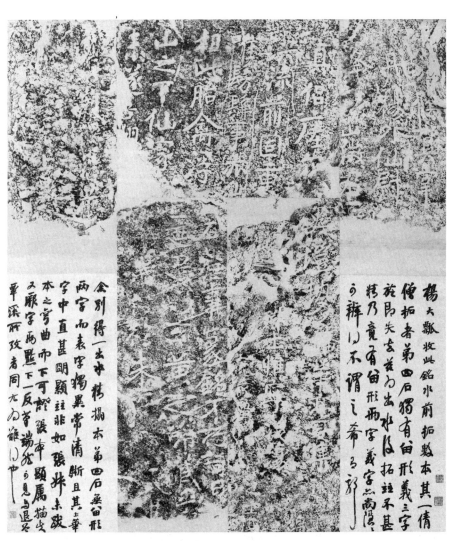

《瘗鹤铭》出水本

武据此碑，这也是证其文可，证其书非也。

我们说，把陶弘景与《瘗鹤铭》联系在一起，应该是宋朝人的事，此前无论从书法的角度还是从文章的角度，似未有是论。陶翊《华阳隐居先生本起录》、谢瀹《陶先生小传》、唐贾嵩《华阳陶隐居内传》（俱载《道藏》）、《梁书》《南史》的陶弘景传、《茅山志》中陶弘景《上清真人许长史旧馆坛碑》之《碑阴记》，都没有关于陶弘景与《鹤铭》相关的任何记载。而《梁书》本传说陶弘景：

特爱松风，庭院皆植松，每闻其响，欣然为乐。有时独游泉石，望见者以为仙人。

《华阳陶隐居内传》尝记：

所居堂静，榛芜不生，常患去水稍远，至是飞流涌出，灵芝秀于下馆，甘露被于昭台，毛龟泳于前塘，白鼠见于药屋，皆致真之巨符，瑞圣之丕迹。

这都应是盖棺之后的评述，而在这里对陶弘景居住环境及好尚的描写，却与“鹤”字竟无一语相关。这也颇让人觉得陶隐居之作《瘗鹤铭》顶多是事出偶然，要不就是非出其手。

其实，对陶隐居与《瘗鹤铭》之关系的关注，从一个侧面也反映出了宋人较以前人学术思想和学术方法的转变。在唐代后半期到北宋，出现了一个思想多样化的特殊阶段，在这个时期的学术思想也被一种创造性的张力所包围着，我们会发觉在这一时期的学术思想与研究方法和唐及以前的不太相同，他们似乎更愿意寻找、探究古代的一些不确定的东西，愿意钩沉出一些曾经有但相对模糊的一些东西去做一种重新地解读。他们并不是一定要证实什么，把一切的不确定简单地给出一个结论了事，而是在研究的过程中始终保有一种怀疑精神，在校勘成说时，也不一定为贤者讳。

　　落实到《瘗鹤铭》的考辨，宋人关注它的人真是不少，而且名人众多。随手可以举出几位，如欧阳文忠公、苏舜钦、黄山谷；学者如黄长睿（伯思）、张子厚（垲）、赵明诚、董逌等。在宋以前，几乎看不到就某一件作品有那么多人参与，并有那么多不厌其烦地考据现象。这就是宋人思想之转变，学术之转变，这里面所显示出来的张力是激动人心的，这种思想之活跃、考辨之博洽应该是北宋百余年学术史很光鲜的一面，这对后世的影响也是积极的。

　　顷读汪士鋐《瘗鹤铭考》，在其征引的文献中以及他的论述中，有一家之言需要特加关注，这就是张力臣（弨）的《瘗鹤铭辨》及相关文字。张弨是淮安人，康熙年间（一说顺治间，此从翁方纲说）曾拓过《瘗鹤铭》，并做了考辨，他在这些考辨中征引黄伯思、董逌之论述，认为此铭"非王逸少书，并非顾（况）、陶（弘景）所书"。其实这观点也非他所创，只是撷拾前人所论作的一个总结。我倒是觉得他在描述他如何摹拓鹤铭的过程很是感人：

　　俯瞰碎石丛杂，摄衣下寻，见一石仰卧于前，一石仆于后，字在石下，去泥沙咫尺，卧地仰观，始见字迹。又一石侧立，剥甚，各存字多寡不一。命仆各拓一纸，时落日风寒，不能久立，遂乘片帆回所寓之银山兰若，挑灯审视，未得其详。次日，复往拓之。仆石之下，仰拓为难，仆之两手又不能兼理拓具，予乃取其旁落叶，藉地亲仰卧以助之，墨水反落污面，不顾也。及挐舟而返，予之周旋于石隙者已三日矣，手足不宁，衣履皆穿，始各得四纸，凑其裂痕，详其文字，皆历历可睹。

　　看了这段文字，真是如临其境，遥知《瘗鹤铭》落在水中时偶有

《瘗鹤铭》水前本（局部）

《瘗鹤铭》出水本（局部）

一出水摹拓之艰难，亦想到观览之艰难。张力臣先生因亲历其难，便
想到要把落入水中的原石一一打捞上来，按照考辨的字数效宋人补刻，
以大概恢复瘗鹤铭之原貌，以期"神物复还旧观，一以正前人之讹舛，
一以启后来之信从"。但他当时已在老迈之年，只有此心而无此力了。
这是他自康熙丁未摹拓瘗鹤铭后的三十年写的一段"重立原石"的
构想，惜其未能如愿。但是后来的所谓"沧州太守"陈朋年（1663—
1723）把铭石打捞上来了。如汪士铉所说：

> 沧州使君，振奇睎古，壬辰岁（1712）间居京口，冬月独游焦山，
> 值江水大涸，所谓《瘗鹤铭》倾陁在山之足者，沙石俱露，使君见之惊喜，
> 以为及是可徙置江岸也，乃募工挽曳小者，腰絙大者，辘轳尽迁而出之，
> 按其辞义，补缀凑合，于是千年神物埋没于蛟鼍窟穴者，一旦复还故
> 观矣。

这一壮举，非止了张力臣之遗愿，更给我们后人得以便利地观赏
这"千年神物"提供了可能，这位沧州陈使君真可谓是文物保护的大
功臣。而能如此"力而宝之"，更源于他对文物之敬畏与鉴识也！

先贤们对《瘗鹤铭》的关注史，也就是一部文物的鉴藏与保护史。
自北宋学者士大夫对瘗鹤铭的考据与收藏，到清初学者与官员对鹤铭
的恢复与保护，才使我们今天对这一"千年神物"有了一个完整的了解。

读汪士铉《瘗鹤铭考》，可见古之学者对《瘗鹤铭》之被发现，
之被毁于雷击，又被人"携去"（亦即偷走，见汪引赵彦卫《云麓漫抄》
及汪氏按语），以及古之学者对鹤铭文字之考辨、作者之考辨、书法
之考辨，特别是那些亲力亲为的古之保护者如张力臣、陈朋年等，他
们画图、勘对、打捞、拼接，以求尽可能地恢复鹤铭之原貌，就像张
力臣说的：

凡神物之在天地也，隐见固有其时，而能力而宝之者，岂不以其人哉？岐阳之石鼓，岱峄之篆刻，当昔时消沉磨灭，未尝不偃仆于烟榛霜草之间，一旦有好事者宝之聚之，虽或不无残缺，而人终不敢以讹舛乱焉。

尽管张力臣说他做了很多恢复宝藏的工作，但较之石鼓、篆刻之已彪炳天壤之间，尚不敢望项，所以他呼吁把落入水中的铭石一一打捞上来，按图排列，或征或补，恢复原貌，复立于大江之边。他说如果那样，即能"耀光怪而吐虹霓，他日有望气者，是必远知神物之所在也"！我们现在可以告慰这位已距我们三百余年的张力臣先生了，现在传媒发达，也用不着"望气者"才可知神物之所在了。

还应该再说两句的是汪士铉的《瘗鹤铭考》，使我们体验到先贤治学之严谨。在汪氏之前对《瘗鹤铭》的论述可谓聚讼纷纭，汪氏做了很好的整理与辨析，因已有之文献进行考镜源流，辨章学术，这是清代学者治学品质的显现。在学术上，大抵没有谁因为是名人显宦就能一锤定音的，有一分材料说一分话，来不得半点虚假，虽然你是欧阳修，虽然你是王弇州（世贞），那是大腕吧，你有问题照样指出给人看，为的是一个明辨史实，持之有故。前有赵明诚说，欧阳修《集古录》谓"华阳真逸"是顾况道号，他说他遍检唐史也没发现，所以他问："不知欧公何所据也？"王弇州也是明代的大文学家、大史学家，可他说《瘗鹤铭》"至苏子瞻、黄鲁直确以非右军不能也"。黄庭坚（鲁直）确是认为鹤铭为王羲之（右军）书，而苏轼（子瞻）是没说过这话的，所以汪士铉说："检东坡集无称《瘗鹤铭》者，此云子瞻……岂误子美（苏舜钦）为子瞻耶！"王世贞那么大个文史专家，也犯这种错误，所以我们后人读书真是不能不谨，应向汪士铉一样，真正落实博学、审问，真正做到慎思、明辨，才能检校出前人之失，以使后人不至永延舛误也！

　　说到这儿，就想起在评选"第二届全国大字展"的作品时，有两幅作品都写了苏舜钦的《宝墨亭诗》"山阴不见换鹅经"，可是一个落款写"书苏舜钦诗"，一个落"书苏东坡诗"。后来查网上也是既有说苏舜钦的，也有说苏轼的，所以大家就不好说了。可是如果读了《苏舜钦集》与《苏轼集》，或读过汪士铉的《瘗鹤铭考》，就不会一诗署两个作者，所以书法作者除了书法好，文献功底也须好，才不至于有此类张冠李戴的现象。网上固然有误，但如果去查查原始文献就不会出错，在这一点上，我们也是应该好好向汪士铉先生学习，真正做到博学、审问、慎思、明辨，则庶几完美矣！

　　　　　　　　　　　　　　　2018 年 5 月 11 日初稿于镇江
　　　　　　　　　　　　　2018 年 5 月 21 日补记于北京散净居

乌衣巷的谢家后人

——南京六朝博物馆访《谢琰墓志砖》并观《谢鲲志》

2019 年 5 月 23 日与研究生崔笑贤契往南京博物馆观《谢琰墓志》《谢温墓志》。二志均为砖质，谢温一，谢琰六。谢琰是东晋名臣谢安之兄谢奕的孙子，庾翼的外孙。谢温是谢琰的侄子，父谢玙，祖谢攸，曾祖谢奕。谢家出土的墓志大多是砖质，志石的质料不像北国大多石质，石头是自然之物，砖石是人造之物，这种密度与形制的砖志是东晋南朝之习用。在《谢琰墓志》上把文献上的问题一一校对后，便是仔细地看刀刻在砖的质料上的那种工具对材料的征服，那感觉与在北地看碑志上的刀刻之痕是不太一样的。

今得观《谢琰墓志》，有如下几个问题要说一说。

一、谢氏家族谱系问题

今所见《元和姓纂》《新唐书·帝系表》，及《世说新语》有汪藻人名谱；王伊同《五朝门第》有诸望族谱系表，然常有世代不清之憾，且多有遗漏，今以此志与《谢鲲墓志》对勘，并参以谢温、谢球、谢重、谢涛等志的文献资料，稍能将谢安、谢玄等谢氏名人的家族关系做一个厘清。

读此二志合勘《晋书》中的《谢鲲传》《谢尚传》和《谢安传》及附谢奕等传，亦可参《宋书》中的《谢灵运传》。在这种志、传的合勘中，至少解决这样几个问题。

1. 由《谢琰志》可知谢奕有八子，五子早亡，即寄奴、探远、攸、

《谢鲲墓志》拓片

豁、康，其中谢攸是《谢琰志》志主谢琰的父亲，《谢温志》志主谢温的祖父。而谢琰是谢温的伯父，谢温的父亲是谢玚，母亲是河东卫氏，外祖父名卫准。

谢奕有八子，而《谢玄传》上引谢玄上疏云："臣同生七人，凋落相继，惟臣一已，孑然独存，在生荼酷，无如臣比。"《谢琰志》云谢奕有八子，而谢玄也是谢奕的儿子，《谢玄传》说他"同生七人"，应该是其中一人过继出去了。在《谢安传》附谢奕传末，只书："三子：泉（即渊）、靖、玄。泉（渊）早有名誉，历义兴太守。靖官至太常。"奕传不书谢康，是因为谢康已过继给从兄谢尚，《谢尚传》云："无子，从弟奕以子康袭爵，早卒。"《谢琰志》略同，志曰："次叔讳康，字超度，出继从叔卫将军（谢）尚，袭封咸亭侯，早亡。"所以谢玄所谓"同生七人"，是因谢康过继而未记也。唯传中谢尚和谢奕的关系不同，依传则尚为奕之从兄；依志奕为尚之从兄，究为孰是，详见后考。

2.《谢鲲志》的参考意义

《谢鲲志》说到的谢尚，是谢鲲之子，鲲、尚父子在《晋书》均有传，而《谢鲲志》亦已发掘（1964 年 9 月 10 日出土于南京中华门外戚家山残墓中），我们在展馆中看到谢鲲志，石质，镌刻清晰。

鲲志甚简略，然亦能帮助我们梳理谢氏族人。志云：

> 晋故豫章内史，陈国阳夏谢鲲（幼舆），以泰宁元年十一月廿□□，假葬建康县石子罡（即岗），在阳大家墓东北□丈。妻中山刘氏；息尚（仁祖）；女真石。弟裒（幼儒）；弟广（幼临）。旧墓在荥阳。

按：此志在赵超先生编《汉魏南北朝墓志汇编》中，“弟裒”释作“弟褒”了，“裒”是对的，谢裒是谢安的父亲，《谢安传》中云：“谢安字安石，（谢）尚之从弟也。父裒，太常卿。”旧查《谢鲲志》拓片，亦是“裒”，而非“褒”；今见志石，亦显见是“裒”不是“褒”。

我们从鲲志中可以看到，谢鲲有两个兄弟，一个是谢裒，即谢安的父亲，也是谢奕的父亲，是谢玄的祖父；谢玄又是著名诗人谢灵运的祖父，则谢灵运是谢裒的孙下孙，即玄孙。谢裒也是谢攸的祖父，《谢珫志》志主谢珫是谢攸之子，谢裒之曾孙也；《谢温志》志主谢温是谢攸之孙，即谢裒之玄孙也，则谢温与谢灵运为同辈族兄弟，他们有一个共同的曾祖谢奕，共同的高祖谢裒。谢鲲则是他们的从高祖，谢尚是他们的从曾祖。谢鲲的另一兄弟谢广，史传无载，亦未见于其他文献。

3. 参照谢温、谢珫、谢鲲的墓志可以与相关谢氏传记对勘，校正一些人名的舛误。

首先是谢珫，珫在《晋书》中无传，但在《谢安传》里是出现过的，

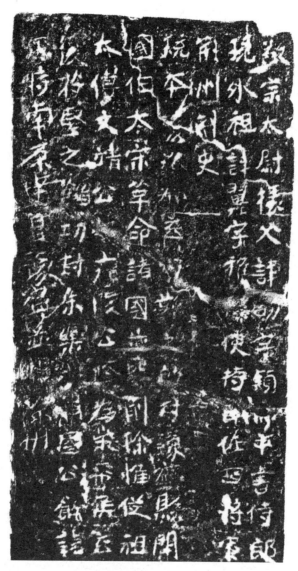

《谢玩墓志》拓片

只是作"玩"不作"琓",罗新、叶炜先生考校出,"玩"即"琓"之误。罗、叶二氏云:

　　谢琓,名不见史。但是今本《晋书》卷七十九《谢玄传》:"以勋封康乐县公。玄请以先封东兴侯赐兄子玩,诏听之,更封玩豫宁伯。"而这两个爵位正合于墓志中的谢琓,可见《晋书》的"玩"乃"琓"之误。①

　　罗、叶二先生的考证是令人信服的,揆之《谢琓志》云:"琓本□(疑"袭"字)次叔玄东兴侯,改封豫宁县开国伯。"正与《谢玄传》所记"(谢)玩"的封爵相合。如无此志会勘,则无以知谢玩为谁,玄传但云"兄子玩",很难说是哪个兄的子,且谢琓之父谢攸史无其名,亦难知谢玄还有一个叫谢攸的亲哥哥。

　　再就是谢奕传中说,奕有三子,曰泉,曰靖,曰玄。中华书局本《晋书》校勘记云:"考校:《世说新语·贤媛注》'泉'作'渊'。盖本名'渊',唐人避讳改'泉'。"

　　按,此以《世说》注作校改,未见《谢琓志》也,琓志云:"伯讳渊,字仲度,义兴太守,袭封万□□(即'万寿子')。"《谢奕传》记:"泉(渊)早有名誉,历义兴太守。"与此合,唯传中未尝书谢渊"袭封"何爵。《世说新语·贤媛》注也只是说:"渊,字叔度,奕第二子,义兴太守,时人称其尤彦者。"琓志谓谢渊字"仲度",《世说》注谓"叔度",旧时不知孰是,现在我们对勘《谢琓志》,上面谓其父谢攸字叔度,则当以志为是,《世说》或许张冠李戴了。

　　再次,《谢琓志》中说谢奕有八子,其中有一谢靖,曰:"叔讳靖,字季度,散侍,太常卿,常乐县侯;夫人颍川庾氏。"

①　罗新、叶炜《新出魏晋南北朝墓志疏证》,中华书局,2005年,第36页。

而《谢尚传》云：

（尚）无子，从弟奕以子康袭爵，早卒。康弟静复以子肃嗣，又无子。静子虔以子灵祐继（谢）鲲后。

这里的"静"是谢康的弟弟，查《谢琰志》所列谢奕八子中并无谢静，而有谢靖。《谢奕传》中也说其子"靖官至太常"，与《谢琰志》合。若以"静"即"靖"，则按琰志排序，谢康在最后，《谢尚传》说"康弟静"似与志不合。然谢康或早已过继给谢尚，算人家的了，但又实是谢奕的儿子，所以在志文中就把他放在最后了也未可知。

又可推知，谢康至少是比谢攸小的，因为志文称康为"叔"。寄奴、探远二人早亡，后来三子渊、攸、靖分别字仲度、叔度、季度。谢康，字超度。而《世说·贤媛》注云："渊字叔度，奕第二子。"（《世说》误，依琰志，渊字仲度，攸字叔度）那么"第一子"可能指早亡的寄奴、探远中的一个。若此推无误，则传云"康弟静"者，或许就是"康弟靖"之误也！而依志则"康弟靖"或许也是"康兄靖"之误呢！有一些古代书史著作记录着谢静的名字，但不书事迹，甚至像陈思《书小史》径说"谢静，不知何许人，善隶书"。或许这个"谢静"就是谢奕八子中的"谢靖"也未可知。

二、从志看谢家的姻亲关系

王、谢二族，实为东晋高门望族，王家始于王导，谢家严格说应该是始于谢安。两家之所以是"名门"，除了本就是望族之外，也是因为有著名的人，政治上、军事上、文学上、艺术上，王、谢两家都出现过具有深远影响力的人物。而当时江左望族亦有高平郗氏、太原温氏、颍川庾氏、谯国桓氏、太原王氏、陈郡袁氏、河东卫氏等，从这二志中看，谢家与他们都构成姻亲关系。

择其要而言之，有琅琊王氏、颍川庾氏、河东卫氏可说。

先说与琅琊王氏的关系。从《谢温志》看，他的妻子王氏是王简之的女儿，简之是王凝之的儿子，王凝之是王羲之的儿子，是王献之的兄弟。

《谢温志》云：

□讳□（应是"妻讳某"）□□□□□（应是"妻之郡望"），父讳简之，散骑郎。□□凝之，左将军、会稽内史。

罗新、叶炜《新出魏晋南北朝墓志疏证》云：

谢温墓志的最后两行，应当是叙述谢温之妻的郡望及父祖，最后一行的"□凝之"，显然就是王凝之，琅琊王羲之的儿子，王献之的兄长，官左将军，会稽内史。所以，"父讳简之"，就是指谢温的岳父，而王简之，应当就是王凝之的儿子。这样，王凝之娶谢温的祖姑母谢道韫，谢温又娶凝之孙女。①

按：谢道韫是谢攸、谢玄的姐妹，嫁给了王凝之，似乎还有点看不起这位夫君，《世说·贤媛第十九》：

王凝之谢夫人（道韫）既往王氏，大薄凝之，既还谢家，意大不悦。太傅（谢安）慰释之曰："王郎，逸少之子，人身亦不恶，汝何以恨乃尔？"答曰："一门叔父则有阿大、中郎（按余嘉锡先生谓指谢尚、谢万），群从兄弟则有封、胡、遏、末（即指谢韶、谢朗、谢玄、谢渊），不意天壤之中乃有王郎。"

看来谢道韫因谢家世称彦秀者多多，没把王凝之放在眼里，她自己也是"神情散朗，故有林下风气"的人（见《世说·贤媛》"谢遏

---

① 罗新、叶炜《新出魏晋南北朝墓志疏证》，中华书局，2005年，第32页。

绝重其姐"条），所以她以嫁王凝之心有不甘，也算个女性中自有主见的人。

王凝之的孙女又嫁到谢家，成了谢温的媳妇，或亦有道韫中间作伐乎?

可以说，从谢温这里论，王简之是他的岳父，王凝之是他的内祖父，王羲之是他的内曾祖。谢安是他的曾祖父，在《谢安传》中记着，谢安寓居会稽时，"与王羲之及高阳许询、桑门支遁游处，出则渔弋山水，入则言咏属文，无处世意"。谢安本不欲出仕为官，至后来其弟谢万被废黜后，始有仕进之志，当时已四十余岁矣。

王羲之与谢安游，或亦常在谢家走动，《世说·方正第五》有一条记载：

谢尚书（裒，谢安之父）求其（诸葛恢）小女婚。恢乃云："羊、邓是世婚，江家我顾伊，庾家伊顾我，不能复与谢裒儿婚。"及恢亡，遂婚。（《谢氏谱》曰："裒子石娶恢小女，名文熊。"《中兴书》曰："石字石奴，历尚书令，聚敛无厌，取讥当世。"）

于是王右军（羲之）往谢家看新妇，尤有（诸葛）恢之遗法，威仪端详，容服光整。王叹曰："我在，遣女裁得尔耳。"

《谢安传》中记其"尝与王羲之登冶城，悠然遐想，有高世之志。"羲之劝他："虚谈废务，浮文妨要，恐非当今所宜。"谢安反驳说："秦任商鞅，二世而亡，岂清言致患邪?"

王、谢两家，自羲之、谢安一辈就是十分交好的。羲之与谢家兄弟安、万、石均有亲朋一样的往来。但是下一辈在姻亲上出了点问题，《谢琰传》云："王珣娶（谢）万女，珣弟珉娶（谢）安女并不终，由是与谢氏有隙。"但是后来两家仍结姻亲。从谢温志知谢、王二家继谢道韫与王凝之又有一段姻缘，且以此知王凝之有子王简之，有孙女王氏嫁谢温也。又，考《谢涛墓志》，涛为谢安之曾孙，夫人王氏之父静之，祖父献之（献之无子，以兄之子嗣）。涛与温同辈，都娶了琅琊王氏，都是王羲之的曾孙女。

再说说谢家与颍川庾氏。

今从《谢琰志》上得知，谢奕八子中，有谢攸，字叔度，只是他死的较早。从志上列出的亲眷看，他自是娶妻生子，且生了不少儿女之后方才去世的，志中云其"早亡"，只是说他死时尚在壮年？从《谢琰志》上看，谢攸有三子四女，这三子中，谢琰有志，谢球有志，谢玙虽无志，但玙子谢温却有志，所以史传上未载的谢攸一家三代及姻亲关系，因此《谢琰志》及《谢鲲志》《谢球志》《谢温志》等，大体可以搞清楚了。

谢攸的妻子是颍川庾氏，叫庾女淑，是庾翼的女儿。所以《谢球志》及《谢琰志》都说志主的外祖父是庾翼。唯罗新、叶炜《新出魏晋南北朝墓志疏证》释《谢琰志》时，误将"琰外祖讳翼，字稚恭，使持节、征西将军、荆州刺史"释作"琬外祖讳翼……"了，且广之曰：

谢琰与夫人袁琬都是追至祖、父，只是妻族要简略一些……由于袁琬外祖父庾翼名位显赫，被特别提及，算是例外。[1]

按，这样一来，我们就会想，这位袁琬的外祖是庾翼，那她的母亲也应该是庾氏，但现在无考。而谢琰的母亲是庾氏女淑，与庾翼什么关系并没写。今在南京六朝博物馆查琰志，所谓"琬外祖讳翼"，应是"琰外祖讳翼"，只是"琰""琬"形近而易混。若再看谢琰兄弟

---

[1]　罗新、叶炜《新出魏晋南北朝墓志疏证》，中华书局，2005年，第36页。

谢球的墓志拓片，则明确写着"外祖翼"，自是谢球的外祖是庾翼。那么谢琰与谢球是同母兄弟，自然谢琰的外祖也是庾翼了。罗氏、叶氏失察，因有如上之误释也。

要特别说说谢家与河东卫氏，《谢琰志》和《谢球志》中都记着谢玚的夫人是河东卫氏。《谢温志》自然也记着自己的母亲是河东卫氏。而且温志中还记着"外祖讳准，江夏郡开国公"。封地在江夏，就是书法家卫夫人婆家的同郡了。这个卫准是谢温的外祖父，也就是谢玚的岳父，应该和谢攸、谢玄是一辈人，这个卫准再往上一辈不知是谁，但是这个上一辈应该是与谢安、王羲之、李充是一辈人，那么卫准的祖辈就是卫夫人和卫展那一辈了。这个卫准不见史传，既然说是河东卫家的，大抵与卫夫人是有族亲关系的吧。

按，这个河东卫氏原本不在河东，是祖上卫嵩在汉明帝时以儒学征，至河东安邑而卒，因家焉。卫氏应是从曹魏时的卫觊起渐成大户的。同辈还有卫烈一支，至卫展、卫夫人；卫觊一支后有瓘、恒、玠等辈人。这里的卫准应该是哪一支脉，并不清楚。考卫家女有晋武帝欲为惠帝娶的卫瓘女；有《华芳墓志》中所记其夫王浚前夫人卫氏，其父卫质，其伯卫恒。再有就是这个嫁给谢玚的卫氏，是卫准之女。

卫瓘、卫恒父子在西晋初，因贾南风这个恶后而被杀，贾后为什么指使司马家族的王爷捣杀了卫家？《晋书·卫瓘传》载：

> 惠帝之为太子也，朝臣咸谓纯质，不能亲政事。瓘每欲陈启废之，而未敢发。后会宴陵云台，瓘托醉，因跪帝床前曰："臣欲有所启。"帝曰："公所言何耶？"瓘欲言而止者三，因以手抚床曰："此座可惜！"帝意乃悟，因谬曰："公真大醉耶？"瓘于此不复有言。贾后由是怨瓘。

这是说卫瓘借醉暗示司马炎不应传位给司马衷（即后来的傻皇帝

晋惠帝），这自然让贾南风知道就恨上卫家。除此之外，是否也与晋武帝原想与卫家结亲有关？[①]因为真和卫家结了亲，就没她贾南风什么事了。

卫家是满门抄斩，卫玠、卫璪因在医家躲过了一劫，后来卫玠这一支人物寥落得厉害，西晋时卫展那一支也还有几个人，卫展他们一支有个卫夫人有名，因为她是王羲之的书法老师。据粗考，卫夫人应该是她哥哥卫展和江夏李氏中的李矩作伐，与江夏李矩结亲，这或许是西晋末的事，后来生了李充，这李充是王羲之的朋友。《谢温志》中的卫准是哪一家，现在一时难考，而这个卫准被封为江夏郡开国公，又到了人家江夏李家的地盘。能封为公爵，而且是始封（开国公），那一定是有功之臣，是个什么功呢？史付阙如，一时难考了。

三、从二志看谢氏墓志的行文特点和书法意义

现在可知的谢氏墓志除了谢鲲的是石质，谢涛的出于宋代，今不见原志，不知道形制与材质外，其他均为砖质。唯谢珫志是六块砖的组合志。

任何艺术品都是工具对材料的征服，刀刻在石头上和刀刻在砖上的感觉会不一样，当我们仔细观看《谢珫志》上的刻字，从刀刻痕上自与北地的一些墓志有别，从它的砖质与《谢鲲志》的石质比较看，那刻痕亦有不同。从书体上说，鲲志是隶味尚存，还有些爨宝子碑味道；而珫志则纯然楷体一类。

吾今往绍兴参加中国书协一个叫"源流·时代"的论坛，在由南京到绍兴的路上见到南京艺术学院的黄惇教授，说起洛阳墓志中有南朝笔意，黄先生说这与东晋以来的笔法甚相近。我和他说这也许因为

---

① 〔唐〕房玄龄《晋书·后妃传》，中华书局，1996 年。

《谢鲲墓志》原石（局部）

南方人与北方人在那时还有来往，交聘使节时断时续，文化交流也不能说就没有了，相互的影响应该还在。黄先生说他做了很多比较，也经过很久的思考，觉得洛阳的一些写得较好的，特别是皇家、贵族的墓志，与南人的书写有很大相似。今吾所见谢琰志，笔法、结体皆可说是东晋时期较流行的书写特点，时代是王羲之后，王、谢两家有通家之好，家族间的影响应该有共通的审美趣味。马衡先生曾说："六朝志多无撰书人名，大半皆出自子孙之手。"①或许这些墓志也是出于王、谢后人呢，所以志文书丹与刊刻的形式也或许有一种合"标准"的选择。

　　但是，我们现在能看到的谢氏墓志的书法中，谢鲲和同时及稍后的琅琊王氏的墓志书刻形态稍近，而谢琰的墓志在书法上已是别样的体态，其他如谢球、谢温等志，书丹、镌刻与《谢琰志》应该是一家眷属，只是显得潦草许多。

　　东晋时期及刘宋初，墓志还属初级阶段，谢氏虽望族名门，墓志书法也不是都很讲究，大概也说明志书不太被重视。华人德先生所谓东晋时志书仅临时记录以待迁葬，故无书家参与书丹，任由民间石匠书刻，这应该也是一个重要原因。②

　　二志的行文亦有可说，东晋和刘宋之初，南方的墓志行文与北方的墓志行文有很大区别，与后来成形的墓志文也不同。《谢鲲志》甚简约，大概也是仅记录名姓职官，以待改迁墓葬之用，但也兼记了妻氏子女与兄弟。这次我们没看到的《谢温志》是早于《谢琰志》的，温志简而琰志繁。较繁的《谢琰志》和另外的一方《谢球志》，写的

①　见马衡《凡将斋金石丛稿》，中华书局，1977年，第189页。
②　参见华人德《论东晋墓志兼及兰亭论辩》，载《书法研究》1997年第6期。

就如同一个族谱，特别是琰志把谢攸一支及其姻亲关系基本写入志中，这与北朝的《王浚妻华芳墓志》很是相似。

《谢温志》虽简，与《谢涛志》同，但也是家谱式写法，只是没那么细。

从"墓志铭"这个文体的角度说，这两方墓志及相关的谢氏墓志，因其年代稍早，还只是有"志"无"铭"，或有"序"无"文"。所以这几方谢氏墓志，基本上无文学性可言，只是一种序昭穆而别宗亲的家谱写法。古人所谓"将以千载之后，陵谷迁变，欲后人有所闻知"，若作墓志仅此目的，也就如《谢鲲志》，简简单单的样子即可。但古人又说："其人若无殊才异德者，但纪姓名、历官、祖父、姻媾而已。若有德业，则为铭文。"（并上引自封演《封氏闻见记》卷六）考诸谢鲲，大抵也不能算"无殊才异德者"，怎么就没有铭文而只记姓名、历官、父子、姻媾呢？看来还是因为时代尚早，志铭之体尚未成熟之故吧！

《谢鲲志》《谢琰志》等谢氏家族东晋至刘宋初期的墓志，属于早期没完型的墓志，所以东晋之初也是一个写作格式相对自由随意的时期，通览此一时期的志文，虽然大部分不过述其人世系、名字、爵里、行治、年寿、卒葬年月与其子孙之大略，但也有相对重视辞采的。就是无辞采而仅记录的，也有很大的差异，比如有的记卒年而不记年纪，有的只记年纪；有的不记女眷，有的就详记姻亲眷属；有的记官职简略，有的记官职详尽；等等，这都可见此一时期的志文撰写尚无常格与通例，还没有形成范式，属于墓志文发展的初级阶段，但此时所打下的基础，在后来的志文撰写时有些是通过整合保存在写作体式中的。中国人写作重文体之分别，在一些文艺理论著作中，文体也是非常重要的一块。六朝时的《文章流别论》《文章缘起》《文心雕龙》以及后来的《文章辨体》与《文体明辨》，考镜文体之源流，论列各体之不同，

《谢鲲墓志》原石（局部）

不殚辞费，不厌语繁。但那大多是文体成熟了的论述，如看其对碑、志之文体的描述与评鉴，则对照东晋时的志文看，我们看到的如同志、铭之幼儿时期也。

至于此一时期志文中的异体字现象亦可引起关注，但这不只是南方墓志如此，北地这类现象也很多。一般人们总把这种异体字的书刻归因于书佐刻工之低级随意，其实也未必只是因为书佐刻工的问题，也应是那一时期通行文字的书写或已成习惯。书佐、刻工无意间添笔、减笔造成的异体也是有的，但是把"武"写成"珷"，或是无意间写错了，或是他根本也不知道这就是个错字，把这种字也当作"异体"，大概有些牵强。

我所认为的"异体"，就是与常态不一样，结构上有些差异，如"幼"写成"务"，《谢鲲志》《谢琰志》都这样写。这就像"鹅"写成"鵞"。至于把"武"写成"珷"，把"壮"写成"莊"，那就是形近而误，音近而误，就是错别字，与"异体"何干！

四、通过二志并参以谢氏其他墓志与史传，对谢氏家族人物年龄的一些推论

先说《谢琰墓志》志主谢琰的父亲谢攸。此人史传无载，他是东晋名臣谢玄的哥哥，谢奕的儿子。从《谢琰墓志》上看，谢奕有八个儿子，四个女儿。按照琰志的排列次序，谢玄一辈依次是：寄奴、探远、渊、攸、靖、豁、玄、康。

谢攸既然是谢玄的哥哥，他们中间还有靖、豁两兄弟，应该还有谢道韫，《世说新语》有"谢遏（玄）绝重其姐"条可证道韫为谢玄姐，未知是否即谢攸妹。现在谢玄的生卒年是知道的，即公元343—388年，则谢攸的生年至少要从公元343年往前推，如果把谢道韫算上，谢攸

与谢玄之间有三个同母所生的人，若此三人为五年所生，则谢攸生年大概在公元337年左右，姑且认为他比谢玄大六岁，这应该是比较保守的计算。又，虽然谢攸子女较多，连谢琰亦有六个子女，但志中说他"早亡"，大概其卒年也不过三十左右。今考攸子《谢球志》，生卒年为公元367—407年，谢球是谢琰最小的弟弟，如果上推谢攸生年在公元337年左右，则至生谢球时，攸已三十岁，或此年前后即谢世，谢球或是遗腹子也未可知。那么谢攸之生卒年暂可断为公元337—367年。

考出谢攸生年，再参以谢玄生年，则谢道韫的生年或在谢攸生年之前或后，应是公元336—339年之间。

再来看谢琰祖父谢奕的生卒年。谢奕在《晋书》谢安传里附有传，未记生卒年。然以谢安生年为基点推算，或亦约略可知。

谢玄生于公元343年，前有六兄，至少还有道韫一姐，以10年或15年有此八子女，则谢奕首生子时应在公元328—333年间，若其20岁婚，则其生年大概在公元308—313年间。这个推算应该问题不太大。之所以这么说，是因为可以和谢尚的生年作比较。谢尚是谢鲲的儿子，南京六朝博物馆有《谢鲲墓志》展出。鲲志上说他卒于晋明帝太宁元年（323），而《晋书·谢鲲传》上说他卒年四十三岁，以此可推其生年为太康元年（280）。谢尚传上说谢尚升平初年卒，时年五十岁。"升平"是晋穆帝的年号，共用五年，即公元357—361年，"初"应该指头两年的357年和358年。若再依《谢鲲志》考证，谢尚传上说他"十余岁遭父忧"，就是十余岁他父亲谢鲲去世。谢鲲志上记着谢鲲卒年是太宁元年（323），那么这一年，谢尚是"十余岁"，往前推十年，是西晋怀帝永嘉七年（313）。如果与传上说的谢尚升平初卒，五十岁，按升平元年（357）前推50年，则是公元306年，而按《谢鲲志》的谢鲲卒年 323 年谢尚十余岁，则前推 17 年，即 306 年。

我们依据《谢鲲志》的谢鲲卒年，至少推知了两个结果：一个是推知了谢尚传中所谓"十余岁遭父忧"，应该是十七岁左右"遭父忧"；一个是从旁确认了谢尚的卒年应该在"升平初"的升平元年（357）。那么谢尚的生年应该是公元 306 年左右。

这样，我们再回来说谢奕的生年，前推结果是公元 308—313 年间。今查史传上看，谢尚是谢奕的从兄（《谢奕传》，《晋书》卷七十九），而从《谢琰志》上看，谢尚是谢奕的从弟（志云："次叔康，字超度，出继从叔卫将军尚。"）现在我们很难断定谢奕、谢尚两人谁大，但从我们上面推算的结果看，两人年岁相近，抑或有可能同年生。从《谢琰志》是谢家人按谱系撰成看，琰志上说谢奕长于谢尚，应该比《晋书》作者说的谢尚长于谢奕较为可信。那么，我们姑且可说谢奕大抵也生于公元 306 年左右，与谢尚同岁而稍长，比谢安大十几岁（谢安生于公元 320 年）。

依汪藻《世说叙录·人名谱》之阳夏谢氏谱，谢安那一辈有亲兄弟六人，依次为：奕、据、安、万、石、铁。其间未录女儿，或谢奕与谢安之间这十年内，有一谢据，还有女儿也未可知。

谢奕和谢安的父亲是谢裒，是谢鲲的亲兄弟，依《谢鲲志》，裒下还有一弟叫谢广，则谢鲲有三兄弟，鲲、裒皆见史传，谢广失载，依志可补史传不足。若依谢鲲生卒年推，则谢裒生年应在公元 280 年之后，而其长子谢奕若如前推是生于公元 306 年，以其二十余岁生子，则其生年或在公元 285 年前后。第二子谢安生于公元 320 年，安后还有万、石、铁三子，则谢裒至少在公元 325 年前后仍在世，他至少也应活了四十到五十岁。

　　谢鲲、谢裒、谢广三兄弟的父亲是谢衡（《晋书·谢鲲传》），若依谢鲲志之谢鲲的生年（280）推，谢衡的生年或应在公元255—260年之间，即曹魏时期高贵乡公曹髦正元二年至甘露五年之间。

　　以上是阳夏谢氏家族谢攸，也即是谢玄一辈之上的各代可考的年龄段。谢攸、谢玄一辈以下，即谢琰一辈，这一辈的谢球（攸子）是知道生年的，即球志所示的公元368年（志云："年卅一，义熙三年三月廿六日亡。"而义熙三年是公元407年，向前推其生年，当为368年）。《谢琰志》虽不能得知琰之生年，但谢球是谢琰的幼弟，中间还有一个谢玙，即谢温的父亲。若琰较球年长五岁，则谢琰应生在公元363年前后。

　　而谢攸的兄弟谢玄有子谢瑍，即谢灵运的父亲，谢玄生于公元343年，谢灵运生于公元385年。参照从兄弟谢琰、谢球的年龄，谢瑍的生年也应在公元363—368年之间。谢玄与其孙灵运的年龄相差42岁，则谢瑍生年也合该在这祖孙之间前后相隔20岁，即生于公元363或364年前后。

　　我们不遑把谢氏一族几代人的年龄都能约略考出，但这一族各代人物大概的年龄节点应能有个年代范围。综上所考，阳夏谢氏一族各代的年龄段大概是这样的。

　　一世谢衡，大概生于曹魏时期正元至甘露年间（255—260）。

　　二世谢鲲、裒、广，大概生于西晋武帝太康年间（280—289）。

　　三世谢尚、奕、安那一代，大概生于西晋怀帝永嘉三年至东晋明帝太守初年（309—325）。

　　四世谢攸、谢道韫、谢琰（安子）、谢玄那一代，大概生于东晋成帝咸康至康帝建元年间（335—344）。

　　五世谢琰、瓛、球、玙等这一代，大概生于东晋哀帝隆和至废帝太和年间（362—371）。

　　六世谢灵运、谢温、谢涛（390—431）这一代，应该生于东晋孝武帝太元十年前后（385—396）。

　　以此种推算法，我们大概知道，谢氏家族代际平均年限应在20—30岁。有此一个数据，则我们对谢氏家族中人物虽不知其年龄而只知其辈分，便可大致推知其生年矣。

　　看过《谢琰志》和《谢鲲志》之后想到了这些问题，也只是随感，一些问题尚须细勘，只是旅途无暇翻检文献，也就只能粗疏写就。次日（5月24日）南京财经大学的徐山昌老师带我们去夫子庙，顺便看了一下乌衣巷旧址，确是寻常百姓家了，也不知看过的两方墓志的志主是曾在这里住过还是住在别处？

2019 年 5 月 27 日于绍兴

云南访碑录

卓尔不群的《爨宝子》与《爨龙颜》
——云南曲靖、陆良访"二爨"

2019年8月23日飞云南，24日先去云南大学和云南师范大学，看了西南联大的旧址及联大的展览，感慨系之。午饭后便向陆良出发，准备先到陆良薛官堡村看《爨龙颜碑》，也就是俗所谓"大爨"者也。

俗所谓"二爨"，是"大爨"和"小爨"的合称。"大爨"即《宋故龙骧将军护镇蛮校尉宁州刺史邛都县侯爨使君之碑》，为清云贵总督阮元访得，此碑体大字多，故称"大爨"，以相对于"爨宝子"也。现存陆良薛官堡村。

因为昆明到陆良的高速路上有很长时间的拥堵，所以我们到薛官堡的时候已是下午六时许了，好在这里落日时间晚些，天色还没有暗下来。薛官堡是一个较平常的村落，人口较多，在村子中有一个院落，内有保存大爨的堂屋。有一老妇接着，她是这里的管理员，带我们去的潘砚文主任称她为王所长，她自我介绍在这里已服务十余年，她是接老伴儿的班，原来她老伴应是这里的管理员。老妇今七十八岁，声音壮亮，以当地方言兼顾普通话，介绍大爨碑，脉络清晰，字正腔圆。大爨碑立于大屋内的一个高台上，我今由北京万里来探访，一见大碑，望而情怯，听着老妇的介绍，也时时感到这块碑的神性。

老人家允许我爬到高台上近距离仔细看碑文，一边还在台下指示哪里写着"独步南境，卓尔不群"云云。老人家还指着碑的边缘破损处说，那是当地村民传说此碑神物，从它上面敲下的碎片可作药石诊治病痛，所以今观碑体边沿多见损毁，后来保护起来才不至于再有破坏。又说，逢年节大家都来拓上一纸长条，拿回家挂在门上或堂下避邪禳灾，第二年烧掉再来拓新的换上，如内地年年新桃换旧符者然。

老人家说大爨如数家珍，但我问她这里应该还有一块《爨云碑》，她似不可知。

"大爨"总的来说比"小爨"要成熟一些，这当然与年代有关，因为它们是"虽大而小，虽小而大"，大爨"大"的是碑体与字数，"小"的是年龄；小爨"小"的是碑体与字数，"大"的是年龄。也就是"小爨"时代较"大爨"要早一些，"小爨"还是因"稚"而生动，有活力；"大爨"是相对成熟而有种稳定态。就像人一样，少年时虽稚纯而存有无限的可能性，至成年以后，就稳重一些，没什么毛病，也没什么变化，它可以当作一种范式。而"小爨"私以为很难做一种模范看，它更多地给人一种启迪，是一个展开的结构，寓有无限之可能，就像读唐初张若虚的《春江花月夜》，不是那么精致，但是一种清纯，是向未来的展开，是对过往的某种救赎。此或是"二爨"在书法史意义上的一种价值。

我们在大爨碑的庭院中盘桓甚久，王所长给我们讲了很多关于爨氏的故事，让我能恭听不辍者，不是这些故事我不知道，而是这些史文掌故出于年近八旬的老妇口中，她更是对"大爨"有一种信仰，对保护、宣传"大爨"有一种责任与义务。潘主任和我说，文物部门找不到人来看护这个国宝，王所长夫妇看碑一半是工作，一半是责任、使命。王所长原来是村党支部的干部，她在接待日本爨氏后人的时候，愈加意识到大爨碑之于薛官堡，之于陆良，之于曲靖，之于我们中华民族的文化意义。她的这种意识可能是朦胧的，但也是神圣的。临别时她拉着我的手说再来再来、长寿长寿。我对她说一定会再来看。她

《爨龙颜碑》原石（局部）

告诉我们将要整修存碑殿堂，也祝愿她长寿，为更多的人讲述这南国瑰宝，让"大爨"引领陆良文化建设，使这方独步南境、卓尔不群的瑰宝充分发挥其在文化传承中的作用。

从薛官堡离开向陆良县城的路上，一直想着大爨碑典重亦不乏生动的形象，它的书法品格，它的文献意义，并王所长声情并茂的陆良普通话时盈耳际。

我之知道这个"爨"字，始于过去到北京门头沟的爨底下村，知道了它的笔画，知道了它的读音，知道它是个姓氏，知道这个姓氏的族群生活在云南。大概是到了 2010 年，我中文系的学生汪冲君做了一个调研课题，把他家乡曲靖的"二爨"与北京爨底下做了一个文化上的梳理。当时他让我做他的课题组导师，也就因此认识了他。后来因为他学业成绩优秀，直接保送了研究生，我成了他的导师，毕业后他回了云南，又时时在通讯中说到"二爨"，并时常鼓动我去云南亲眼看看这两方爨碑原石。近年我在做中古书学研究，知道"二爨"作为南碑瑰宝，是晋宋间的神品，加之汪冲贤契的屡屡鼓励，所以才有了这次的云南之行。在原石面前，真的是有万端感慨，遥想千余年前爨氏兴盛之时，南中之地是一种何等的生活景象和文化氛围呢？

爨氏文化之肇始，据说和诸葛亮有些关系；爨氏氏族之流播，据说和班固有些关系。在《爨龙颜碑》上，详细地记载着爨氏族群之由来，在碑志上，详述祖宗之昭穆，是中原撰碑的通例。把古代凡关乎我一族姓的名人都历数出来，自是向人昭示，碑上的主人公其名弥远，其族本旺，历史虽有显晦，而人物疏而不遗。现在研究爨氏一族，《爨龙颜碑》都是不能绕过的宝贵文献，因为史传文献的稀少，则石刻文献之于吾人的价值，于此更见其优渥。

　　这里还须说的是，龙颜殁于何时？大爨碑立于何时？龙颜于宋文帝元嘉廿三年（446）殁，孝武帝大明二年（458）才立碑，中间相隔十余年，这是为什么呢？其实，这种卒年和葬年相差很长时间的情况，在北朝墓志中也属常见，原因也各不相同。但龙颜殁后十余年立碑纪其事，只是说立碑晚，而不是下葬晚，但为什么晚立碑呢？是与晋宋间禁碑令有关吗？似非是，这里面应该别有原因在。

　　爨龙颜的祖上就做了宁州刺史，关于古宁州，一般是这样说的：西晋泰始七年（271）分益州置，治所在滇池县（今云南晋宁区东北三十二里晋城）。辖境比今云南省稍大，但不包括滇东北。太康三年（282）废入益州，立南夷校尉以护之。太安二年（303）复置，辖境扩大，包有今云南、贵州二省。南朝宋移治味县（今云南曲靖市北十四里三岔）。到刘宋初，爨龙颜的祖父还在任宁州刺史，但很快可能因为龙颜祖父去世，刘宋朝廷便派了应袭出任宁州刺史，后来又有周籍之刺宁州。史传不见有爨氏，但大爨碑说元嘉九年（432）益州赵广叛乱，宁州亦不宁，龙颜举兵为朝廷平定了战乱，即碑中所谓："岁在壬申（即元嘉九年），百六构衅，州土扰乱。东西二境，凶竖狼暴，缅成寇场。君（即爨龙颜）收合精锐五千之众，身伉矢石，扑碎千计，肃清边峨。"因有此战功，就"迁本号龙骧将军、护镇蛮校尉、宁州刺史、邛都县侯"，但这一时期的宁州刺史，史书失载，清万斯同《宋方镇年表》中，元嘉七年的宁州刺史还是周籍之，八年即无宁州条目，直至元嘉十五年七月徐循刺宁州。这可以说，爨龙颜元嘉九年任宁州刺史不过是因功袭其祖父官职与爵位，或许根本也没有正式任命，但这一时期中央也没委任其他人来宁州，龙颜在宁州刺史任上应该做了六年（元嘉九年至十五年，432—438）。徐循赴宁州刺史任，《宋书·文帝纪》是有记载的，在徐循任刺史期间的元嘉十八年（441）末，境内晋宁太守爨松子反叛，被徐循讨平，这在《文帝纪》上也有记载。这次爨松子的反叛，被有些史学研究者认为是不满于朝廷对爨龙颜政治地位的剥夺。叛乱平定后第二年的元嘉十九年十月，朝廷又委派晋宁太守周万岁任宁州刺史。周万岁应是在平定了爨松子之后先任了晋宁太守，转过年来又升迁为宁州刺史的。这一时期朝廷与爨氏大族关系一定不太融洽。龙颜殁于元嘉二十三年（446），那时宁州无刺史（见《宋方镇年表》），周万岁做刺史至元嘉二十年，此后刺史一职付阙十年，到三十年时刘秀之先被委任为督益、宁二州军事、刺史，接着是垣闳任宁州刺史。那么元嘉二十年到三十年这之间谁在宁州管事？或许还是爨氏？或许是南中有势力的大族共管？不得而知。但二十三年爨龙颜去世，龙颜的儿子也想为父亲立碑，可是为什么没立呢？《爨龙颜碑》末段以孙辈的口吻叙说："祖已薨背，考志存铭记，良愿不遂，奄然早终。"是说他们的父亲想给祖父爨龙颜立碑，但"良愿未遂"就去世了。为什么"良愿未遂"？自然会有原因。

　　立碑的时间是大明二年，刘宋已换了皇帝，进入了孝武帝时期。这年七月立的碑，当时宁州的刺史是尹怀慎，这应是在他卸任前，因为八月就是杜书文接到宁州刺史的委任书了。此后宁州刺史屡屡更换，可参《宋方镇年表》。

　　爨龙颜殁后十二年才立碑，这中间一定有立碑与不立碑的纠结，其中故事，不得而知，要之，应该与刘宋朝廷与南中爨氏的政治关系有些瓜葛。史无明文，不好妄度。史学要义就是有一分史料说一分话，或许地不爱宝，何时又有相关石刻文献出土能给出一些答案也未可知。

　　在陆良宿了一晚，第二天先顺便看了这里的一处奇特地貌叫"沙

《爨宝子碑》原石与拓本对比图

林"的，便驱车去曲靖市看《爨宝子碑》，我们算是看了"大爨"看"小爨"，但"小爨"论年代要早于"大爨"，它是东晋后期的碑，论辈分，宝子应比龙颜大上一辈，据说爨龙颜的祖父是爨颢，东晋永和年间的宁州刺史，爨宝子是爨颢的宗族子弟。

"小爨"全称为《晋故振威将军建宁太守爨府君碑》，乾隆四十三年（1778）出土于云南曲靖，始为农人作为压豆腐之用，后被当时曲靖知府邓尔恒发现，一直保存在曲靖，现在一中学院内，邓尔恒是鸦片战争时与林则徐一起禁烟的将领邓廷桢之子。碑署"太亨四年岁在乙巳"，即义熙元年（405）立。

从小爨碑文中看，爨宝子是个年轻的太守，为百姓爱戴，当然也不无谀墓之嫌。在碑文中看不出他有什么实际的立德、立言、立功之事，但夸赞得很"高大上"，甚至把他比作郭林宗（泰），比作了昭公。如果从文献的角度看，倒是有一点可说，那就是它写的立碑年号是"太（大）亨"，这个年号是晋安帝的，但仅用了一下便改了，所以它写"太（大）亨四年"自然不对，实际上历史上"太亨"没有这一年，这一年应是"义熙元年"。那么就要问了，它为什么写作"太亨四年"呢？至少写碑的知道有"太（大）亨"这一年号，但不知道这个年号很快改了。

这个"太亨"（"大亨"）的年号是怎么来的呢？在《晋书·安帝纪》中是没有这个年号的，查《桓玄传》，则记着："大赦，改元为大亨。"这是桓玄替晋安帝改的，实际那一年是晋安帝的元兴元年。第二年桓玄篡位又改元"建始"，很快他们发现这个"建始"为西晋赵王司马伦曾用过的伪号，便又改成"永始"，其实"永始"是王莽用过的年号，看来这个篡逆之臣也只能想出这篡逆用过的年号。"大亨"是在晋安帝名下的，但是桓玄矫诏改的，只用了不到一年就让桓玄废弃改用了自己的年号"永始"。这是元兴二年（403）的事。其实"元兴"理论上就没改，一直存在，改元是元兴第四年时改成了义熙。所以，所谓"大亨元年"，就是"元兴元年"，所谓"大亨四年"，就是"义熙元年"。

《爨宝子碑》的作者知道"大亨"年号，但一定不知道这个年号用了不到一年，否则他就不会写"太（大）亨四年"，因为根本没有什么"太（大）亨四年"。这说明什么呢？大抵可以说明桓玄篡位前，矫诏改元"大亨"时，南中爨氏与中央还是消息畅通的，但接下来桓玄篡位，大换班底，把朝廷和地方搞得乱七八糟，南中远在边徼之地，对东晋王朝的变局就不清楚了。天高皇帝远，他们还以为"大亨"年号一直延续着，所以才有了明明已至义熙元年，他们还在爨宝子的碑上写下"太（大）亨四年"。这一个年号的误书，说明了至少在元兴二年至义熙改元之后的三五年中，南中爨氏与东晋中央是不通消息的。当然他们也不会知道这中间还有桓玄篡位那么大的政治事件。

从书法上看，"二爨"应该说自成一路，"小爨"应还是在东晋，时代上较"大爨"早些，尚有一种"朴"而初"散"时的朴稚与开放的状态，存有着变化至完美的可能。"大爨"更成熟典重，比较《中岳嵩高灵庙碑》看起来风格上还要完整许多。

看完"二爨"，我是觉得此次云南之行已经完成了"任务"，顺带又到曲靖博物馆看了陈正义先生的书法展，他是写爨体的，功夫很好，也有许多创拓，和他在一起聊了很多，真还觉得陈先生应该算一个优秀的爨体传人。

从曲靖回昆明的路上我一直在想一个这两天不绝于耳的说法，就是爨体是由隶向楷的转变，昨晚翻检潘砚文送我的《云南爨文化概说》，作者竟说爨体是隶、楷之间之一体。这真是有些过了，从文字之演化史上说，无论如何都不能说隶书与楷书之间还有一个"爨书"。说"二爨"在隶、楷之间，也是说它身上有隶也有楷，若说由隶入楷的变化必经"爨体"，那就有些说不过去了。

那时候没有一个统一的文字书写规范，都是出于习惯，也是为了识读方便，有隶笔、有楷笔，甚至"小爨"还有篆笔之遗存，所以只从书写、造型上说说它们的特点就可以了，不必非要扯到文字发展史上去说它，扯远了就把它因捧而说走样了！

今访"二爨"，与当地文博管理者和同路的书画界朋友以及我的新老学生大多都在谈"二爨"，"二爨"在书法史方面和文化史方面都有很重要的意义。就这两个方面亦可写成专著，然前人所说备矣，于吾无须辞费，只是想了两个问题，虽只有一点想法而尚无暇作深度研究，然亦不枉陆良、曲靖之游也。一是从书法史的角度看，为什么有人拿"二爨"与《中岳嵩高灵庙碑》比较？一是从晋人禁碑令的角度，看边徼郡县立碑的问题。

《中岳嵩高灵庙碑》（又名《寇君碑》）是北魏孝文太安二年（456）立的，一说还早一些，是太延年间（435—440）立的。传说是寇谦之书丹。寇谦之是北魏时期著名的道学人物，与崔浩关系很好，崔浩是北魏前期著名的书法家，是卫瓘的传人，也就是河东安邑卫氏书法的传人，当时所谓卢家传锺繇之法，崔家传卫觊之法。那么寇谦之的书法是否有点崔浩的影响呢？不得而知。

此碑原石在登封嵩山中岳庙内，磨泐甚重，据载有陈叔通所藏明拓本，现藏故宫博物院。

《中岳嵩高灵庙碑》和"二爨"碑辽隔万里，又不在一个政治区划内，因南北分剖，文化背景、审美趣味、书写习惯都会不同，怎么就有了可资比较并谓之"神理相通"的事呢？和陈正义先生聊天时，他说有些"二爨"写不好的就写成《中岳嵩高灵庙碑》了。《中岳嵩高灵庙碑》立碑时间大概在"小爨"和"大爨"之间，空间上虽然辽远，但时间上是在同一时期。处地虽分南北，写法未必轩轾。这或许是康南海说的"书可分派，南北不可分派"？

可资比较的还有同一地域的《孟孝琚碑》，它与"二爨"是地近而时远，出土于光绪二十七年（1901），今存云南昭通第三中学。此碑已残，不知立碑具体年代，要之不过东汉桓帝永寿年间。这比"二爨"要早三百多年，属汉碑，字是汉隶，拓片上看着颇朴拙。其实这里还有一些"地近"时也不远的石刻，因为此次云南之行时间所限，不能去昭通看《孟孝琚碑》，也不能看其他石刻，只在陆良和曲靖市内看看"二爨"就匆匆飞回了。

再须说的是晋人立碑与晋朝的禁碑之制。

谁都知道晋宋间是禁止立碑的，禁碑自始于曹操，而两晋亦多申之，晋武帝司马炎咸宁四年（278）诏曰："此石兽碑表，既私褒美，兴长虚伪，伤财害人，莫大于此，一禁断之。其犯者，虽会赦令，皆当毁坏。"而东晋元帝太兴元年（318）时，有司奏求立顾荣碑，诏特听立，似觉碑禁渐弛。然至义熙（405—418）中，裴松之又议禁断。裴传中引录其表文，皇帝接受了他的建议。裴松之的建议，应该是在义熙年的中后期。"小爨"之立，是在义熙元年。而"大爨"之立，已到刘宋时期了。但刘宋时期也还是受禁碑之令影响的，可见参《宋书·礼志》。

但禁令之下也有立碑的，这里面应该有其原因，大抵不与朝廷保持一致的，不外两大原因，一个是朝廷默许，一个是向朝廷"示威"（也不过如今人所说是"刷刷存在感"而已）。"能"示威又"为"示威的毕竟是少数，而默许的又自有些不同的原因。晋朝禁碑始于晋武帝司马炎，但在之前，他们司马家并没有严格贯彻曹操的禁令，所以，现在司马炎曾祖司马防（149—219）的碑在西安碑林里还可以看到残段，那是汉献帝末期立的，可是人家曹操是在建安十年（205）就发了《赦袁氏同恶及禁复仇厚葬令》（亦即俗说的禁碑令）的，尽管给司马防立碑时曹操快死了或已经死了，但接下来还是人家曹魏的天下呀，司马懿也是曹魏的重臣，他给他爹立碑，多少也算违规吧？还有今山东泰安市的岱庙里有一通孙夫人碑，那位孙夫人是大将军羊祜他们家嫁出去的，晋武帝泰始八年（272）立，虽在司马炎禁令之前，但是在曹操禁令之后，一方面曹操的禁令已是半个世纪前的事了，政权也更换给司马家了，曹令肯定不管事儿了；再者说，自家功臣的亲戚，立了碑也不是说不过去的，睁一只眼闭一只眼就算了。可是这"二爨"，都是晋宋间立起来的，司马炎的禁碑令还应该管事儿吧。这大概因为爨家是边徼之地的大户，又是镇守一方的大吏，天高皇帝远是一，能让朝廷优容还多少有点统战的考虑吧，立在南中，也是利大弊小的事。"二爨"之前，还有《爨琛碑》（正德《云南志》卷廿一："今南宁县南十余里，有《兴古太守爨府君碑》。"）所以禁令虽有，执行起来也有变通。规矩是人定的，按规矩办，那是正理儿；不按规矩办，也有不按规矩办地说道儿，古来不都是这样吗？

2019 年 8 月 29 日改于散净居

图书在版编目（CIP）数据

碑志春秋：石头上的历史事件与人物 / 王强著. —
上海：上海书画出版社，2023.5
ISBN 978-7-5479-3073-1

Ⅰ.①碑… Ⅱ.①王… Ⅲ.①碑刻—中国—古代—文
集 Ⅳ.①K877.4-53

中国国家版本馆CIP数据核字（2023）第080559号

碑志春秋：石头上的历史事件与人物

王　强　著

责任编辑	李柯霖
编　　辑	魏书宽
审　　读	雍　琦
封面设计	书奕文化
技术编辑	包赛明

出版发行　　上海世纪出版集团
　　　　　　　上海书画出版社

地　　址	上海市闵行区号景路159弄A座4楼
邮政编码	201101
网　　址	www.shshuhua.com
E－mail	shcpph@163.com
制　　版	杭州立飞图文制作有限公司
印　　刷	浙江新华印刷技术有限公司
经　　销	各地新华书店
开　　本	889×1194　1/32
印　　张	11
版　　次	2023年6月第1版　2023年8月第2次印刷

书　　号	ISBN 978-7-5479-3073-1
定　　价	116.00元

若有印刷、装订质量问题，请与承印厂联系

HARUKI MURAKAMI

〔日〕 村上春树 著

世界尽头与冷酷仙境

林少华 译

上海译文出版社

SEKAI NO OWARI TO HADO BOIRUDO WANDA RANDO
by Haruki Murakami
Copyright © 1985 Harukimurakami Archival Labyrinth
All rights reserved.
Originally published in Japan by SHINCHOSHA Publishing Co., Ltd., Tokyo.
Chinese (in simplified character only) translation rights arranged with
Haruki Murakami, Japan
through THE SAKAI AGENCY and BARDON-CHINESE MEDIA AGENCY.

Cover Imagery by Noma Bar / Dutch Uncle

图字：09‑2000‑474 号

图书在版编目(CIP)数据

世界尽头与冷酷仙境 /（日）村上春树著；林少华
译.—上海：上海译文出版社,2023.5
ISBN 978‑7‑5327‑9310‑5

Ⅰ.①世… Ⅱ.①村… ②林… Ⅲ.①长篇小说—日
本—现代 Ⅳ.①I313.45

中国国家版本馆 CIP 数据核字(2023)第 054587 号

世界尽头与冷酷仙境
[日]村上春树 / 著 林少华 / 译
责任编辑 / 姚东敏 装帧设计 / 张志全工作室

上海译文出版社有限公司出版、发行
网址：www.yiwen.com.cn
201101 上海市闵行区号景路 159 弄 B 座
上海雅昌艺术印刷有限公司印刷

开本 890×1240 1/32 印张 15.5 插页 7 字数 271,000
2023 年 6 月第 1 版 2023 年 6 月第 1 次印刷
印数：00,001—30,000 册

ISBN 978‑7‑5327‑9310‑5/I·5801
定价：88.00 元